양승우 행정법총론
이암기 미니노트

CONTENTS

이암기 미니노트

이암기
미니노트

제01편 행정법통론

Ch.1 행정

1-1 행정의 의의

- 형식적_{기관(주체)}·실질적_{성질(내용)} 의미의 행정[1]
- 행정법의 대상 : 행정청이 한 행위_{형식적 의미의 행정}가 전제
- 행정의 분류[2] : 주체·목적·효과·기속·형식에 따라 분류

1-2 통치행위

┌ 높은 수준

┌ 국헌문란
├ 기본권 침해
↳ 법치주의 훼손

- 개념 : 대통령의 (고도)의 정치행위 ∴ 사법심사 … 원칙 : ×, 예외 : ○ (사법부자제설)[3]
- 예시 : 비상계엄 선포, 조약의 체결·비준, 긴급명령권, 사면권, 선전포고 등

Ch.2 행정법

2-0 행정법의 성립과 발달

- 대륙법계 국가(공·사법 2원체계, 행정국가)[4]
  - <u>법치국가사상</u> : 행정법 성립의 제1차적 전제조건
    - ↳ '법률에 의한 행정'의 원리가 확립되었고 이로 말미암아 행정법이 성립
  - 행정제도의 발전 : 행정제도의 발달은 행정법 성립의 추가 요건
    - * 행정국가 : 독일·프랑스 기타 유럽대륙의 국가들처럼 행정제도를 가진 국가
- 영·미법계 국가(공·사법 1원체계, 사법국가)[5]
- 우리나라의 행정법(공·사법 2원체계, 사법국가)[6]

2-1 행정법의 의의

- 정의 : 조직과 작용에 관한 국내공법
- 분류 : 행정조직법, 행정작용법, 행정구제법

2-2 법치행정의 원칙(=법치주의) … **법률적합성의 원칙, 법적 안정성**

• 법률적합성의 원칙 by 오토 마이어(O. Mayer)

┌─ 법률의 법규창조력 : 법률(의회)만이 법규 창조 可 but 오늘날 의미 퇴색

├─ **법률**우위의 원칙 : 법률에 위반하여 행할 수 없음 법규명령·관습법 ○/행정규칙 ×

└─ **법률**유보의 원칙 : 행정작용은 법률에 근거하여야 함 법규명령 ○/관습법·행정규칙 ×

법률유보의 원칙	법률우위의 원칙
• 적극적 원칙 • 형식적 의미의 법률(＋법규명령 등) • 적용영역 – 학설대립 • 법률이 없는 경우에 문제된다.	• 소극적 원칙 • 모든 법(행정규칙X) • 모든 영역 • 법률이 있는 경우에 (위반 여부가) 문제된다.

```
                         기본권 관련↵              ┌ 중요 본질사항 : 법률이 직접 규정
                              ┌ 본질적 사항  ─┤
                              │                  └ 그 외 본질사항 : 법률의 위임
   중요사항유보설7)            │                      ↳ 오늘날 법률유보의 원칙
   ＝의회유보설               │
   ＝단계설                  └ 비본질적 사항 : 법률의 위임 불필요
```

➔ 오늘날 법률유보원칙은 단순히 행정작용이 법률에 근거를 두기만 하면 충분한 것이 아니라, 국가 공동체와 그 구성원에게 기본적이고도 중요한 의미를 갖는 영역, 특히 국민의 기본권 실현과 관련된 영역에 있어서는 국민의 대표자인 입법자가 그 본질적사항에 대해서 스스로 결정하여야 한다는 요구까지 내포하고 있다.

➔ 법률유보의 형식은 반드시 법률에 의한 규율만이 아니라 법률에 근거한 규율이면 되기 때문에 기본권 제한의 형식도 반드시 법률의 형식일 필요는 없다.

2-3 행정법의 법원 및 일반원칙

- 성문법원칙과 불문법예외(보충적 효력)
- 일반원칙(=조리 … 5가지)

- 비례의 원칙[8] : 적합성, 필요성최소침해, 상당성이익형량·비교형량
- 신뢰보호의 원칙

        ┌ 고의·과실·사기·강박×

  ┌ 요건 … (1) 공적인 견해표명[9] (2) 보호가치가 있는 신뢰 (3) 개인적 처리 (4) 인과관계

  │   (5) 선행조치에 반하는 처분 (6) 공익 또는 제 3자의 이익을 현저히 해하지 않을 것

  └ 한계 … 이익형량, 존속보호, 사정변경(왕중왕 But!!<행정계획)

- 평등의 원칙[10]
- 자기구속의 원칙 ┌ 요건 … (1) 동종사항 (2) 동일 행정청 (3) 다수의 선례 (4) 재량행위

                └ 한계 … 위법과 적법은 동행 할 수 없음, 사정변경
- 부당결부금지의 원칙

    ↳ ex) 1. 주택계획사업승인 [+진입도로 개설 및 확충(○)+기부채납의무 부과(○)] … ∵ 타당결부

          2. 건축허가 [+인접한 도로의 개설(×)+기부채납의무 부과(×)]+준공거부처분(×) … 부당결부

2-4 행정법의 효력

- 효력발생시기

  ┌ 법령, 조례·규칙, 교육규칙 : 공포한 날로부터 20일

  └ 권리제한 또는의무부과 : 공포일로부터 적어도 30일

- 소급효의 문제

  ┌ 진정소급효 : 행위 종료 후 법개정 원칙 : 불가, 예외 : 가능

  └ 부진정소급효 : 법개정 후 행위 종료 원칙 : 가능, 예외 : 불가

    ↳ 진정한 의미의 소급효가 아님(외형과 실질의 불일치) ∴ 논의할 필요×

Ch.3 행정상의 법률관계(행정법관계 = 공법관계)

3-1 행정상 법률관계의 구조

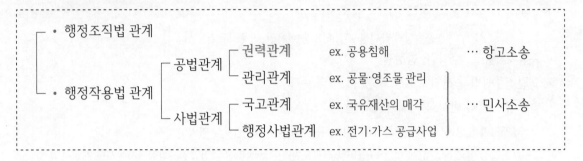

• 공법관계 : 권력관계(우월한 지위), 관리관계(공물·영조물의 관리, 공기업의 경영·회계, 공법상 계약)
• 사법관계 : 국고관계(경제적 활동), 행정사법관계(실질 : 공적작용, 형식 : 사법)

  ↳ 국가의 조달행정과 영리행위 ➔ 전면적으로 사법이 적용

    : ① 사법상 계약 ② 일반재산의 관리 ③ 영리적 활동

➔ 「국가를 당사자로 하는 계약에 관한 법률」에 의하여 국가와 사인 간에 체결된 계약은 특별한 사정이 없는 한 사법상의 계약으로서 본질적인 내용은 사인 간의 계약과 다를 바가 없다.
• 공법관계·사법관계의 구분[11] (주체설, 신주체설, 판례)

3-2 공법관계의 당사자

  ┌ 지방자치단체, 공공조합, 공법상 법인, 영조물법인
• 행정주체 : 국가, 공공단체, 공무수탁사인[12]

  * 공무수탁사인 : '행정주체, 행정기관, 행정청' 모두에 해당 할 수 있음

행정주체 (손해배상의 피고)	행정권 행사의 법적 효과가 (궁극적으로) 귀속되는 주체	ex. 서울시
행정기관	행정주체의 행정사무담당자	ex. 서울시 공무원
행정청 (항고소송의 피고)	행정기관(행정주체의 행정사무담당자) 중에서 의사결정 및 (자기의 이름으로 외부에 표시 할) 권한이 있는 자	ex. 서울시장

• 법률관계 : 행정주체-공무수탁사인, 공무수탁사인-국민
    특별감독관계   ↳행정주체와 동일
• 행정객체 : 일반적으로 사인(but 공공단체도 국가와 다른 공공단체에 대해서는 행정객체로서의 지위 인정)

3-3 공법관계의 내용

- 국가적 공권 : 국가가 우월한 지위에서 행정객체에게 갖는 권리
- 개인적 공권[13] : 개인이 행정주체에 요구할 수 있는 권리 ⋯ 자유롭게 포기 ✕(∵ 공익적 성질)

┌───┐

　　　　　　　　┌ 공법상의 금전청구권, 영조물 이용권, 공물사용권

- 종류 : 자유권, 수익권, 참정권
- 요건 : 강행법규·사익보호성·소구가능성의 존재
- 법률상 이익과 반사적 이익과의 구별

　　┌ (1) 개념의 본질에서 오는 특색(기존업자-신규업자) ➜ 특허 : 법률상 이익 / 허가 : 반사적 이익

　　├ (2) 직접적 이익 or 간접적 이익 ⟵ 물리적 거리로 판단 ex. 속리산 국립공원용화집단시설지구 개발사업

　　└ (3) 목적·취지의 동일성 ex. 횡단보도설치 취소소송

- 확대

　　┌ 2.요소(요건)론의 강화　　　　　　　┐

　　├ 무하자재량청구권의 인정　　　　　├ ∴ 소송의 영역↑, 권리구제 가능성↑

　　└ 반사적 이익의 개인적 공권화　　┘

　　　　　　↳ 인근주민소송((2)과 관련), 경업자소송((1)과 관련), 경원자소송

- 특수한 개인적 공권

　┌ 무하자재량행사청구권 : 하자 없는 재량권 행사 요구

　└ (협의의)행정개입청구권 : 제3자에게 행정권 발동 요구

　　　　↳ 재량권이 0으로 수축하는 경우 : '중대성, 기대가능성, 보충성'으로 판단

└───┘

➜ 행정행위·공법상 계약 등을 통해서 개인적 공권이 성립할 수 있다.

➜ 재량행위의 경우 원칙적으로 행정개입청구권은 인정되지 않지만, 재량권이 0으로 수축하는 경우 행정청은 기속행위에 가까운 처분을 해야 할 의무가 있으므로 이 경우에는 인정된다.

3-4 특별권력관계이론

- 울레(C. H Ule)의 수정설

　┌ 기본관계 : 특별권력관계 자체의 성립·변경·소멸을 가져오는 행위 사법심사○

　└ 경영수행관계 : 특별권력 내부에서 직무관계 등 사법심사✕

- 오늘날 판례 및 학설

　: 특별권력관계에도 법률유보 적용, 기본권 보장 및 사법심사 인정

3-5 행정법상의 법률요건과 법률사실

- 법률사실 : 사건(주소, 기간 시효 등), 용태(외부적 용태-공법행위 등/내부적 용태-고의·과실 등)
- 일정한 법률요건(=∑ 법률사실) ➜ 일정한 법률효과
- 기간[14], 시효[15], 주소(민법상 복수주의, 공법상 단일주의)·거소
- 공법상 사무관리[16]와 공법상 부당이득[17]
- 사인의 공법행위 : 사인이 공법적 효과의 발생을 목적으로 하는 행위

  ex. 각종 신고·신청/협의·동의·승낙/소송·심판의 제기, 투표, 조합설립, 입대지원, 국가시험 응시 등
- 신고[18]

┌ 자체완성적 신고 : 처분성✕ ∵ 국민의 권리·의무에 영향✕

     ↳ ※ 예외 : 건축신고·건축물 착공신고·원격평생교육 반려행위 … 처분성 인정(∵ 불안정한 지위를 미리·조기 해결)

   ➜ 예외적으로 대법원은 자체완성적 신고에 해당하는 건축신고의 반려행위 및 건축물 착공신고의
      반려행위 그리고 원격평생교육신고의 반려행위에 대해서 처분성을 인정하였다.

└ 수리를 요하는 신고 : 처분성○ ∵ 국민의 권리·의무에 영향○

제 02 편 행정작용법

Ch.1 행정입법

1-1 개설

- 광의의 행정입법
  - 국가행정권에 의한 입법 (협의의 행정입법)
    - 법규명령
    - 행정규칙 … 행정기관 내부규범
  - 지방자치단체에 의한 입법
    - 조례 … 지방의회가 제정·개정
    - 규칙

1-2 법규명령 ➜ 법규성○, 처분성✕ ∴ 위법한 법규명령은 무효 but 행정규칙으로서의 효력○

- 종류
  - 법형식 또는 권한의 소재에 의한 분류
    : 헌법이 인정하고 있는 법규명령
      ex. 긴급명령, 긴급재정경제명령, 대통령령(시행령), 총리령·부령(시행규칙·시행세칙),
          중앙선거관리위원회규칙, 국회규칙, 대법원규칙, 헌법재판소규칙
      법률이 인정하고 있는 법규명령
      ex. 감사원규칙, 공정거래위원회규칙, 중앙노동위원회규칙
  - 효력 및 내용에 의한 분류
    : 비상명령 : 헌법적 효력을 갖는 독립명령
      법률대위명령 : 법률적 효력을 갖는 독립명령 ex. 긴급명령, 긴급재정경제명령
      법률종속명령(위임명령, 집행명령) : 법률보다 하위의 효력을 가지는 명령
    ➜ 일반적으로 법률의 위임에 따라 효력을 갖는 법규명령의 경우에 위임의 근거가 없어 무효였
      더라도 나중에 법 개정으로 위임의 근거가 부여되면 그때부터는 유효한 법규명령으로 볼 수
      있다.

- 한계
  - 포괄적 위임(일반적 위임·백지위임)의 금지 : 법률의 위임은 구체적·개별적이어야 함
    * 조례에의 위임은 포괄적 위임도 가능
    ➡ 법률의 시행령이나 시행규칙의 내용이 모법의 입법 취지와 관련 조항 전체를 유기적·체계적으로 살펴보아 모법의 해석상 가능한 것을 명시한 것에 지나지 아니하거나 모법 조항의 취지에 근거하여 이를 구체화하기 위한 것인 때에는, 모법에 이에 관하여 직접 위임하는 규정을 두지 아니하였다고 하더라도 이를 무효라고 볼 수는 없다.
    ➡ 형사처벌에 관한 위임입법의 경우, 수권법률이 구성요건의 점에서는 처벌대상인 행위가 어떠한 것인지 이를 예측할 수 있을 정도로 구체적으로 정하고, 형벌의 점에서는 형벌의 종류 및 그 상한과 폭을 명확히 규정하는 것을 전제로 한다.
    ➡ 조세나 부담금의 부과요건과 징수절차에 관한 법률 또는 그 위임에 따른 명령·규칙의 규정은 일의적이고 명확해야 한다. 그러나 법률규정은 일반성, 추상성을 가지는 것이어서 법관의 법보충작용으로서의 해석을 통하여 의미가 구체화되고 명확해질 수 있으므로, 조세나 부담금에 관한 규정이 관련 법령의 입법 취지와 전체적 체계 및 내용 등에 비추어 그 의미가 분명해질 수 있다면 이러한 경우에도 명확성을 결여하였다고 하여 위헌이라고 할 수는 없다.
  - 국회전속적 입법사항의 문제 : 중요 본질사항은 반드시 (국민의 대표인 국회에서 만든) 법률로 정해야 함
  - 벌칙규정의 위임가능성 : 원칙-불가, 예외-가능
  - 재위임 가능성 : 원칙-불가, 예외-가능
- 통제 : 법규명령 ··· 구체적 규범통제(원칙), 직접적 통제(예외) ex. 두밀분교폐지조례사건
  　　　　　　　　　 간접적　　　　　　　　 for 처분법규

1-3 행정규칙 → 법규성×, 처분성×

> → 행정규칙에는 공정력이 없으므로 하자 있는 행정규칙은 무효가 된다.

- 종류
  - 형식에 따른 분류 ex. 고시, 훈령, 지시, 예규, 규정, 일일명령, 통첩 등
    - → 행정규칙인 고시가 집행행위의 개입 없이도 그 자체로서 국민의 구체적인 권리·의무에 직접적인 변동을 초래하는 경우에는 항고소송의 대상이 된다.
  - 내용에 따른 분류 ex. 조직규칙, 근무규칙, 영조물규칙, 행위통제규칙, 재량준칙 등

    * [재량준칙 + 자기구속의 원칙] VS(충돌) 행정처분 → 위법한 행정처분

    신뢰보호·평등의 원칙 ↰   ↳ 법규성 ○

    → 대법원은 재량준칙이 되풀이 시행되어 행정관행이 성립된 경우에는 당해 재량준칙에 자기구속력을 인정한다. 그리고 당해 재량준칙에 반하는 처분은 법규범인 당해 재량준칙을 직접 위반한 것으로서 위법한 처분이 되는 것이 아니라 평등의 원칙이나 신뢰보호의 원칙을 매개로 하여 위법하게 되는 것이다.

1-4 형식과 실질의 불일치[19]

- 행정규칙 형식의 법규명령 = 법규명령 출제多(∵ 독재자 이용↑)
  (법령보충규칙)
- 법규명령 형식의 행정규칙 = 행정규칙 But 대통령령은 예외(∵ 행정부 수반에 대한 존중)
  ↳ 법규명령으로 효력인정

※ 법규명령과 행정규칙의 구분

	법규명령	행정규칙
표 현	시행령·시행규칙 등	고시·훈령·예규·지침·지시 등
권력관계	일반권력관계	특별권력관계
법적근거	위임명령 : 필요O, 집행명령 : 필요X	필요X
효 력	대외적 구속력O(법규성O)	대외적 구속력X(법규성X)
위 반	(법규명령을 위반하면) 위법한 행정작용O	(행정규칙을 위반했다고) 곧바로 위법한 행정작용이 되는 것은 아님
법치행정의 원리	법률우위·법률유보의 원칙 모두 적용	법률우위의 원칙만 적용

Ch.2 행정행위

2-1 개설

- 법률효과 발생원인에 따른 분류
  - 법률행위적 행정행위[20]
    - : 명령적 행정행위(하명, 허가, 예외적 승인, 면제) … 의무의 관점
      형성적 행정행위(특허, 인가, 공법상 대리)   … 권리의 관점
  - 준법률행위적 행정행위[21] : 확인, 공증, 통지, 수리
- 효과결정에 있어서 자유유무에 따른 분류[22] … 기속행위, 재량행위
- 상대방의 협력이 필요한가에 따른 분류 … 쌍방적, 일방적
- 법률효과에 따른 분류 … 수익적, 침익적, 복효적
- 규율대상에 따른 분류 … 대인적, 대물적, 혼합적
- 행정행위의 효력발생에 따른 분류 … 수령을 요하는, 수령을 요하지 않는
- 상대방이 특정되어 있는지에 따른 분류 … 개별처분, 일반처분

2-2 행정행위의 내용

- 법률행위적 행정행위
  - 하명 : 의무를 부과 대상이 주로 사실행위이나 법률행위도 가능, 보통 기속행위
  - 예외적 승인 : 사회적 유해행위에 대한 금지를 예외적으로 해제
    재량행위(원칙)
  - 허가 : 금지의무를 해제, 자유로의 회복 기속행위(원칙)
  - 면제 : (금지 이외의) 의무를 해제
  - 특허 : 특정인에게 특정한 사항에 대해서 특별히 해주는 것
재량행위(원칙) ↳ ∵ 공익상의 이유 ∴ 공익을 잘 달성하게 하기 위해서 사익도 존중
  - 인가 : 보충행위(목적×, 수단○), 법률행위만을 대상(사실행위×), 재량행위(원칙)
    ↳ 기본행위와 결합하여 하나의 법적인 효과를 발생

인가와 제3자의 법률행위(기본행위)

① 기본행위가 무효인 경우 : 해당 인가도 무효(∵ 인가는 보충적 성질에 그침)

② 기본행위에 취소원인이 있는 경우 : 일단 인가는 유효, 추후 기본행위가 취소되면 효력 상실

➡ 기본행위의 무효를 내세워 바로 그에 대한 행정청의 인가처분의 취소 또는 무효확인을 구할 수 없다. (∵ 어차피 인가도 무의미)

➡ 기본행위가 적법한 경우, 인가가 하자가 있어서 무효라면 당연히 기본행위는 무인가행위가 되어 무효이다.

- 대리 : 행정청이 대신하여 행하고 그 법적 효과는 본인에게 귀속

	특허	허가	인가
개 념	새로운 권리의 부여	자유로의 회복	기본행위를 보충하는 행위
성 질	형성적 행위 재량행위(원칙) 수정특허 不可	명령적 행위 기속행위(원칙) 수정허가 可	형성적 행위 기속행위·재량행위 수정허가 不可
효 과	공법적·사법적 효과	공법적 효과	공법적·사법적 효과
신 청	신청 O(원칙) 예외 : 법규특허의 경우 신청X	신청 O(원칙) 예외 : 일반처분의 경우 신청X	신청 必
대 상	법률행위·사실행위	법률행위·사실행위	법률행위 사실행위
상대방	반드시 특정인	특정인·불특정 다수인	반드시 특정인
형 식	특허처분O/법규특허O	허가처분O/법규허가X	인가처분O/법규인가X
감 독	적극	소극	-
목 적	적극적 공공복리	소극적 질서유지	-
일반처분	X	O	-
경영상 이익	법률상 이익	반사적 이익(원칙)	-
허가·인가 없는 행위	-	적법요건 갖추지 못함 ∴위법	효력요건 갖추지 못함 ∴무효

- 준법률행위적 행정행위 : 확인, 공증, 통지23), 수리
- 효과결정에 있어서 자유유무에 따른 분류
  - 재량행위와 기속행위의 구별 : 요건재량설, 효과재량설, 판례(실질)
  - 재량권의 한계24) : 일탈·남용·불행사(해태) 등
    ↳ 행정법의 일반원칙, 특수한 개인적 공권과 연결
  - 불확정개념과 판단여지설

┌(1) 불확정개념 : 행정법규의 구성요건 부분에서 '공익, 상당한 이유 등' 다의적·불명확한 용어로 기술된 개념
│
│(2) 요건부분에 불확정개념이 있더라도 법개념이므로 하나의 해석만이 존재
│ ┌ 원칙 : 법관이 판단
│ └ 예외 : 고도의 전문적·기술적 부분을 불확정개념으로 기술한 경우
│   행정청의 (결정)을 사법부가 (존중) ex. 수준높은 의료혜택 관련 판례
│   ↳ 판단여지
│   ┌───┐
│   │ 요건재량설 : 재량   ┌예외   │
│   │ 효과재량설 : (판단여지(판단존중)) ≠ 재량 → (판단여지와 재량)구별긍정설 │
│   │ 판례 : (판단여지(판단존중)=재량) → (판단여지와 재량)구별부정설 │
│   └───┘
│
└(3) 판단여지 인정영역
   ┌ 비대체적 결정(사람에 대한 평가)
   │ 구속적 가치평가적 결정(독립적 합의제기관의 판단-공정거래위원회의 불공정거래행위 결정 등)
   │ 미래예측적 결정
   └ 형성적 결정(행정정책적 결정 등)

- 제3자효 행정행위(복효적 행정행위) … 원고적격의 확대(개인적 공권의 확대와 연결)
- 행정행위의 효력요건
  ┌ 특정인인 경우 : 도달주의
  └ 불특정 다수인 경우 : 고시 또는 공고 등이 있는 날로부터 5일이 경과한 때

- 행정행위의 효력 : 구속력, 공정력, 존속력, 강제력
  무효인 행정행위/처분성 없는 행정작용은 인정×
  - 구속력 : 법적효과 발생에 따라 행정청과 이해관계인을 구속하는 힘
  - 공정력 : 취소사유가 있는 행정행위라도 권한있는기관의 취소 전까지 일응 유효

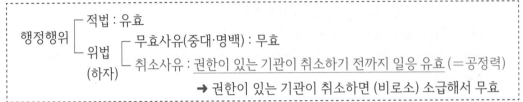

    (1) 공정력 인정영역 관련
        (ㄱ) 취소사유가 있는 행정행위○ ex. (놀랍게도) 사기·강박에 의한 행정행위
        (ㄴ) 부존재·무효인 행정행위×
        (ㄷ) 확약·공법상 계약·경고·행정지도×
        (ㄹ) 과태료·통고처분×
    (2) 구성요건적 효력 : 국가기관에 대한 통용력(취소권한을 가진 기관 제외)
    (3) 공정력과 선결문제 : 법원이 본안판결에 앞서 해결해야하는 문제
        *행정법원이 아닌 민·형사법원이 선결문제를 심리·판단하는 경우 문제가 됨(∵공정력에 반함)
        (ㄱ) 위법여부가 선결문제인 경우 : 위법여부 … 판단 可(인용·기각판결 可)
        (ㄴ) 효력유무가 선결문제인 경우 ┌ 무효사유 … 판단 可(인용·기각판결 可)
            ex. 부당이득반환청구소송 └ 취소사유 … 판단 不可 ∴ 기각판결

- 존속력(확정력) : 하자있는 행정행위라도 일정한 경우 취소·변경할수 없음
    ↳ ※ 불가쟁력(상대방), 불가변력(행정청) ─→ 양자는 별개의 효력으로 상호 영향 ×

	불가쟁력 (형식적 존속력)	불가변력 (실질적 존속력, 자박력)
적용법위	모든 행정행위	일정한 행정행위
취 지	행정의 능률성	신뢰보호
성 질	(제소기간 등) 절차법상 효력	(행정행위 내용 등) 실체법상 효력
효력당사자	상대방과 이해관계자	행정청
법적근거	O	X
직권취소	O	X
취소소송 제기	X	O

- 강제력 : 실효성 확보를 위해 법원의 매개없이 행정결정을 강제하는 힘

- 행정행위의 하자

  - 행정행위의 하자 유무 판단의 기준시점 : 처분시＝발령시＝결정시

    ex.「국민연금법」상 장애연금 지급을 위한 장애등급 결정을 하는 경우에는 원칙상

    장애연금지급을 결정할 당시가 아니라 <u>장애연금 지급청구권을 취득할 당시</u>의 법령을 적용
    ↳ 처분시

  - 무효와 취소의 구별 ← 기준 : 중대명백설

	무효인 행정행위	취소사유가 있는 행정행위
행정행위의 효력	X	취소될 때까지는 유효
하자의 치유·전환	하자의 전환	하자의 치유
하자의 승계	당연하므로 논의의 실익 無	① 선행행위와 후행행위가 결합 하나의 법률효과를 완성 → O ② 선행위와 후행행위가 독립 별개의 법률효과를 발생 → X
선결문제	(민·형사법원이) 심사O	(민·형사법원이) 심사X
예외적 행정심판전치주의	X	O
사정판결	X	O
간접강제	X	O
신뢰보호의 원칙	X	O
위헌법률에 근거한 행정처분	위헌결정 後(후) 행정처분	위헌결정 前(전) 행정처분
국가배상청구	국가배상의 요건만 갖추면 모두 가능	
집행부정지	집행부정지원칙은 무효등확인소송에도 준용되므로 모두 가능	

[중요]

법령 규정의 문언만으로는 처분 요건의 의미가 분명하지 아니하여 그 해석에 다툼의 여지가 있었더라도 해당 법령 규정의 위헌 여부 및 그 범위, 법령이 정한 처분 요건의 구체적 의미 등에 관하여 법원이나 헌법재판소의 분명한 판단이 있고, 행정청이 그러한 판단 내용에 따라 법령 규정을 해석·적용하는데에 아무런 법률상 장애가 없는데도 합리적 근거 없이 사법적 판단과 어긋나게 행정처분을 하였다면 그 하자는 객관적으로 명백하다. → 무효 ★

- 무효 및 취소사유[25] : 주체·내용·절차·형식에 관한 하자
→ 정비구역이 지정·고시되기 전의 정비예정구역을 기준으로 한 토지 등 소유자 과반수의 동의를 얻어 구성된 추진위원회에 대하여 승인처분이 이루어진 후 지정된 정비구역이 정비예정구역보다 면적이 축소되었다고 하더라도 이러한 사정만으로 해당 승인처분이 당연무효라고 할 수는 없다.
- 하자의 승계[26] ··· 논의의 실익 : 선행행위는 위법(취소사유)+불가쟁력
  - 결합하여 하나의 법률효과 : 인정
  - 독립하여 별개의 법률효과 : 부정(원칙), 인정(예외 ∵수인가능성·예측가능성✕)
- 취소사유인 하자의 치유[27] : 시한 – 쟁송제기이전시설, 효과 – 소급
  - 무효사유인 하자의 전환 : 요건 – 실질적 공통성, 효과 – 소급

위법영역
- 무효 * 행정청 공무원이든 당사자 A든 무권한자 또는 무권한자의 행위가 전제되어 있다면 원칙적으로 무효
- 취소 ··· 직권·쟁송취소, 취소의 제한(수익적 행정처분), 취소의 취소(不可)
  - ex. 과세관청은 부과의 취소를 다시 취소하여 원부과처분 소생 不可 (∵법적 안정성)↵

적법영역
- 철회 : 사정변경을 이유로 행정행위의 효력을 장래에 향하여 소멸시키는 행위(처분청만 가능)
  - ex. 적법한 유흥접객업 영업허가 학교환경위생정화구역 설정 후 영업취소는 장래효
- 실효 : 일정한 사유가 발생함으로써 장래를 향하여 당연히 소멸되는 경우
  - ex. 자진폐업

2-3 행정행위의 부관

: 행정행위의 효과를 제한 또는 보충하기 위해서 행정청이 행정행위에
부과하는 종된 규율 | 주된 행정행위 + 부관 | = 전체 행정행위
- 성질 ┌ 부관도 행정행위의 내용을 이루므로 외부에 표시必,
       └ 부관의 부종성 ··· 주된 행정행위 효력✕ ↔ 부관도 효력✕
- 구별개념 : 법정부관은 부관이 아니라 법규 그 자체

- 부관의 종류

┌ • 부담 : 의무를 부과 ∴ 처분성○, 독립적으로 항고소송의 대상 可

　　　　　　　　　　　　　　　　　┌─────────────────────────────┐
　　　　　　　　　　　　　　　　　│ 부담을 이행하지 않아도 일단 효력○, │
　　　　　　　　　　　　　　　　　│ 행정청이 철회하면 비로소 효력소멸 │
　　　　　　　　　　　　　　　　　└─────────────────────────────┘

│　　　　불이행의 효과(① 강제집행 ② 주된 행정행위 철회 ③ 후속행정행위 거부 可)

│　　　　　ex. ┌ 1. 도로·하천점용허가시 점용료 내지는 사용료 납부의무 부과

│　　　　　　　│ 2. 영업허가에 일정한 시설의무 부과

│　　　　　　　│ 3. 음식점 영업허가를 하면서 일정기간 내 일정한 위생설비 설치

│　　　　　　　└ 4. 공장건축허가를 하면서 근로자의 정기건강진단의무 부과

│ • 조건 : 장래에 불확실한 사실

│　　　　종류 ⋯ 정지조건(정지조건 성취시 효력발생)·해제조건(해제조건 성취시 효력소멸)

│　　　　　ex. <u>도로의 완공을 조건으로 한 자동차운수사업면허</u> ⋯ 정지조건

│　　　　　　　<u>3개월 내에 공사에 착수할 것을 조건으로 한 공유수면 매립면허</u> ⋯ 해제조건

│ • 기한 : 장래에 확실한 사실

│　　　　종류 ⋯ 시기(도래 시 효력발생)·종기(도래 시 효력소멸) / (도래시기)확정기한·불확정기한

│　　　　　ex. 사망 시까지 지급하는 국민연금 ⋯ 종기 / 특정날짜까지 도로사용허가 ⋯ 확정기한

└ • 법률효과의 일부배제(명시적 근거 必), 부담유보, 철회권의 유보

Ch.3 그 밖의 주요한 행위형식

3-1 확약 ➜ 처분성× But 확약의 취소(＝행정행위의 거부처분)는 처분성○

- 행정절차법상 명문규정○, '내인가 or 내허가'로 표현, 자기구속적 의무

3-2 공법상 계약[28] ➜ 처분성×

- 반대방향 의사의 합치, 공법상계약의 구별, 법률근거 불요

3-3 행정상 사실행위 ➜ 처분성 ⋯ 권력적 사실행위○/비권력적 사실행위×

- 직접적으로 법적인 효과×(간접적으로 법적인 효과○)

3-4 행정지도 ➜ 처분성×, 개별법적 근거 필요×

- 비권력적 사실행위, 위법한 행정지도 ⋯ (배상책임요건 충족 시)손해배상청구 可

3-5 행정계획 → (구속적 행정계획의) 처분성○

- 처분성 유무[29], 행정계획절차(행정절차법 및 개별법에 근거), 행정계획의 집중효(절차○, 내용×)
- 행정계획의 집중효(절차집중효○, 실체집중효×) : 인·허가의제제도
→ 인·허가의제가 인정되는 경우에 의제되는 법률에 규정된 주민의 의견청취 등의 절차를 거칠 필요는 없다.
→ 채광계획인가에 의하여 공유수면점용허가가 의제될 경우, 공유수면점용불허사유로써 채광계획을 인가하지 아니할 수 있다.
  : 인·허가의제의 허점-1개 문제만으로도 승인불허가 가능하다.
→ 주택건설사업계획승인처분에 따라 의제된 지구단위 결정에 하자가 있음을 이해관계인이 다투고자 하는 경우, 의제된 인·허가의 취소를 구할 수 있다.
- 형량명령[30] : (행정재량과 다른) 계획재량의 특수한 하자통제이론

※ 계획재량 vs 행정재량

	계획재량	행정재량
재량의 범주	비교적 넓음 (광범위)	비교적 좁음
구 조	목적과 수단 / 목적 프로그램	요건과 효과 / 조건 프로그램
사법통제	형량명령의 원칙	재량권의 일탈·남용
권리구제	절차적·사전적 통제	실제적·절차적·사후적 구제

제03편 행정절차법

Ch.1 행정절차

1-1 행정절차의 기능

- 구체적 기능 : 주민참여기능, 행정업무의 질적 향상, 사전적 권리구제, 사법적 구제수단의 보완

  행정의 공개, 행정의 민주적 통제 (행정의 신속성, 행정규제 완화, 사후적 행정구제)

1-2 행정절차의 법적근거

- 일반법 : 행정절차법, 헌법 : 제12조 적법절차의 원리

1-3 행정절차법의 구조

- 대상 : '처분·신고·확약·위반사실 등의 공표·행정계획·행정상 입법예고·행정예고·행정지도'의 절차
- 규제 : 목적, 신의성실및신뢰보호의 원칙, 투명성, 관할, 행정응원, 당사자, 송달등
- 행정절차법상 규정이 안 된 내용 : 공법상 계약 등
- 행정철자의 하자
  - 절차상 하자의 위법 : (실체법상의 적법유무 불문)독립된 취소사유
  - 치유 : 원칙-부정, 예외-긍정
- 행정절차의 주요판례[31]
- 중요조문
  - 행정절차법 제3조 제2항 : 행정절차법 적용배제 사항

    「병역법」에 따른 징집·소집, 외국인의 출입국·난민인정·귀화, 공무원 인사 관계 법령에 따른 징계와 그 밖의 처분, 이해 조정을 목적으로 하는 법령에 따른 알선·조정·중재(仲裁)·재정(裁定) 또는 그 밖의 처분 등 해당 행정작용의 성질상 행정절차를 거치기 곤란하거나 거칠 필요가 없다고 인정되는 사항과 행정절차에 준하는 절차를 거친 사항으로서 대통령령으로 정하는 사항

  - 행정절차법 제21조, 제22조 1, 2, 3항 : 처분의 사전통지, 의견청취[32]

※ 청문 VS 공청회 VS 의견제출의 구별

	청문	공청회	의견제출
의 의	행정청이 처분 전에 당사자 등의 의견을 듣고 증거를 조사하는 절차	행정청이 공개적인 토론을 통하여 의견을 수렴하는 절차	청문과 공청회를 거치지 못한 경우 당사자 등에게 의견을 제출하도록 하는 절차
통 지	청문 시작 날부터 10일 전까지	공청회 개최 14일 전까지	-
공개여부	비공개 원칙	공개원칙	-
문서열람	O	X	O
증거조사	O	X	-
절차의 주재자	소속직원도 가능	소속직원 불가능	-
의견제출방식	서면이나 구술	구술	서면이나 구술 또는 정보통신망
정보통신망	X	온라인공청회O (단, 온라인공청회 단독개최는 원칙적으로 불가)	O

• 행정절차법 제26조 : 고지

구분	행정절차법	행정심판법	행정소송법
고지	O	O	X
오고지·불고지	X	O	X

Ch.2 정보공개

2-1 정보공개제도

┌ 청구인이 신청한 공개방법 이외의 방법으로
└ 공개하기로 하는 결정은 일부 거부처분으로 항고소송 대상

• 모든 국민에 대하여 인정, 특정한 공개방법 지정 가능

• 주요판례[33] * 증권업협회는 공공기관이 아니다./지방자치단체는 정보공개청구권자에 포함되지 않는다.

• 중요조문

  • 제4조 1항 : 정보공개는 특별규정 있는 경우에만 제외하고 정보공개법 준용

  • 제9조 1항 : 비공개대상정보[34]

  ex. '독립유공자 서훈 공적심사위원회의 심의·의결 과정 및 그 내용을 기재한 회의록'은 공개될 경우에 업무의
      공정한 수행에 현저한 지장을 초래한다고 인정할 만한 상당한 이유가 있는 정보에 해당한다.

  • 제12조 2항 : 정보공개심의회 구성 - 위원장 1명 포함 5-7명

  위원 2/3 외부 전문가로 구성 * 국가안전보장·국방·통일·외교관계 관련 심의회 1/3 이상 외부 전문가로 구성

  • 제18조 1항 : 이의신청 - 20일 경과한 날로부터 30일 이내 문서로 신청

  • 제19조 1항 : 행정심판 - 20일 경과한 날부터 청구

  • 제23조 1항 : 정보공개위원회 구성 - 위원장·부위원장 각 1명 포함 11명

Ch.3 개인정보보호

3-1 개인정보보호제도

┌ 사생활의 비밀과 자유

• 헌법상 법적 근거 : 제10조, 제17조 ···소극적·적극적 권리 모두 포함

• 정보공개청구 vs 개인정보보호

	정보공개청구	개인정보보호
헌법상 근거	1. 표현의 자유(알권리) 2. 인간의 존엄과 가치 3. 인간다운 생활을 할 권리 4. 국민주권	1. 사생활의 비밀과 자유 2. 인간의 존엄과 가치 일반적 인격권, 행복추구권 3. 국민주권
청구주체	모든 국민, 법인, 법인 아닌 사단·재단, 외국인	정보주체(사인)
제3자 청구권	O	X
객 체	공공기관	공공기관, 법인, 단체, 개인
해당위원회의 소속	국무총리 소속	국무총리 소속

- 중요조문
  - 제2조 1호 : 살아있는 개인의 정보만 보호대상
  - 제7조의2 : 개인정보보호위원회의 구성 - 상임위원 2명 포함 9명
    - 위원 선정 : 대통령이 임명 또는 위촉 / 임기 : 3년, 한 차례만 연임 가능
    - 제청·추천 : 위원장&부위원장(국무총리), 2명(위원장) 2명(대통령 소속 정당 교섭단체), 3명(그 외 교섭단체)
    - 회의 : 위원장이 필요하다고 인정하거나 재적위원 4분의 1이상의 요구가 있는 경우 위원장이 소집
      ↳ 일반 정족수(재적위원 과반수 출석 개의, 출석위원 과반수 찬성 의결)
  - 제39조/제39조의2 : 손해배상책임/법정손해배상청구

    제39조 3항 : 개인정보처리자의 고의 또는 중대한 과실로 인한 손해 발생 시 법원은 손해액의 5배 넘지 않는 범위에서 손해배상액 정할 수 있음(다만, 반증 시 그렇지 아니함)

    제39조의2 3항 : 제39조의 손해배상을 사실심변론종결 전까지 법정손해배상청구로 변경 가능
  - 제40조 : 개인정보분쟁조정위원회의 구성 - 위원장 1명 포함 30명 이내

    4항 : 위원장은 위원 중에서 공무원이 아닌 사람으로 보호위원회 위원장이 위촉한다.
  - 제49조 6항

    제48조 2항에도 불구하고 집단분쟁조정 당사자 중 일부가 법원에 소를 제기한 경우에는 절차 중단 없이 소를 제기한 일부의 정보주체만을 제외한다.
  - 정보주체의 권리침해행위의 금지·중지를 구하는 단체소송을 제기하려면 법원의 허가를 받아야 한다.

Ch.1 개설

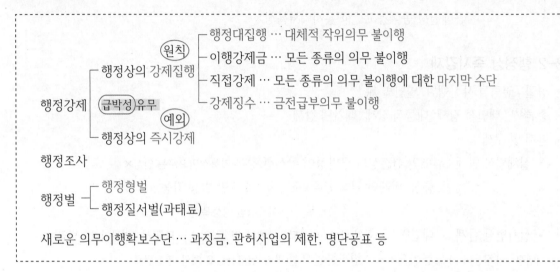

행정강제
  행정상의 강제집행
    (급박성)유무 ─ (원칙)
      ┌ 행정대집행 ··· 대체적 작위의무 불이행
      ├ 이행강제금 ··· 모든 종류의 의무 불이행
      ├ 직접강제 ··· 모든 종류의 의무 불이행에 대한 마지막 수단
      └ 강제징수 ··· 금전급부의무 불이행
    (예외)
  행정상의 즉시강제

행정조사

행정벌 ┬ 행정형벌
       └ 행정질서벌(과태료)

새로운 의무이행확보수단 ··· 과징금, 관허사업의 제한, 명단공표 등

Ch.2 행정강제

2-1 행정상 강제집행

- 의의 : 의무불이행에 대해 신체·재산에 실력을 가하여 장래 의무이행을 실현
- 구별개념 : 행정상 즉시강제(시간적 급박성), 행정벌(과거 의무위반에 대한 제재)
- 법적 근거 : 명령권과 강제집행의 각각 별도의 법적 근거가 필요
- 행정대집행
  - 법적 근거 :「행정대집행법」
  - 요건 ··· ⑴ 공법상 대체적 작위의무 불이행[35] ⑵ 중대한 공익상 필요 ⑶ 보충성
  - 절차 ··· (계고) → 대집행영장에 의한 통지 → 대집행의 실행 → 비용징수
    - 1차만 처분성○   실제로 대집행이 이루어지는 단계
    - 2·3차는 처분성×
  - 쟁송제기 : 종료 전 ··· 가능, 종료 후 ··· 불가능(∵ 원상회복 불가능 → 소의 이익×)
- 이행강제금 : 금전적 부담을 가하여 간접적으로 강제, 일반법 無
    - 심리적 부담   - 이행강제금의 금액≠의무이행의 비용
- 직접강제[36] : 신체 등 실력을 가하여 직접적으로 강제, 일반법 無

- 행정상 강제징수
  - 법적 근거 : 「국세징수법」, 「지방세기본법」
  - 절차 … 독촉 ➔ 체납처분(압류 ➔ 매각(공매·환가) ➔ 청산)
    - 압류금지재산 : 제 3자의 재산, 생활필수품, 미공표 발명·저작물 등
    - 공매 ┬ 매각대상자 결정 : 처분성○
          └ 공매결정·공매공고·공매통지 : 처분성✕

2-2 행정상 즉시강제

- 성질 : 권력적 사실행위, 일반법 無
- 종류[37] : 대인적 강제, 대물적 강제, 대가택 강제
- 한계 및 구제
  - 실체법상 한계 : 위해의 현존성과 급박성이 확실한 경우 가능성만으로는 인정✕
                보충성, 비례의 원칙 준수, 소극목적으로만 발동 가능
                              ↔ 적극적인 행정목적
  - 절차법상 한계 ┬ 대법원 : 절충설(원칙 - 영장필요 / 예외-영장불필요 … BUT 사후영장이라도 발급)
    (영장주의 적용여부) └ 헌법재판소 : 영장불필요설(원칙-영장불필요 예외-영장필요)
  - 쟁송제기 : 주로 단기간 내 이루어지기 때문에 행정쟁송 제기 불가능

Ch.3 행정조사

3-1 개설

- 개념 : 정책결정·직무수행을 목적으로 자료를 수집하는 일련의 활동
- 성질 : 일반적으로 사실행위, 예외적으로 행정행위
          ↳ 질문, 실시조사, 출입검사, 진찰, 검진 등   ↳ 보고서요구명령, 정부서류제출명령, 출두명령 등

3-2 행정조사의 종류

- 강제조사 : (강제력에 의한) 권력적 행정조사(권력적 사실행위)
  (처분성○) ex. 불심검문, 운전자에 대한 음주측정, 체납처분시 질문·검사, 식품위생법상 출입·검사,
              영업소에 들어가 강제로 장부·서류·미성년자출입 여부 등을 조사하는 경우 등
- 임의조사 : (상대방의 임의적 협력에 의한) 비권력적 행정조사(비권력적 사실행위)
  (처분성✕) ex.여론조사, 통계조사 등

3-3 행정조사의 법적근거

• 일반법 : 「행정조사기본법」, 개별법 : 「경찰관직무집행법」, 「소방법」 등
• 실시 : 법령 등에서 규정이 있는 경우 가능(임의조사는 규정 없이도 가능)

  * 그러나 사인에게 미치는 중요한 사항인 경우에는 임의조사라도 법률의 근거 필요(by 중요사항유보설)

3-4 행정조사의 한계 및 구제

• 한계
┌ • 실체법적 한계 : 최소한의 범위 내 실시, 남용×, 용도이외 이용× 등
└ • 절차법적 한계 : ① 영장주의 적용 : 절충설(단시간 내 조사 시 영장불필요) ② 진술거부권 : 적용×
                ③ 증표의 제시 : 필요 ④ 실력행사 : 공무집행방해죄로 해결 ⑤ 「행정절차법」상 명문규정×

• 구제
┌ • 적법한 행정조사 : (특별한 희생을 입은 자의 경우) 손실보상청구 인정
└ • 위법한 행정조사 : 주로 단기간내 이루어지므로 행정쟁송 제기 불가능

Ch. 4 행정벌

4-1 개설

• 개념 : 행정법상의 의무위반에 대한 제재로서 일반통치권에 의거하여 부과하는 처벌
• 집행벌·행정벌·징계벌과 구별

	집행벌(이행강제금)	행정벌	징계벌
권력의 기초	일반권력(일반통치권)	일반권력(일반통치권)	특별권력
상대방	일반국민	일반국민	행정조직의 내부구성원 (공무원)
목 적	장래에 대한 의무이행 확보	일반 사회 질서유지 과거 의무위반에 대한 제재	공무원 관계 내부 질서유지
성 질	간접적 의무이행 확보수단	간접적 의무이행 확보수단	-
대 상	각종 의무 불이행	행정범	공무원법상 의무위반
법적근거	반드시 필요	반드시 필요	반드시 필요
내 용	의무이행 이행강제를 위해 부과하는 금전 부담	생명, 자유, 재산 등을 제한 및 박탈	파면, 해임, 강등, 정직, 감봉, 견책
고의·과실	불요	원칙적 필요	불요
부과권자	행정청	법원	특별권력주체
반복부과	가능	불가	불가

- 종류 : 행정형벌, 행정질서벌

	행정형벌	행정질서벌
대상	행정목적을 직접적으로 침해하는 행위 ex. 하수구로 오염물질을 배출하는 행위	행정목적 달성에 간접적으로 위해를 주는 행위 ex. 신호 또는 지시에 따를 의무 위반
처벌	「형법」상의 刑(형)	과태료
형법총칙	적용O	적용X
고의·과실	요구	요구
과벌 주체	원칙 : 법원 예외 : 행정청(통고처분의 경우)	제1차 : 행정청 제2차 : 법원(이의제기가 있는 경우)
과벌 절차	원칙 : 「형사소송법」이 정하는 절차 예외 : 통고처분, 즉결심판	「질서위반행위규제법」이 정하는 절차
죄형법정주의	적용	다수설 : 적용 헌법재판소 : 적용X
양자의 병과가능성	긍정 … 대법원(판례) 부정 … 다수설, 헌법재판소	
벌의 선택	입법재량 … 헌법재판소	

4-2 행정형벌

- 개념 : 형법에 규정되어 있는 형벌이 과해지는 행정벌
- 행정처분과 병과 가능성 : 가능 ex. (면허정지기간 중 운전행위에 대해) 벌금처분＋새로운 면허정지처분
- 특수성 : ① 고의 또는 과실 … 자기(과실)책임의 원칙

        ② 책임능력 … 「형법」상 규정 적용 배제 또는 제한

        ③ 법인의 책임 … 양벌규정 有 : 행위자 외에 법인에 대해서도 재산형 처벌

        ④ 타인의 행위에 대한 책임 … 양벌규정 有

> ex. 신분확인을 게을리하여 미성년자에게 주류판매한 종업원 C, 사업주 A도 처벌O
>
> 자기책임의 원칙 위반X 무과실책임X, 대위책임X ➔ 과실책임O(선임·감독상의 과실), 자기책임O

- 과벌절차 … 원칙 : 「형사소송법」이 정하는 절차

            예외 : 통고처분, 즉결심판

                ↳ 행정처분이 아님 ∵임의의 승복이 효력발생요건(국민의 권리·의무에 영향X)

4-3 행정질서벌

- 개념 : 형법에 규정되어 있지 않은 과태료가 가해지는 행정벌
- 성질 : 과태료 부과처분은 행정처분이 아님 ∴ 불복시 과태료 재판 진행
- 법 적용의 시간적 범위 : 행위시의 법률 적용(원칙)

Ch.5 새로운 의무이행확보수단

5-1 금전상의 제재 ⋯ 과징금, 가산금, 가산세

- 과징금 ⋯ 행정처분에 해당, 처분성○ ➜ 대체적 급부 가능, 상속인에게 포괄승계○
  - 개념 : 의무 위반·불이행으로 얻은 경제적 이익을 제거하고자하는 금전적 부담
  - 종류 : 본래의 과징금, 변형적 과징금
  - 성질 : 법령상 책임자에게 부과, 고의·과실 불요, 정당한 사유 있다면 부과×
- 가산금
  - 개념 : 체납된 국세 미납분에 대한 지연이자의 의미로 부과
  - 성질 : 고의·과실 불요, 국세에 대한 가산금 폐지
- 가산세 ⋯ 행정처분에 해당, 처분성○
  - 개념 : 세법상 의무의 성실한 이행 확보를 위해 산출세액에 가산하여 징수하는 금액
  - 성질 : 고의·과실 불요, 정당한 사유 있다면 부과×

5-2 공급거부 ⋯ 대부분의 법에서 규정삭제

5-3 행정상 공표(위반사실의 공표) ⋯ 프라이버시권 침해 우려 ➜ 이익형량必, 행정절차법상 명문규정○

5-4 관허사업의 제한

- 개념 : 의무 위반·불이행자에게 각종 인·허가 거부 또는 정지·철회하는 것
- 성질 : 당해 사업이 아니더라도 可(단, 부당결부원칙이 문제 될 수 있음)
- 양도인과 양수인의 위법행위 : 승계긍정설(판례)

제05편 행정구제법

Ch.1 행정상 손해전보[38)]

	국가배상	손실보상
의 의	ⓦ위법한 행정작용에 대한 손해전보	ⓐ적법한 행정작용에 대한 손해전보
법적근거	헌법 제29조 / 국가배상법	헌법 제23조 제3항 / 개별법에 규정
이념적 기초	개인주의 / 도의적 책임	단체주의 / 사회적 공평부담의 견지
대 상	재산·비재산적 손해	재산적 손실
책 임	1. 국가배상법 제2조 책임 ➡ 과실책임 2. 국가배상법 제5조 책임 ➡ 무과실책임	무과실책임
책임자	국가·지방자치단체	사업시행자

1-1 행정상 손해배상(국가배상) … 위법을 전제

- 의의 : 공무원의 직무집행 또는 영조물의 하자로 인하여 사인이 손해를 입은 경우 그 손해를 배상(전보)해 주는 제도

- 법적근거
  - 헌법상 근거 : 헌법 제 29조
  - 일반법 :「국가배상법」… 사법설(판례) vs 공법설(다수설)
  - 중요조문 : 제2조(배상책임), 제5조(공공시설 등의 하자로 인한 책임), 제6조(비용부담자 등의 책임)

- 국가배상의 첫 번째 유형 : 「국가배상법」 제2조의 책임
  공무원의 직무상 불법행위

- 요건
  (1) 공무원[39] : 공무원, 공무수탁사인 등
  (2) 직무행위[40] ① 범위 : 광의설(권력작용과 관리작용 모두 포함)
  　　　　　　　② 내용 : 행정·입법·사법 작용, 법적·사실행위, 작위·부작위 등
  　　　　　　　　* 공공 일반의 전체적인 이익(국민 모두의 이익) ➜ 국가배상책임 성립×
  　　　　　　　③ 관련성('직무를 집행하면서') : 외견설
  (3) 고의 또는 과실[41] : 실질설(평균적인 공무원을 기준)
  　　┌ 1. 조직과실 인정 : 가해공무원의 특정 반드시 필요× ex. 시위진압 중 최루탄 투척
  　　└ 2. 공무원 과실의 입증책임은 원고에게 있음
  (4) 법령의 위반[42] : 성문법령 및 조리 위반, 객관적 정당성 결여 포함
  　　┌ 1. 판례 : 대체로 광위의 행위위법설＋상대적 위법성설
  　　├ 2. 공무원의 직무행위의 위법성에 대한 입증책임은 원고에게 있음
  　　└ 3. 항고소송의 기판력이 국가배상청구소송에 미치는지 여부[43] : 제한적 긍정설(다수설)
  (5) 타인에게 손해를 가할 것 : 상당인과관계(종합적 고려)가 있어야 함

- 배상책임
  (1) 배상책임자 : 국가 또는 지방자치단체
  (2) 성질 : 배상책임자는 과실 정도에 따라 가해 공무원에게 구상권 청구
  　　↳ 중간설 … 고의·중과실 : (국가의)대위책임/경과실 : (국가의)자기책임
  (3) 배상기준 : 기준액설(국가배상법 제3조의 기준에 구애되지 않음)
  (4) 소멸시효 : 안날로부터 3년, 있은 날(종료일)부터 5년
  (5) 청구권자 : 손해를 입은 자(외국인 포함, 단, 상호의 보증이 있을 시)
  　　※ '군인 등의 제외'-「국가배상법」 제2조 1항 단서 : 이중배상금지의 원칙

➜ 공무원에게 경과실이 있을 뿐인 경우에는 공무원 개인은 손해배상책임을 부담하지 아니한다.
➜ 경과실이 있는 공무원이 피해자에게 직접 손해를 배상하였다면 그것은 채무자 아닌 사람이 타인의 채무를 변제한 경우에 해당한다.
➜ 피해자에게 손해를 직접 배상한 경과실이 있는 공무원은 특별한 사정이 없는 한 국가에 대하여 국가의 피해자에 대한 손해배상책임의 범위 내에서 공무원이 변제한 금액에 관하여 구상권을 취득한다.
➜ 공무원의 불법행위에 고의 또는 중과실이 있는 경우 피해자는 국가·지방자치단체나 가해공무원 어느 쪽이든 선택적 청구가 가능하다.

➔ 국가배상청구권의 소멸시효기간이 지났으나, 국가가 소멸시효완성을 주장하는 것이 신의성실의 원칙에 반하는 권리남용으로 허용될 수 없어 배상책임을 이행한 경우에는, 그 소멸시효 완성 주장이 권리 남용에 해당하게 된 원인행위와 관련하여 해당 공무원이 그 원인이 되는 행위를 적극적으로 주도하였다는 등의 특별한 사정이 없는 한, 국가의 해당 공무원에 대한 구상권 행사는 신의칙상 허용되지 않는다.

➔ 공무원의 직무수행 중 불법행위로 인한 배상과 관련하여, 피해자가 공무원에 대해 직접적으로 손해배상을 청구할 수 있는지 여부에 대한 명시적 규정은 국가배상법상으로 존재하지 않는다.

➔ 산업기술혁신 촉진법령에 따른 중앙행정기관과 지방자치단체 등의 인증신제품 구매의무는 공공 일반의 전체적인 이익을 도모하기 위한 것으로 봄이 타당하고, 신제품 인증을 받은 자의 재산상 이익은 법령이 보호하고자하는 이익으로 보기는 어려우므로, 지방자치단체가 위 법령에서 정한 인증신제품 구매의무를 위반하였다고 하더라도, 이를 이유로 신제품 인증을 받은 자에 대하여 국가배상책임을 지는 것은 아니다.

- 국가배상의 두 번째 유형 : 「국가배상법」 제5조의 책임 ex. 여의도광장 질주사건

   영조물의 설치·관리의 하자   (서울시-영등포구청)

  - 요건
    (1) 도로·하천 기타 공공의 영조물44) : 영조물보다 더 넓은 개념인 '공물'에 해당
    (2) 설치 또는 관리의 하자 : 외견설(객관적으로 안전성에 흠결이 있는 상태) ··· 무과실책임
    (3) 타인에게 손해가 발생할 것 : 상당인과관계가 있어야 함
    (4) 면책사유 ex. 설치·관리상의 하자가 불가항력에 해당하는 경우
  - 「국가배상법」 제2조(과실책임)와 제5조(무과실책임)의 경합 : 가능(제5조가 피해자에게 유리)

- 「국가배상법」 제6조(비용부담자)의 책임
  - 비용부담자(영등포구청) : 영조물의 설치·관리 비용을 부담하는 자
  - 책임유무 : 有 (∵ 국민을 두텁게 보호) ※ 관리청(서울시)의 책임도 有 (∵ 제5조)

1-2 행정상 손실보상 ··· 적법을 전제

- 의의 : 공공필요에 따른 적법한 공권력 행사에 의하여 개인의 재산에 가해진 특별한 희생에 대하여 공평부담의 견지에서 행하는 조절적 재산적 전보

- 법적 근거 : 헌법 제23조 3항

→ 공공필요에 의한 재산권의 <u>수용·사용 또는 제한</u> 및 그에 대한 보상은 법률로써 하되, 정당한 보상을 지급하여야 한다.

- 보상규정이 없는 경우의 권리구제(헌법 제23조 3항의 효력)
  - 개설 : 일반법 없이 「국토의 계획 및 이용에 관한 법률」 등의 개별법에만 규정되어 있어 보상규정이 없는 경우 법적 근거가 문제가 됨
  - 학설 ┬ 위헌무효설(헌법재판소) : 보상입법 후 보상청구 가능
         └ 유추적용설(대법원) : 관련 보상규정을 유추적용하여 보상

※ 경계이론과 분리이론

	경계이론 (대법원)	분리이론 (헌법재판소)

헌법 제23조
1항, 2항에 해당하는
재산권 제약
(약한 제약)
	사회적 제약
	∴보상X
		비례의 원칙 ┬ 위반O : 위헌무효 → 재산권 제약 불가
		               → (이미 제한했다면) 보상입법 후 보상O
		                        └ 위헌무효설
		└ 위반X : 보상X

헌법 제23조 3항에 해당하는 재산권 제약 (강한 제약)	특별한 희생 ∴ 보상O	보상규정이 있으므로 보상O

[중요] 정비기반시설의 소유권 귀속은 헌법 제23조 제3항의 수용에 해당하지 않는다.
→ 특별한 희생X ★   ∵ 사익(반대급부)이 전제된 손실은 특별한 희생X

- 성질 : ┬ 사권설(원칙) : 국가가 (금전으로) 지급하는 것 ∴ 민사소송
         └ 공권설(예외) : (국가가) 금전으로 지급하는 것 ∴ 당사자소송
         ↳ 국가의 과거에 대한 반성 ex. 군부독재시절 하천구역편입토지 손실보상

- 요건
  ① 공공필요 : 특별한 공익목적 ··· 이익형량을 통해 공공필요 여부 결정
  ② 적법한 공권력 행사
  ③ 재산권의 수용·사용·제한 등 : 수용-박탈, 사용-일시적 사용, 제한-사용·수익의 제한
    ↳ <u>현존하는 재산적 가치</u> ∴ 예상이익·기대이익·영업이익은 보상의 대상×

④ <u>특별한 희생</u> : 사회적 제약을 넘어서는 손실

  ↳ <u>여러 학설</u>[45]이 있지만 사용수익, 매매가능성 유무를 기준으로 판단

- 보상의 기준과 내용

  - 헌법상 보상기준 : 완전보상설(다수설) VS 상당보상설
  - 토지보상법상 보상기준[46]   * 합의에 의한 보상도 가능하며 이는 사법상 계약
  - 토지보상법상 보상대상

    (1) 재산권 자체 : 토지에 정착된 물건 포함(사업인정고시 이전이라면 무허가건축물도 대상)

    (2) 사업(간접)손실보상 : 부대적 손실(영업손실), 잔여지 등의 가격감소

    (3) 생활보상 : 재개발·재건축과 관련된 보상(이주대책)

    ┌───┐
    │   ┌ 소유자 : 이주대책대상자 신청 ➜ 확인·결정 ➜ 이주대책대상자 확정, 수분양권 발생
    │ 이주자   │
    │   └ 세입자 : 이주대책대상자 ×
    └───┘

- 보상의 방법 : 사업시행자가 현금(일시불)으로 사전(사업시행전)에 개인별로 보상

- 공용수용 절차 : 사업인정 ➜ 협의 ➜ 재결·화해 ➜ 이의신청·행정쟁송

  - 사업인정 : 특정사업이 공용수용이 가능한 공익사업에 해당함을 인정하는 국가행위

    ※ 민간기업도 일정조건 하에서는 공용수용권 행사 可

  - 협의 : 사업시행자와 토지소유자 및 관계인과의 협의절차
  - 재결 : (협의 불발 시) 토지수용위원회가 수용을 결정하는 형성적 행정행위(대리)
  - 화해권고 : 재결 전에 소위원회가 당사자들이 화해하도록 권고하는 행위

- 재결에 대한 권리구제

  ┌ • 이의신청 : 재결서의 정본을 받은 날로부터 30일 내 신청
  │ • 행정소송 ┌ 항고소송 : 수용재결은 원처분에 해당하므로 항고소송의 대상
  └   └ 보상금증감소송 : 당사자소송 cf. 환매금액증감소송 ➜ 민사소송

1-3 그 밖의 손해전보제도

- 수용유사침해 : 위법·무과실인 행위로 인한 침해(보상규정이 없는 공용침해)
- 수용적 침해 : 비전형적·비의도적인 부수적 결과로 가해진 침해
- 희생보상청구권 : 생명, 건강과 같은 비재산적 법익이 침해당한 경우

1-4 공법상 결과제거청구권

- 개념 : 공행정작용의 결과로서 남아있는 위법한 상태로 인하여 법률상 이익을 침해받고 있는 자가 그 위법한 상태를 제거해 줄 것을 청구하는 권리

Ch.2 행정심판

2-1 행정심판의 의의
- 개념 : 행정상 법률관계에 대한 분쟁을 <u>행정기관</u>이 심리·판정하는 쟁송절차
- 성질 : 행정작용의 하나로서 준법률행위적 행정행위 중 확인의 성질을 띰
- 기능 : 자율적 행정통제, 행정능률의 보장 등

2-2 행정심판의 종류 ＊거부처분은 취소심판, 무효등확인심판, 의무이행심판 청구 가능
: 이 경우 <u>취소재결, 확인재결, 이행명령재결 재처분의무○</u> (제49조)
- 취소심판
  - 취소재결, 변경재결 : 처분의 취소 또는 변경
  - 변경명령재결 : 처분청으로 하여금 변경하도록 명령

    ＊ 현행법상 취소심판에서 취소명령재결은 인정되지 않는다.(∵ 공무원의 사기저하 우려)
- 의무이행심판 ＊직접 처분은 이행명령재결을 전제(당사자의 신청 必, 제50조)
  - 처분재결 : 행정청 스스로 신청에 따른 처분 이행
  - 처분명령재결 : 처분할 것을 피청구인에게 명령

    (=이행명령재결)
- 무효등확인심판
  - 확인재결 : 처분의 효력유무, 존재여부 확인
- 청구기간 ┌ 적용○ : 취소심판, 거부처분에 대한 의무이행심판
  └ 적용× : 무효등확인심판, 부작위에 대한 의무이행심판

2-3 행정심판의 청구요건
- 행정심판의 당사자와 관계인 ┌ 청구인 : 법률상 이익이 있는·자
  └ 피청구인 : 행정청
- 대상 : 행정청의 처분 또는 부작위 ＊제외사항 : 대통령의 처분과 부작위, 재심판청구의 금지
- 청구기간 : 안날로부터 90일(불변기간), 처분이 있었던 날로부터 180일 이내

2-4 행정심판의 심리

- 내용 : 요건심리, 본안심리(동일성 있는 한도 내에서만 처분사유의 변경이 허용)
- 범위 : 법률문제(적법·위법)뿐만 아니라 재량문제(타당·부당)까지도 심리 가능
- 기본원칙
  - 대심주의 : 청구인과 피청구인이 서로 대등한 입장에서 공방
  - 처분권주의 : 쟁송의 개시·종료·범위 등 당사자가 처분권을 가지고 결정
  - 직권심리주의 : 필요시 위원회는 당사자가 주장하지 않은 사실에 대하여도 심리 가능
  - 구술심리 또는 서면심리주의
  - 비공개주의 : 명문의 규정 없으나 원칙적으로 비공개

2-5 행정심판의 재결

- 의의 : 행정심판의 청구에 대하여 행정심판위원회가 행하는 결정(판단)
- 성질 : 준사법적 행위이며 준법률행위적 행정행위 중 확인에 해당
- 절차 : 「행정심판법」 제45조 1~2항, 제46조 1~3항, 제48조 1~4항 참조
- 종류 : 각하재결, 기각재결, 인용재결, 사정재결
- 효력 : 형성력, 기속력(반복금지효, 재처분의무)
  * 1. 취소재결의 경우 기속력은 인정되지만 기판력은 인정되지 않는다.
    2. 행정심판에서 행정심판위원회는 직접 처분이 가능하지만 행정소송에서 법원은 직접 처분이 불가능하다.
       (∵행정주체는 행정청만 가능)

2-6 고지

- 의의 : 행정쟁송에 관한 사항을 상대방 및 이해관계인에게 알려주는 것
- 성질 : 비권력적 사실행위
- 종류 : 직권에 의한 고지, 청구에 의한 고지
- 불고지/오고지의 효과
  - 오고지 : 행정청이 잘못 알린 기간 내에 청구 가능
  - 불고지 : 처분이 있었던 날부터 180일까지 청구가능

2-7 「행정심판법」의 조문

- 제4조 : 특별행정심판

  1항 : 사안(事案)의 전문성과 특수성을 살리기 위하여 특히 필요한 경우 외에는 이 법에 따른 행정심판을 갈음하는
  특별한 행정불복절차(이하 "특별행정심판"이라 한다)나 이 법에 따른 행정심판 절차에 대한 특례를 다른 법률
  로 정할 수 없다.

• 제6조, 7조, 8조 : 행정심판위원회의 설치/구성, 중앙행정심판위원회의 구성

구분	각급 행정심판위원회	중앙행정심판위원회
구성	위원장 1명을 포함 50명 이내의 위원	위원장 1명을 포함 70명 이내의 위원 (상임위원은 4명 이내)
위원장	• 해당 행정심판위원회가 소속된 행정청 • 시·도지사 소속 행정심판위원회에서는 　위원장을 공무원이 아닌 자로 정할 수 있다.	국민권익위원회의 부위원장 중 1명
위원	• 소속 공무원인 위원·재직하는 동안 • 위촉된 위원 : 2년, 2차에 한하여 연임가능	• 상임위원 – 대통령 임명 　: 3년, 1차에 한하여 연임 가능 • 비상임위원 – 국무총리 위촉 　: 2년, 2차에 한하여 연임 가능
직무대행	• 위원장이 사전에 지명한 위원 • 지명한 공무원인 위원(직무등급이 높은 　위원＞재직기간이 긴 위원＞연장자 순)	상임위원 (재직기간이 긴 위원＞연장자 순)
회의	• 위원장+위원장이 회의마다 지정하는 　8명의 위원 (위촉한 위원 6명 이상으로 하되, 　위원장이 공무원이 아닌 경우에는 5명 이상 　으로 한다) • 구성원의 과반수의 출석 　+출석위원 과반수의 찬성	• 위원장, 상임위원, 비상임위원을 포함하여 　9명 • 4명의 위원으로 구성된 소위원회 둘 수 있음 　(자동차운전면허 사건) • 구성원의 과반수의 출석 　+출석위원 과반수의 찬성

Ch.3 행정소송

3-1 행정소송의 의의 및 종류

• 개념 : 행정상 법률관계에 대한 분쟁을 법원이 심리·판단하는 정식쟁송
• 기능 : 행정통제기능, 권리보호기능 등
• 종류

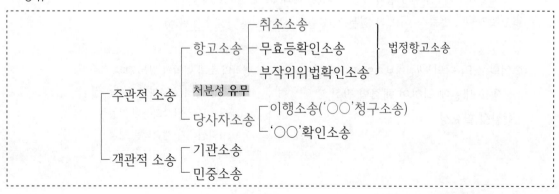

3-2 행정소송의 한계

- 본질적 한계 : 법률상 쟁송만이 법원의 심판대상 … 수동성
- 권력분립 및 기능상 한계
  - 재량행위, 불확정개념과 판단여지, 통치행위
  - 무명항고소송(의무이행소송, 예방적 부작위청구소송, 작위의무확인소송) : 인정×

3-3 취소소송

- 개념 : 행정청의 위법한 처분 또는 재결에 대한 취소·변경을 구하는 소송

- 소송요건

대상적격	처분	1. 강학상 행정행위 2. 그 밖에 이에 준하는 행정작용
	등	3. 재결
원고적격	법률상 이익이 있는 자	
협의의 소의 이익	분쟁을 재판에 의하여 해결할 만한 현실적 필요성	
피고적격	(처분 등을) 실제로 행한 행정청＝명의자(통지서에 직인으로 찍혀 있는 자)	
제소기간	1. 처분 등이 있음을 안 날(현실적으로 안 날)로부터 90일 이내 2. 처분 등이 있은 날(대외적으로 표시되어 효력이 발생한 날)부터 1년 이내	
전심절차	임의적 행정심판전치주의(원칙)	
관 할	피고의 소재지(주소지)의 행정법원(원칙)	

- 대상적격(항고소송의 대상) : 처분성 있는 행정작용＋재결
  (1) 처분성 있는 행정작용[47]
  (2) 재결 : 행정심판법상 재결＋개별 법률상의 재결
    * 취소소송의 대상은 원칙적으로 원처분을 대상(원처분주의)으로 하나
    재결 자체에 고유한 위법이 있는 경우에는 예외적으로 재결도 대상이 된다.
- 원고적격[48] : 법률상 이익이 있는 자(법률상 보호이익설 … 다수설·판례)

- 협의의 소의 이익[49](권리보호의 필요성)
  : 분쟁을 재판에 의하여 해결할 만한
    현실적 필요성

> * 협의의 소의 이익이 있는 경우
>   : (1) 처분 등의 효력이 존속하는 경우
>   (2) 취소로써 원상회복이 가능한 경우
>   (3) 이익침해가 계속되는 경우

- 피고적격[50] : 실제로 행한 행정청＝명의자(통지서에 직인이 찍혀 있는 자)

  (1) 피고경정 : 잘못된 피고지정을 변경하는 것(사실심 변론종결 시까지 가능)

  (2) 관할법원의 이송 : 심급을 달리하는 법원에 잘못 제기된 경우

  (3) 관련청구소송의 이송·병합

- 제소기간 : 안 날로부터 90일(불변기간), 있은 날(효력발생일)부터 1년 이내

  * 1. 행정심판을 거친 경우 : 재결서의 정본을 송달받은 날부터 90일

    2. 안 날과 있은 날의 관계 : 먼저 도래하는 것으로 결정(선택 불가)

    3. 안 날 : 특정인-송달·도달된 날, 불특정 다수인-고시·공고의 효력발생일

- 전심절차 : 행정소송을 제기하기 앞서 행정심판으로 먼저 심사

  (1) 임의적 행정심판전치주의(원칙) : 행정심판은 필수적 절차×

  (2) 필요적 행정심판전치주의(예외)[51] : 행정심판은 필수적 절차○

- 취소소송의 심리

  - 의미 : 법원이 판결의 기초가 될 자료를 수집·정리하는 절차

  - 종류 : 요건심리(관할권, 제소기간, 전심절차, 원고적격 등 소송요건 심리), 본안심리(사건내용 심리)

  - 기본원칙 : 요건심리 … 직권주의, 본안심리 … 당사자주의

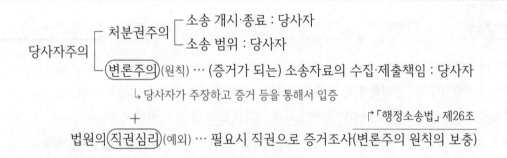

    * 처분권주의 : 소송의 개시·종료·범위 등에 대해 당사자가 처분권을 가지고 결정

    * 불고불리의 원칙 : 소송제기가 없으면 재판 불가, 당사자의 청구범위 넘어 심리 불가

- 심리과정에서의 여러 문제

  - 소의 변경 : 청구 그 자체의 변경

    (1) 소의 종류의 변경 : 사실심 변론종결 시까지 가능

      ex. 취소소송을 무효등확인소송으로 변경, 당사자소송을 항고소송으로 변경 등

    (2) 처분변경으로 인한 소의 변경[52] : 안 날로부터 60일 이내

      ex. 영업허가철회처분이 취소소송 중 영업허가정지처분으로 변경된 경우

    (3) 민사소송법 준용에 의한 소의 변경 : (1)·(2) 이외의 것인 경우 적용 가능
      ↳ 행정소송법에 규정이 없는 것

- 소송참가

   (1) 제3자의 소송참가 : 소송결과에 따라 제3자가 이익을 침해받는 경우

   (2) 행정청의 소송참가 : 법원의 직권 또는 행정청의 신청으로 가능

- 처분사유의 추가·변경[53] : 기본적 사실관계의 동일성이 인정되는 한도 내

※ 하자의 치유 및 무효행위의 전환과의 구별

- 처분사유의 추가·변경 : 실체법상의 적법성 확보 목적(사실심변론종결시) ····→ 당사자A의
- 하자의 치유 : 절차적 위법성 치유 목적(쟁송제기이전시설) ·············→ 방어권 보장
- 무효행위의 전환 : 행정의 효율성 목적

- 가구제(잠정적 권리보호)
   - 가구제 수단의 소송별 인정여부

	취소소송	무효등확인소송	부작위위법 확인소송	당사자소송
가처분	X	X	X	O
집행정지 「행정소송법」	O (제23조)	O (제38조 1항)	X (제38조 2항)	X (제44조)

적극적 의미 • 가처분 : 당사자 A에 대해 임시의 지위를 부여 … 부정설(판례)

소극적 의미 • 집행정지 : 행정처분의 집행을 정지함으로써 원고의 권리를 잠정적 보전

(1) 집행부정지를 원칙으로 하지만 집행정지를 예외적으로 인정(∵ 권리보호)

(2) 요건   「거부처분은 집행정지를 구할 이익 無

  ㉮ 적극적 요건 : ㉠ 적법한 본안소송의 계속 ㉡ 처분 등의 존재

               ㉢ 회복하기 어려운 손해예방의 필요 ㉣ 긴급한 필요[54]

  ㉯ 소극적 요건 : ㉠ 공공복리에 중대한 영향이 없을 것

               ㉡ 본안의 이유없음이 명백하지 않을 것

(3) 주장·소명책임 : 적극적 요건 … 당사자, 소극적 요건 … 행정청

(4) 집행정지의 대상 : 처분등의 효력, 처분 등의 집행, 절차의 속행

(5) 집행정지결정의 효력 : 형성력(장래효O, 소급효X), 기속력(관계행정청 기속)

(6) 집행정지결정의 불복/취소 : 즉시항고 可/당사자신청 또는 법원직권

- 취소소송의 판결
  - 의미 : 법원이 소송절차를 걸쳐 내리는 결정
  - 종류   cf. 일부인용(일부취소)[55]

┌ 중간판결 : 소송진행중 생긴 쟁점을 해결하기 위한 확인적 성격의 판결
│   ┌ 소송판결 : 각하판결(∵ 요건결여)
│   │   ┌ 형성판결 … 취소판결에 해당
└ 종국판결 ─┤ (인용판결) ┤ 확인판결 … 무효등확인소송, 부작위위법확인소송에 해당
            │ 당사자A 승! └ 이행판결 … 항고소송에는 존재하지 않음
            └ (본안판결)
                           ┌ 보통의 기각판결
               (기각판결) ┤
               행정청 승!   └ 특수한 기각판결(사정판결) : 공공복리를 위해 원고의 적법한 청구 기각

- 사정판결[56] : 공공복리를 위해 원고의 합당한 청구를 기각하는 판결
  - *1. 사정판결 시 판결의 주문에서 처분 등의 위법함을 구체적으로 명시해야함
  - 2. 사정판결 확정 시 행정처분의 위법하다는 점에 대해 기판력 발생
  - 3. 무효등확인소송, 부작위위법확인소송에는 사정판결 불가(다수설·판례)
- 효력 : 기속력, 형성력, 기판력, 불가변력(자박력), 불가쟁력
  (1) 기속력 : 확정된 인용판결이 처분청 및 관계행정청을 구속하는 효력
  ㉮ 「행정소송법」상 취소소송의 기속력 규정 준용여부

	무효등확인소송 (제38조 1항)	부작위위법확인소송 (제38조 2항)	당사자소송 (제44조 1항)
기속력 (제30조 1항)	O	O	O
재처분의무 (제30조 2항)	O	O	X
간접강제 (제34조)	X	O	X

ⓐ 성질 : 「행정소송법」이 특별히 부여한 효력으로 기판력과는 다름 (특수효력설)

ⓑ 내용 ┬ 반복금지효 : 동일한 사실관계하에서 동일한 이유로 동일한 당사자에게 동일한 처분
　　　　　 소극적 의미　을 반복해서는 안됨

　　　　　└ 재처분의무 : 거부처분이나 부작위에 대한 인용판결이 확정되면 행정청은 다시 원래
　　　　　 적극적 의미　의 신청에 대한 처분을 해야함

ⓒ 간접강제 : 행정청이 재처분의무를 이행하지 않는 경우, 제1심 수소법원은 (당사자의 신청으로)
　　상당한 기간을 정하고 그 기간내 불이행시 지연기간에 따른 일정한 배상 또는 즉시 손해배상
　　하도록 명할 수 있음 cf. 집행력 : 확정판결에 의하여 강제집행을 할 수 있는 효력

　　┌ ≒제3자효

(2) 형성력 : 기존의 법률관계 변동을 가져오는 힘(제3자를 구속하는 효력)

　　* 제3자의 의미 : 소송참가인 및 그 판결과 직접적인 법적이해관계를 갖는 자

(3) 기판력 : 전소의 확정판결이 후소에서 당사자와 법원을 구속하는 효력

　　ⓐ 내용 ┬ 반복금지효 : 당사자는 동일한 소송물을 대상으로 다시 소를 제기하는 것이 不可
　　　　　　└ 모순금지효 : 당사자/법원은 전소 판결에 반하는 주장/판결 不可

　　ⓑ 기판력과 기속력 비교

		기판력	기속력
발생 (확정판결을 전제)		인용·기각판결 모두 인정	인용판결에서만 인정
범위	**객관적 범위**	주문에 표시된 것만 미침	주문＋이유(위법사유)에도 미침
	주관적 범위	1. 법원을 구속 2. 소송당사자 및 이와 동일시 할 수 있는 자를 구속	처분청 및 관계행정청을 구속
	시간적범위	사실심 변론종결 시를 기준으로 발생	처분 시까지의 법률관계·사실관계를 대상
특성		소송법상 효력	실체법상 효력

(4) 불가변력 : 판결을 취소·변경할 수 없게 선고법원 스스로를 구속하는 효력

(5) 불가쟁력 : 더 이상 상소로 불복할 수 없도록 당사자를 구속하는 효력

• 취소소송의 불복절차(상소, 재심 및 헌법소원)
　• 상소 : 고등법원 및 대법원에 항소·상고 가능
　• 제3자에 의한 재심청구 : 안날로부터 30일, 확정된 날로부터 1년 이내
　• 원처분 및 판결에 대한 헌법소원 : 처분·판결은 헌법소원의 대상×(원칙)

3-4 무효등확인소송

- 개설
    - 의의 : 행정청의 처분·재결의 효력 유무 또는 존재 여부를 확인하는 소송
    - 성질 : ┌ 선결문제, 원고적격, 예외적 행정심판전치주의, 제소기간, ┐ 준용×
              └ 재량처분의 취소, 사정판결, 간접강제
    - ➔ 거부처분에 대하여 무효확인판결이 확정된 경우, 행정청에 대해 판결의 취지에 따른 재처분의무가 인정될 뿐 그에 대하여 간접강제까지 허용되는 것은 아니다.
- 주요 소송요건
    - 원고적격 : 무효 등의 확인을 구할 법률상 이익이 있는 자
    - ➔ 무효인 과세처분에 근거하여 세금을 납부한 경우, 부당이득반환청구의 소로써 직접 위법상태의 제거를 구할 수 있는지 여부와 관계없이 「행정소송법」 제35조에 규정된 '무효확인을 구할 법률상 이익'을 가진다.
    - 피고적격 : 당해 처분을 한 행정청(취소소송 규정 준용)
- 본안심리 : 입증책임은 원고에게 있음, 그 외 취소소송 규정 준용
- 판결 : (사정판결, 간접강제 외)취소소송규정 준용

3-5 부작위위법확인소송

- 개설
    - 의의 : 행정청의 부작위가 위법하다는 것을 확인하는 소송
    - 성질 : ┌ 선결문제, 원고적격, 처분변경으로 인한 소의 변경, ┐ 준용×
              └ 집행정지, 집행정지의 취소, 사정판결
- 주요소송요건
    - 대상적격 : 부작위의 성립요건(적법한 신청, 법률상 의무, 상당한 기간, 처분의 부존재)
    - 원고적격 : 부작위의 위법을 구할 법률상의 이익이 있는자
    - 피고적격 : 당해 처분을 한 행정청(취소소송 규정 준용)
    - 제소기간 : ┌ 행정심판× ➔ 제소기간×   ↱불변기간
                  └ 행정심판○ ➔ 제소기간○(재결서의 정본을 송달받은날로부터 90일 이내)
        * 1. 행정심판을 거치지 않고 부작위위법확인소송을 제기하는 경우 제소기한의 제한을 받지 않음
          2. 부작위위법확인심판은 인정× 따라서 예외적 행정심판전치가 인정될 경우 의무이행심판○
    - 소의 이익 : 사정 변화로 인하여 인용판결을 받아도 소의 이익이 없다면 각하판결

- 본안심리 : 위법성 여부만 심사 가능, 실체적 내용 심리 不可
- 판결 : 사실심변론종결시를 기준 (부작위상태가 해소되면 각하판결)
➔ 허가처분신청에 대한 부작위를 다투는 부작위위법확인소송을 제기하여 제1심에서 승소판결을 받았는데 제2심 단계에서 피고 행정청이 허가처분을 한 경우, 제2심 수소법원은 각하판결을 하여야 한다.
  ➔ ∵ 부작위상태 해소

3-6 당사자소송

- 개설
  - 항고소송과 당사자소송과의 비교

	취소소송	무효등 확인소송	부작위위법 확인소송	당사자소송
제소기간	O	X	▲	X
예외적 행정심판전치주의	O	X	O	X
소의 변경	O	O	O	O
처분변경으로 인한 소의 변경	O	O	X	O
집행정지	O	O	X	X
사정판결	O	X	X	X
소송참가	O	O	O	O
제3자효	O	O	O	X
기판력	O	O	O	O
I. 기속력	O	O	O	O
2. 재처분의무	O	O	O	X
3. 간접강제	O	X	O	X

- 의의 : 공법상 법률관계에 의한 소송으로 그 법률관계의 일방 당사자를 피고로 하는 소송
    cf. 민사소송과의 구별[57]
- 종류
  - 실질적 당사자소송 : 대등당사자간의 공법상 권리관계에 관한 소송
    ex. 1. 공법상의 금전지급청구소송 : 금전청구지급소송 中 공무원 연금·수당에 관련된 경우
       2. 공법상 계약에 관한 소송 3. 공법상 신분 또는 지위 등의 확인소송 4. 결과제거청구소송

※ 금전청구지급소송 中 공무원 연금·수당에 관련된 경우 : 당사자소송 또는 항고소송
1. 공무원 연금
　┌ 2000년도 이전 : 공무원연금관리공단 심사⟨결정⟩➔ 지급⟨결정⟩ ∴ 항고소송
　└ 2000년도 이후 : 법으로 규정 ∴ 당사자소송
2. 공무원 수당 : 행정청 심사⟨결정⟩➔ 지급⟨결정⟩ ∴ 항고소송
3. 소방·경찰·법원공무원 수당⟨위험직군⟩: 법으로 규정 ∴ 당사자소송
4. 석탄 관련 연금 및 수당⟨초위험직군⟩: 법으로 규정 ∴ 당사자소송

- 형식적 당사자소송 : 형식은 당사자소송이나, 실질은 행정청의 처분을 다투는 소송
  ex.「공익사업을 위한 토지 등의 취득 및 보상에 관한 법률」상의 보상금증감청구소송
- 성질 : ┌ 선결문제, 원고적격, 피고적격, 예외적 행정심판전치주의,
  　　　　 취소소송의 대상, 제소기간, 집행정지, 집행정지의 취소
  　　　　 재량처분의 취소, 사정판결, 취소판결 등의 효력(제3자효),　　　준용✕
  　　　　└ 재처분의무, 제3자에 의한 재심청구, 간접강제

- 주요 소송요건
  - 원고적격과 소의 이익 : 권리보호의 이익이 있는 자(민사소송법 준용)
  - 피고적격 : 국가·공공단체 그 밖의 권리주체(공무수탁사인)○/행정청✕
  - 제소기간 :「행정소송법」상 제소기간✕, 개별법에 규정된 경우 그에 따름
  - 예외적 행정심판전치주의 : 준용✕
  - 관할법원 : 피고 또는 (국가 또는 공공단체가 피고인 경우)관계행정청의 소재지 관할 행정법원
  - 대상적격 : 공법상의 법률관계

- 본안심사
  - 집행정지 :「민사집행법」상 가처분 규정 준용(「행정소송법」 규정 준용✕)
  - 선결문제·재량처분의 취소 : 준용✕

- 판결 : (사정판결, 제3자효, 재처분의무, 간접강제 외) 취소소송규정 준용

- 가집행선고
  - 의의 : 미확정 종국판결에 대하여 마치 그것이 확정된 것과 같이 집행력을 부여하는 형성적 재판
  - 입장 :「행정소송법」… 부정(국가)/위헌, 헌법재판소 … 긍정(국가), 대법원 … 긍정(지방자치단체)

3-7 객관적 소송

• 의의 : 행정의 적법성 보장 또는 공공이익의 일반적 보호를 목적

　　　↔ 주관적 소송 : 개인적·주관적 권리의 보호 목적

• 민중소송 : 법률상 이익과 관계없이 국민이라면 제기 可 ex. 선거소송

• 기관소송 : 국가 또는 공공단체의 기관 상호간 다툼이 있을 때 제기하는 소송

1) 형식적 의미의 행정과 실질적 의미의 행정

형식적 행정		
실질적 행정	**실질적 입법**	**실질적 사법**
1. 각종 처분 2. 군 당국의 징발처분 3. (무허가 건물에 대한)행정대집행 4. 양도소득세부과처분 5. 예산의 편성·집행 6. 이발소영업허가 7. 지방공무원의 임명 8. 집회의 금지통고 9. 조세체납처분 10. 취소·철회·공증 11. 토지의 수용	1. 법규명령 및 행정규칙의 제정 2. 조례·규칙의 제정	1. 행정심판위원회의 재결 (이의신청에 대한 재결) 2. 통고처분

형식적 입법		
실질적 행정	**실질적 입법**	**실질적 사법**
1. 국회사무총장의 직원임명	1. (국회의) 법률 제정 2. (국회의) 국회규칙 제정	1. 국회의원의 징계의결

형식적 사법		
실질적 행정	**실질적 입법**	**실질적 사법**
1. 일반법관 임명 2. 대법원장·법원행정처장의 법원직원 임명 3. 등기사무	1. 대법원규칙 제정 2. 법무사 시행규칙 제정	1. 법원의 재판(소송)

2) 행정의 분류

주 체	직접국가행정, 간접국가행정, 위임행정
목 적	질서행정, 급부행정, 계획행정, 유도행정, 공과행정, 조달행정
효 과	침해행정, 수익행정, 복효적 행정
기 속	기속행정, 재량행정
형 식	공법행정, 사법행정

3) 사법부자제설(사법심사 가능여부)

사법심사 가능	사범심사 불가능
1. 국무총리의 부서거부행위 2. 긴급명령권·긴급재정경제명령권의 행사가(국민의) 기본권침해와 직접 관련이 있는 경우 3. 남북정상회담 중 대북송금행위 4. 대법원장의 법관인사조치 5. 비상계엄의 선포·확대가 국헌문란의 목적으로 행해 진 경우 6. 신행정수도건설·수도이전 문제를 국민투표에 부칠 지 여부에 관한 대통령의 결정이 국민의 기본권침 해와 직접 관련되는 경우 7. 서훈취소 8. 유신헌법에 의한 대통령의 긴급조치 9. 지방의회의원의 징계 10. 한미 전시증원연습결정	1. 국가의 승인 2. 국회의원의 자격심사·징계·제명 3. 군사시설보호구역의 설정·변경·해제 4. 국무총리·국무위원의 해임건의 5. 긴급명령권 및 긴급재정·경제명령권의 행사 6. 남북정상회담의 개최 7. 법률안거부권의 행사 8. 사면권의 행사 9. 지방자치단체장 선거일 공고에 대한 대통령의 부작위 10. 이라크 파병결정 11. 영전수여 12. 외교대사의 신임·접수·파견 13. 선전포고·강화

4) 대륙법계 국가(공·사법 2원체계, 행정국가)

프랑스	• 프랑스는 행정법이 최초로 성립한 나라로서, 사업부로부터 독립된 행정재판소(국참사원)을 설립하여 판례와 공역무를 중심으로 행정법을 성립·발전시켰다. • 행정법의 개념적 징표를 공역무의 실현에 두고 행정법은 행정의 공공적 기능을 보장하고 개인의 권리보호를 두텁게 하려는 데 특색이 있다. • 20세기가 가까워지면서 공공서비스나 재화의 제공 등 비권력적인 공역무의 행정법의 중요한 유형으로 자리잡게 되었는데, 이러한 개념은 1873년 블랑꼬 판결을 계기로 공역무라는 단일 개념으로 채택되었다.
독일	• 독일은 프랑스와는 달리 제정법과 공권력 중심으로 행정권의 우위확보를 목적으로 하여 성립·발전하였다. • 국고학설의 영향 아래 공권력의 주체로서 국가와 개인 간의 관계를 규율하는 경우에는 행정법의 적용을 받는다. • 최근에는 권력행정 외에 비권력적인 급부행정의 확대와 행정소송사항의 개괄주의와 의무이행소송을 인정하는 등 국가권위주의에서 탈피하여 국민의 권리보호에 중점을 두고 있지만, 여전히 권력작용이 중심개념을 이루고 있다.

5) 영·미법계 국가(공·사법 1원체계, 사법국가)

보통법에 의한 법의 지배	영·미 국가에서는 보통법의 지배를 받고, 그에 관한 쟁송도 원칙적으로 일반법원이 재판한다는 법의 지배원칙이 적용되어 국가작용에 관한 특유한 법으로서의 행정법은 존재하지 않았다.
행정위원회의 설치	제1차 세계대전 전후 영·미에서는 행정기능과 행정법규가 급격하게 증대되어 행정적 권한뿐만 아니라 준입법권 및 준사법권이 부여된 각종의 행정위원회를 설치하고, 이를 통해 행정법이 대두·발달하게 되었다.
절차법 중심의 발전	영·미의 행정법은 실체법 중심이 아닌 행정구제법, 특히 행정절차법 중심으로 발달하게 되었다.

6) 우리나라의 행정법(공·사법 2원체계, 사법국가)

사법국가적 요소	• 우리나라는 행정소송을 포함은 모든 법률적 쟁송을 일반사법법원이 통일적으로 관할하고 있다. • 1998년부터 행정법원이 신설되어 전문화되었다.
행정국가적 요소	• 독립한 법체계로서의 행정법이 있으며, 그 결과 실체법적 측면에서 공·사법의 2원적 체계를 유지하고 있다. • 재판관할의 측면에서 행정사건을 담당하고 있는 행정소송법이 제정되어 있어 민사소송과 다른 여러 특수성이 인정되고 있다. (예 행정심판전치주의, 단기의 제소기간, 사정판결, 판결의 대세효 등)

7) 중요사항본질설

본질적인 사항	비본질적 사항

1. 조세의 종목과 세율
2. 지방의회의원이 유급보좌관을 두는 것
   ➔ 국회가 법률로써 직접 규정
3. 병의 복무기간
4. 텔레비전 방송수신료 금액의 결정
   ➔ 국회가 법률로써 직접 규정
5. (토지 등 소유자가 도시환경정비사업을 시행하는 경우)
   토지 등 소유자의 동의요건
6. (취득세 중과세 대상이 되는)고급주택, 고급오락장의
   기준
	1. 국가유공자단체 대의원선출에 관한 사항
	2. 구「도시 및 주거환경정비법」상 경쟁입찰 세부절차
	3. 수신료 징수업무
	4. 입주자대표회의 구성원의 자격

8) 비례의 원칙(과잉금지의 원칙) 위반 유무

비례의 원칙 위반O 위법	비례의 원칙 위반X 적법

1. 가벼운 징계처분으로도 훈령의 목적을 달성할 수 있음
   에도 파면처분
2. 가스총을 사용할 때 주의의무를 위반 경찰관
3. 경찰관 범인 검거시 가스총 근접발사로 실명
4. 근무지 이탈 후 상관비판 검사장 면직처분
5. 근무시간 중 10분간 다방출입으로 파면처분
6. 공무원이 요정을 출입해 훈령위반 1회로 인한 파면
7. 룸싸롱에 미성년자 출입위반 1회로 영업취소
8. 미결수용자 수사·재판을 위해 구치소 밖으로이동시
   사복착용불허(∵ 필요성 원칙 위반)
9. 선거운동과정상 물품·음식품 수령시 과태료 50배
10. 사의로 받은 30만원 소지 후 돌려준 경찰관 해임처분
11. 선의의 양수인에게 내린 6월의 영업정지처분
12. 자동차를 이용하여 범죄행위를 한 경우
13. 필요적 운전면허취소규정
14. 지입제경영을 한 경우 필요적 운송사업면허취소규정
15. 북한 고위직 탈북인사 여권발급신청거부
16. 취득한 이익의 규모를 크게 초과하는 과징금부과
17. 청소년유해매체물 대여업자 과징금부과
18. 태아성별감지 및 고지금지
19. 판·검사 15년 미만 근무한 자 변호사 개업지 3년간
   제한(∵ 필요성 원칙 위반)
20. 18세 미만자 당구장 출입금지
	1. 「도로교통법」 제148조의2 제1항 제1호 해석에
	   구「도로교통법」 제44조 제1항을 위반한 음주운전
	   전과 포함
	2. 승합차를 음주운전하여 제1종 대형운전면허까지
	   취소된 경우
	3. 사법시험 제2차 시험 과락제도 적용
	4. 주차목적으로 짧은 거리 만취상태의 운전을 한 경우
	   운전면허취소처분
	5. 특수경비원에게 일체의 쟁의행위를 금지하는 규정
	6. 혈중알콜농도 0.18% 음주운전 택시운전사 운전
	   면허취소
	7. 회분함량 기준치 0.5%초과로 수입녹용 전량폐
	   기·반송·지시처분

9) 공적인 견해표명(선행조치) 해당여부

선행조치O	선행조치X
1. 구청장의 지시에 따라 그 소속직원이 부동산취득세 면제를 제의한 경우 2. 보건복지부장관의 비과세 견해표명 3. 삼청교육대 피해자 보상 대통령 담화 및 국방부장관 공고 4. 안산시 도시계획국·과장의 완충녹지지정 해제 의사 표시 5. 종교회관 건립을 위한 토지거래계약허가를 받으면서 담당공무원이 한 토지형질변경에 대한 견해표명 6. 4년 동안 면허세를 부과하지 않은 비과세 관행 7. 폐기물처리업에 대한 관할관청으로부터의 적정통보 8. 행정지도 9. 행정계획	1. 국토이용계획변경신청에 있어 사전에 행한 폐기물처리업사업계획에 대한 적정통보 2. 「개발이익환수에 관한 법률」에 정한 개발사업시행 전에 행정청의 부서의견 상 '저촉사항 없음'이라고 기재 3. 단순한 과세누락 4. 무효인 행정행위 5. 전속계약금의 '기타 소득' 국세청 예규 6. 재정경제부가 보도자료 통해 「법인세 시행규칙」개정을 법제처 심의를 거쳐 공표·시행할 예정 7. 정구장 시설을 설치한다는 도시계획결정 8. 조세법령의 규정내용 그 자체 9. 추상적 질의에 대한 일반론적인 견해표명 10. 총무과 민원팀장이 행한 민원봉사차원에서의 상담·안내 11. 행정규칙인 재량준칙의 공표 12. 행정청의 내부적 사무처리지침인 행정규칙의 공표 13. 헌법재판소의 위헌결정 ∵ 헌법재판소는 행정청X 14. 행정청이 지구단위계획을 수립하면서 결정한 권장용도(판매·위락·숙박시설) 15. 6.25전쟁 중 거창학살사건 보상법률에 대한 대통령권한대행의 거부권 행사시 국회 법률안 의결 16. 법령으로 확정되지 않은 입법예고

10) 평등원칙 위반 여부

평등원칙 위반O 위법	평등원칙 위반X 적법
1. 국가유공자 가족들에게 (공무원 시험) 10% 가산점 부여 2. 군가산점 제도 3. 당직근무 대기 중 화투놀이 공무원 4명 중3명 견책 1명 파면 4. 사회적 신분에 따라 과태료의 액수에 차등 5. 선등록한 단체의 등록은 수리하고 후에 이루어진 등록신청은 반려 6. 외교관 자녀 대학입시 20% 가산점 부여 7. 주세법상 자도소주구입 명령제도	1. 같은 정도의 비위를 저지른 자들에게 개전의 정이 있는지 여부에 따라 그 양정을 차별적으로 취급 2. 근로기간 1년을 기준으로 퇴직급여의 가부 결정 3. 고속도로에서 이륜차의 통행을 금지 4. 인천광역시 공항고속도로 통행료지원 조례안

11) 공법관계·사법관계에 대한 판례

공법관계	사법관계
1. 국유재산무단점유자에 대한 변상금 부과·징수	1. 국유재산의 매각
2. 국세환급금결정 및 그 신청에 대한 거부결정	2. 국유재산의 (대부계약에 의한) 대부료 부과
3. 국가인권위 성희롱결정 및 시정조치 권고	3. 국유 잡종재산(일반재산)의 매각
4. 국가산업단지 입주계약해지통보	4. 국유 잡종재산(일반재산) 대부행위
5. 국립의료원 부설주차장에 대한 위탁관리용역운영계약	5. 국유 잡종재산(일반재산)의 대부료 납부고지
6. 유 잡종재산(일반재산)의 대부료 징수 (공법관계O BUT 행정소송X ∴ 대부료 징수에 관하여 국세징수법 준용한 특별구제절차 존재)	6. (대부한) 국유 잡종재산(일반재산)의 사용료 부과고지
7. 국가나 지방자치단체에 근무하는 청원경찰에 대한 징계처분	7. 국유임야를 대부하거나 매각
8. (귀속재산처리법에 의한) 귀속재산 매각	8. 국가의 철도운행사업
9. 공공하수도의 이용관계	9. (국가계약법에 따라) 국가 또는 지자체가당사자가 되는 공공계약
10. 공무원연금관리공단의 급여결정	10. 공익사업법상의 협의취득
11. 공중보건의사 채용계약의 해지	11. 공익사업법상 협의취득에 기한 손실보상금환수통보
12. 농지개량조합직원에 대한 징계처분	12. 개발부담금부과처분취소로 인한 과오납금 부당이득 반환청구
13. 미지급된 공무원 퇴직연금 지급청구	13. 공익사업법상 환매권
14. 보조사업자의 지자체에 대한 보조금반환의무	14. 기부자에게 기부채납 받은 공유재산에 대해 무상으로 사용을 허용하는 행위
15. 부가가치세 환급세액 지급청구권	15. 서울시지하철공사 임원·직원의 근무관계
16. 시립합창단원의 위촉	16. 사립학교 교원에 대한 학교법인의 해임
17. 수도료의 납부관계	17. 예산특례법·지방재정법에 따른 계약
18. 사립대학의 학위수여	18. 의료보험관리공단 직원의 근무관계
19. 징발권자인 국가와 피징발자의 관계	19. 입찰보증금의 국고귀속조치
20. 조세채무	20. 지자체장의 국유재산 대부신청 거부
21. 중학교의무교육 위탁관계	21. 주한미군 한국인직원 의료보험조합의 소속직원 징계 면직
22. 지방전문직공무원 채용계약의 의사표시	22. 종합유선방송위원회 직원의 근로관계
23. 국가·지방자치단체가 행한 부정당업자 입찰참가자격제한조치	23. 행정청이 행한 사인 간 법률관계의 공증
24. 지방소방공무원의 근무관계	24. 한국전력공사가 한 입찰참가자격제한조치
25. 행정재산에 대한 사용료부과처분	25. 한국조폐공사 직원의 근무관계
26. 행정재산의 사용·수익에 대한 허가와 그 거부	26. 창덕궁(고궁) 안내원 채용계약
27. 하천법에 규정된 손실보상청구권	
28. 한국전력공사의 수신료부과	
29. 사회보장급부청구권	

12) 공무수탁사인의 종류

공무수탁사인의 종류	체신	별정우체국장
	경찰·호적	사선의 선장
	학위수여	사립대학교학장
	공용수용	「공익사업용지의 취득 및 보상에 관한 법률」상 기업자
	국세	소득세원천징수의무자 (판례는 부정, 학설은 대립)
	교정업무	「민영교도소 등의 설치·운영에 관한 법률」에 따라 교정업무를 수행하는 교정법인 또는 민영교도소 등
	공증	공증사무를 수행하는 공증인
	공무	공무(등록업무수행, 직업에 대한 규제법규 제정)를 수행하는 변호사협회와 의사협회 등과 같은 직업별 협회
공무수탁사인이 아닌 경우	행정대행자	행정기관의 감독을 받지만 종속되지는 않음 ex. 차량등록의 대행자, 자동차검사의 대행자
	행정보조인	행정기관에 종속 ex. 아르바이트로 우편 업무를 수행하는 사인
	공의무부담사인	법률에 의해 공행정사무를 처리할 의무가 부여된 사인이지만 권한을 이전받지는 못함(판례는 석유비축의무가 있는 사업주·사법인 등이 조세를 원천징수할 의무가 있다고 판시)
	공무집행에 자진하여 협력하는 사인	의용 소방대원
	국립대학의 시간강사	제한된 공법상 근무관계
	계약에 의하여 공적 임무를 위탁 받은 사인	주로 사법상 계약 ex. 주차위반차량을 견인하는 민간사업자가 경찰과 계약을 통해 업무를 수행, 자치단체와 계약을 통해 자치단체에서 발생하는 생활쓰레기 수거, 행정청과 계약을 통해 무허가 건축철거 시행 등
	선원의 월급을 주는 선장	
	공납금을 수납하는 사립대학 총장 및 학장	

13) 개인적 공권 해당유무

개인적 공권O	개인적 공권X
1. 공법상 금전청구권 2. (도로·하천 등) 공물사용권 3. (국공립대학·국공립병원 등) 영조물이용권 4. 구「수산업법」상 관행어업권 도시계획법상 토지소유자의 도시계획시설변경입안요구 신청권 5. (변호인 및 타인과의) 접견권 6. (재산권 등) 자유권 및 평등권 7. 참정권	1. 무허가건물소유자의 시영아파트 특별분양 신청권 2. 사회권적 기본권(사회권, 복지권) 3. 청구권적 기본권(청구권) 4. 특허처분권 5. 국세징수권 6. 공물관리권 7. 공용부담권 8. 행정대집행권

14) 기간의 기산점·만료점

초일(첫날)불산입 (원칙) 특별한 규정이 없는 한, 초일은 산입하지 않고 그 익일(=다음날)부터기산	1. 행정소송 제기기간 2. 행정심판 청구기간 3. 법률의 효력발생일 4. 납세처분 독촉기간 5. 공법상 금전채권의 소멸시효기간 6. 이의신청기간 7. 입법예고기간
초일(첫날)산입 (예외) 초일을 산입하도록 하는 특별한 규정이 있는 경우에는 초일을 산입	1. 국회회기 2. 구속기간 3. 공소시효기간 4. 민원사무처리기간 5. 오전 0시에 시작하는 경우 6. 연령 7. 출생·사망신고기간

15) 소멸시효

소멸시효기간	1. 민법상 금천채권의 소멸시효기간 : 10년(원칙) 2. 공법상 금전채권의 소멸시효기간 : 5년(원칙) 3. 행정상 법률관계 금전채권의 소멸시효기간 : 5년(원칙) (공법관계+사법관계 모두) 4. 특별한 규정(예외) : '5년보다 짧은 소멸시효기간 규정한 경우'를 의미 → 그 규정을 따름
구체적인 소멸시효기간	1. 공무원연금청구권 : 장기금액(원칙) 5년 / 단기급여(예외) 3년 2. 공무원봉급청구권 : 3년 3. 공무원징계요구권 : 3년(금품수수·향응·공금유용·횡령은 5년) 4. 국세·지방세·관세 징수권 : 5년 5. 국세·지방세·관세 과오반납반환청구권(환금금청구권) : 5년 6. 과태료 징수권 : 5년 7. 국가배상청구권 : 손해 및 가해자를 안날로부터 3년, 불법행위가 있은 날(종료일)로부터 5년 8. 부당이득반환청구권 : 5년

16) 공법상 사무관리

의 의	'법률상 의무 없이' 타인의 사무를 관리 → 공법상 사무관리는 특별한 규정이 없는 한 민법이 유추적용O

유 형	1. 행정주체의 공법상 사무관리
	  ㄱ. 강제관리 ex. 학교 재단에 대한 교육위원회의 강제 관리, 기업에 대한 강제관리
	  ㄴ. (재해시) 보호관리 ex. 행려병사자에 대한 보호관리·유류품 관리
	  ㄷ. (재해시) 재화·역무 제공 ex. 빈 상점의 물건처분, 시설의 응급복구조치
	2. 사인의 공법상 사무관리
	  ex. 재해시 사인에 의한 행정사무관리·조난자 구초조치·역무제공

효 과	1. 사무관리기관의 통지의무O 2. 비용상환청구권O

17) 공법상 부당이득

의 의	'법률상 원인 없이' 이득을 얻고, 이로 인하여 타인에게 손해를 가하는 것 → 공법상 부당이득은 특별한 규정이 없는 한 민법상 부당이득반환의 법리가 준용O → '법률상 원인 없이'란 '무효'를 의미
(부당이득반환청구권) 성 질	1. 공권(다수설) ∴분쟁시 당사자소송 2. 사권(판례) ∴ 분쟁시 민사소송
(부당이득반환청구권) 소멸시효	원칙적으로 5년

18) 자체완성적 신고 vs 수리를 요하는 신고

자체완성적 신고(일반적 사항)	수리를 요하는 신고(특별한 사항)
1. 국적이탈신고 2. 공장설립신고 3. 공중위생영업 개설신고 4. 일반적인 건축신고 5. 골프연습장이용료 변경신고 6. 식품위생법상 영업신고 7. (사망 또는 병든) 가축의 신고 8. 의원개설신고 9. 유선업 운영신고 10. 출생·사망신고 11. 체육시설업 신고 12. (체육시설의 설치 이용에 관한 법률상) 당구장업 　 신고	1. 사업자지위승계신고(사업양도·양수에 따른 지위승계 　 신고) 2. 식품위생법상 영업자지위승계신고 3. 액화석유가스영업자 지위승계신고 4. 유원시설업자·체육시설업자 지위승계신고 5. 인·허가가 의제되는 건축신고 6. 납골당설치신고 7. 볼링장영업신고 8. 사회단체등록 9. 수산업법상 어업신고 10. 주민등록신고 11. 체육시설회원 모집계획서 제출 12. 특허·인가·허가의 신청 13. 학교보건법상 위생정화구역 내의 당구장업 신고 14. 혼인신고 15. 건축주명의변경신고(다른 견해도 있음)

19) 법규명령으로 본 경우와 행정규칙으로 본 경우

법규명령으로 본 경우 (법령보충규칙)	행정규칙으로 본 경우
1. 재산제세사무처리규정(국세청장훈령)	1. 개발제한구역관리규정(건설교통부훈령)
2. 개별토지가격합동조사지침(국무총리훈령)	2. 공정거래위원회의 부당한 지원행위의 심사지침
3. 주류도매면허제도개선업무처리지침(국세청장)	3. 수산업에 관한 어업면허사무취급 규정(수산청훈령)
4. 건설교통부(현 국토교통부)장관이 정한 '택지개발업무 처리지침'	4. 서울특별시 하천점용규칙
5. 노인복지사업지침(보건복지부장관)	5. 서울특별시 개인택시운송사업면허 업무처리요령
6. 식품제조영업허가기준(보건복지부장관)	6. 서울특별시 개인택시운송사업 면허지침
7. 약제급여·비급여 목록 및 급여상한금액표에관한 보건 복지부 고시	7. 서울특별시가 정한 '상수도손괴원인자부담 처리 지침'
8. 액화석유가스판매사업 허가 기준에 관한 고시(지방자 치단체장)	8. 서울특별시 철거민 등에 대한 국민주택 특별공급 규칙
9. 전라남도 주유소등록요건에 관한 고시	9. 국립묘지안장대상심의위원회 운영규정
10. 청소년유해매체물 표시방법에 관한 정보통신부고시	10. 2006년 교육공무원 보수업무 등 편람
11. 경품제공방식에 대한 문화관광부고시	11. 제주도 학원업무지침
12. 공장입지기준을 정한 고시(산업자원부장관)	12. 「공공기관의 운영에 관한 법률」에 위임에 따라 입 찰자격제한기준을 정한 부령
13. 산림청장이 정한 「산지전용허가기준의 세부검토기 준에 관한 규정」	13. 한국감정평가업협회의 '토지보상평가지침'
14. 수입선다변화품목의 지정 및 그 수입절차 등에 관한 상공부 고시	14. 교육부장관의 '내신성적 산정지침'
15. 공정거래위원회 고시 「시장지배적 지위남용행위의 유형 및 기준」	15. 경기도교육청의 '학교장·교사 초빙제 실시'
16. 통계청장이 고시하는 한국표준산업분류표	16. 건강보험심사평가원이 정한 '방광내압 및 요누출 압 측정시 검사방법'
17. 지방공무원보수업무 등 처리지침	17. 소득금액조정합계표 작성요령
18. 2014년도 건물 및 기타물건 시가표준액 조정기준	18. 비관리청 항만공사시행허가를 위한 심사기준을 정한 업무처리요령

20) 법률행위적 행정행위

명령적 행정행위	**하 명** 의무를 부과	**[작위하명]** 1. 원상회복 명령 2. 철거명령 **[부작위하명]** 3. 영업정지처분	**[급부하명]** 4. 조세부과처분 5. 이행강제금 및 과징금 부과처분 **[수인하명]** 6. 전염병환자 강제격리
	허 가 자유로의 회복	1. 주류판매허가 2. 식품접객업허가 3. 대중음식점영업허가 4. 전자유기장업허가 5. 건축허가 6. 주유소설치허가	7. 사설법인묘지설치허가 8. 총포·도검·화약류 판매업허가 9. 양곡가공업허가 10. 공중목욕장허가 11. 한의사·의사·약사면허 12. 자동차운전면허
	예외적 승인 **(예외적 허가)** 사회적으로 유해한 행위가 전제	1. 의사의 마약사용면허 (치료목적의 마약류사용허가) 2. 개발제한구역 내의 건축허가·토지형질변경허가·용도변경허가 3. 학교보건법상 학교정화구역 내의 유해시설금지 해제조치 4. 학교환경위생정화구역의 금지행위 해제 5. 사행행위영업허가	
	면 제 의무를 해제	1. 조세감면 2. 예방접종 면제 3. 국·공립학교 수업료 면제	

형성적 행정행위	**특 허**
	공익상의 이유
	로 특정인에게
	특별히해주는것
	
	공익상의 목적
	+ 전문가 영역
		[권리설정행위로서의 특허]
		1. 광업허가
		2. 어업면허
		3. (개인택시·버스·화물자동차·여객선·
		  항공기노선면허 등에 대한)자동차·해상·
		  항만·항공 등각종운수사업면허
		4. 보세구역설치경영특허
		5. 이동통신사업면허·방송면허 등 특허기업
		  특허
		6. 공유수면매립면허
		7. 행정재산의 사용·수익허가
		8. 도로점용허가·하천점용허가 등 공물사용
		  권특허
		9. 토지수용법상 토지수용을 위한 사업인정
		10. 지역개발사업에 관한 지정권자의실시
		  계획 승인처분
		11. 주택건설사업계획승인 등 각종 사업
		  계획승인 (허가나 인가로 보는 견해도
		  있다.)
			12. 폐기물 처리업(수집·운반업) 허가
			13. 전기·가스 등의 공급사업면허
			14. 대기오염물질 총량관리사업장 설치
			  허가
			
			[포괄적 법률관계 설정행위로서의 특허]
			15. 공무원 임명
			16. 귀화허가
			17. 체류자격변경허가
			
			[능력설정행위로서의 특허]
			18. 재건축조합설립인가
			19. 재개발조합설립인가
			20. (도시 및 주거환경정비법상) 토지 등
			  소유자들이 조합을 따로 설립하지 않
			  고 직접 시행하는 도시환경정비사업
			  시행인가

형성적 행정행위	인 가 그 이상이 없다! 보충행위를전제	1. 버스·택시·항공기 등 특정기업의 운임·요금 인가 2. 비영리법인(재단법인·사회복지법인) 설립허가 및 **정관변경허가** 3. 자동차관리사업자단체의조합설립인가 4. 주택재개발조합 설립추진위원회 구성승인처분 5. (도시 및 주거환경정비법상)도시환경정비사업조합(재개발조합)의 사업시행계획인가 6. 재건축조합의 관리처분계획인가	7. 사립학교법인 **임원취임**·해임승인 및 사립대총장 취임임명승인 8. 의료법인 임원취임승인 9. 재단법인 임원취임승인 10. 외국인 토지취득허가 11. 토지거래허가구역 내에서의 토지거래허가 12. (공유수면매립면허의 양도·양수시 인가, 개인택시면허 양도·양수 시 인가 등) 허가나 특허의 양도양수의 인가 13. 특허기업의 사업양도허가 14. 공익법인 기본재산처분허가
	공법상 대리 본인에게 법적효과가 귀속	1. 토지보상법상의 수용재결 2. 공매 3. 감독청에 의한 공법인의 정관작성 4. 감독청에 의한 공법인의 임원임명 5. 행려병자의 유류품 매각	

21) 준법률행위적 행정행위

확 인	1. 국가시험합격자 결정 2. 선거당선인 결정 3. **발명특허** 4. 행정심판의 재결 5. 교과서 검정 (특허로 보는 견해도 있다.)	6. 친일반민족행위자 재산조사위원회의 친일재산 국가 귀속결정 7. 친일파재산조사결정 8. 준공검사처분 (건물사용검사처분) 9. (소득세 부과를 위한) 소득금액확인
공 증 분쟁이 없음을 전제 이미 효력은 발생	1. 의료유사업자 자격증 갱신발급 2. (부동산등기부·외국인등록부와 같은) 등기부·등록부의 등기·등록 3. (선거인명부·토지대장·가옥대장·광업원부와 같은) 각종 명부·장부 등에의 등재 4. 상표사용권설정등록	5. 회의록 등에의 기재 6. 당선증서·합격증서 등 증명서발급 7. 영수증교부 8. 여권발급 9. 검인·증인의 압날 10. 건설업 면허증의 재교부
통 지 알려야 효력이 발생	1. 행정대집행법상 계고 2. 대집행영장의 통지 3. (재임용거부취지의) 임용기간만료통지 4. 국세징수법상 독촉 5. 특허출원의 공고	
수 리	1. 사표수리 2. 어업신고수리 3. 건축주명의변경신고수리 4. 국적이탈신고수리 5. 각종 등록신청에 대한 수리	

22) 효과결정에 있어서 자유의 유무에 따른 분류(기속행위 vs 재량행위)

기속행위	강학상 허가	1. 식품위생법상 대중음식점영업허가 2. 공중위생법상 위생접객업허가 3. 총포·도검·화약류 판매업허가 4. 석유판매업허가(주유소설치허가) 5. 건축법상 건축허가(다만, 숙박위락시설, 건축허가·개발허가가 의제되는 건축허가는 재량행위에 속함)
	강학상 수리	1. 구 관광진흥법상 관광사업의 지위승계신고수리 2. 구 건축법상 용도변경신고수리
	그 외	1. (법무부장관의) 난민인정 2. (약사법상)금고 이상의 형을 받은 자에 대한 약사면허의 취소 3. 국유재산무단점유자에 대한 변상금의 부과·징수 4. 명의신탁자에 대한 과징금 부과 5. 공사중지 명령 6. (국가공무원법상) 육아휴직 중 복직명령 7. 자동차운송알선사업등록처분 8. (보충역에 해당하는 사람을) 공익근무요원으로 소집 등 9. 음주측정거부를 이유로 운전면허취소 10. 부정행위 응시자에 대한 5년간 응시제한
재량행위	강학상 특허	1. 귀화허가 5. 토지수용법상 토지수용을 위한 사업인정 2. 개인택시운송사업면허 6. 공유수면매립면허 3. 마을버스운송사업면허 7. 도로점용허가·하천점용허가 4. 어업면허 8. 중소기업창업사업계획승인
	강학상 인가	1. 비영리법인설립허가 2. 재단법인정관변경허가 3. 재단법인 임원취임승인

	강학상 허가
	(예외적으로
	재량행위)
		1. 주택건설사업계획승인 4. 토지형질변경허가
		2. 산림법상 산림훼손허가 (산림형질 변경허가) 5. 입목벌채허가
		  6. 총포·도검·화약류 판매·소지 허가
		3. 토지형질변경행위를 수반하는건축허가 7. 프로판가스충전업 허가
		  8. 사설봉안시설 개발행위 허가

재량행위	**그 외** 판단여지를 언급한 1) 감정평가사시험 합격기준선택· 2) 문화재보호법상 고분발굴허가 3) 사법시험문제 출제및채점행위 등도 재량행위임 ∴ 판단여지=재량 판례	1. 공무원에 대한 징계처분 2. 국립대학생에 대한 징계처분 3. 도시계획결정 4. 관광지조성사업시행허가 5. (자연공원사업의 시행에 있어서) 공원의 시설기본설계 및 시설변경설계 승인 6. 자연공원법상 공원 내 용도변경행위허가 7. 자연공원 사업시행허가 8. 야생동식물보호법상 용도변경 승인 9. 청원경찰면직처분 10. 임용기간이 만료된 대학교원의 재임용여부 11. (면접전형에서) 임용신청자 능력 등을 판단 12. 사립대학이 공립대학으로 설립자가 변경된 경우 공립학교교원으로의 임용여부 13. 개발제한구역 내의 건축물용도변경허가 14. 유기장영업허가의 철회 15. 보건복지부장관의 요양급여대상 약제에 대한 상한금액 조정고시 16. 보건복지부장관의 예방접종으로 인한 질병·장애·사망 인정 17. 공정거래위원회의 (법위반행위자에 대한) 시정명령사실 공표 18. 공유수면점용허가가 의제되는 채광계획승인 19. 개발제한구역 내 자동차용 액화석유가스충전사업허가 20. (법무부장관)의 난민인정 취소 21. 음주운전을 이유로 운전면허 취소

23) 통지의 성질 : 준법률행위적 행정행위 VS 사실행위

준법률행위적 행정행위	사실행위
1. 구 토지수용법상 사업인정 고시 2. 국세징수법상 독촉 3. 특허출원의 공고 4. 대학교원의 임용권자가 임용기간이 만료된 조교수에 대하여 재임용을 거부하는 취지로 한 임용기간 만료의 통지 5. 행정대집행상 계고와 대집행영장의 통지	1. 국가공무원법상 당연퇴직사유에 해당함을 알리는 인사발령 2. 국가공무원법상 정년에 달한 공무원에게 발하는 정년퇴직발령

24) 재량권의 일탈·남용 인정여부

일탈·남용 인정O 위법	일탈·남용 인정X 적법
1. 개발제한구역 내 광산개발행위 허가기간 연장신청 거부처분	1. 교통사고로 상당한 손해를 입히고도 구호조치 없이 도주한 수사담당경찰관 해임처분
2. 교수회의의 심의의결 없이 국공립대학교 학생에 대한 학장의 징계처분	2. 대학교 교비회계자금을 법인회계로 부당전출하고도 시정요구를 이행하지 않은 임원취임승인취소처분
3. 교통사고처리를 적절하게 해주었다는 사의로 30만원을 놓고 간 것을 알고 되돌려 준 경찰관 해임처분	3. 미성년자를 출입시켰다는 이유로 2회나 영업정지에 갈음한 과징금을 부과 받은 지 1개월 만에 다시 미성년자를 출입시킨 행위에 대한 영업허가취소처분
4. 당직근무대기 중 화투를 친 공무원 파면	4. 명예퇴직 합의 후 명예퇴직 예정일 사이에 허위 병가에 의한 다른 회사에 근무한 것을 사유로 한 징계해임처분
5. (대학교 총장이 해외근무자들의 자녀를 대상으로 한 특별전형에서 외교관, 공무원의 자녀에 대하여만 가산점을 부여하여 합격사정을 하여서) 실제 취득점수에 의하면 합격 할 수 있었던 응시자들에 대한 불합격처분	5. 법무부장관의 귀화허가거부
	6. 법규위반자를 적발하고 금전 및 전달방법까지 요구한 경찰관 해임처분
6. 단원에게 지급될 급량비를 바로 지급하지 않고 모아 두었다가 지급한 시립무용단원에 대한 해촉처분	7. 비관리청 항만공사 사업시행자 선정 및 항만공사시행허가
7. 명의신탁자에 대한 과징금 감경사유가 있음에도 전혀 고려하지 않고 과징금 부과	8. 사법시험 제1차 시험 입실시간 제한
8. 면허기준의 해석상 우선순위자 면허발급신청거부	9. 성수대교를 부실시공하여 붕괴사고를 초래한 건설사에 대한 면허취소처분
9. 미성년자 출입금지 1회 위반한 유흥업소 영업취소	10. 생물학적 동등성 시험자료에 조작이 있음을 이유로 해당 의약품의 회수·폐기를 명한 처분
10. 병을 이유로 육지근무를 청원한 낙도근무교사 파면	11. 신규교원채용서류를 이용·위조한 서면에 대한 확인조치도 없이 학교비리를 교육부에 진정한 교수 해임
11. 박사논문심사를 통과한 자에 대한 정당한 이유 없이 학위수여 부결처분	12. 선도산 고분 발굴불허가처분
12. 상급자를 비판하는 기자회견문을 발표한 검사에 대한 징계면직처분	13. 서해관광호텔 투전기사업 불허처분
13. 요정출입 1회 공무원 파면	14. 의약품개봉판매금지를 위반한 약사에 대한 과징금처분
14. 앞지르기 위반자를 적발하였지만 2천원을 받고 가볍게 처리한 경찰관 파면	15. 집단행위금지의무를 위반한 공무원에 대한 파면처분
15. 조세포탈목적이 없는 부동산실명제 위반자에 대한 부동산가액의 30% 과징금 부과	**16. 징계사유가 있음에도 징계의결요구를 하지 않고 승진처분을 한 하급지자체장의 행위에 대한 상급지자체장의 취소**
16. 징계사유 있음에도 징계의결요구를 하지않고 승진처분을 한 하급지자체장의 행위	17. 택시운전경력자를 우대하는 기준에 의한 개인택시운송사업면허처분
17. 자연공원사업시행상 사실오인에 의한 공원시설 기본설계 및 변경설계 승인	18. 초음파 검사를 통하여 알게 된 태아의 성별을 고지한 의사에 대한 의사면허자격정지처분
18. 주유소 관리인이 부정휘발유를 구입·판매한 것을 이유로 위험물취급소 설치허가취소처분	19. 회분함량 기준치를 초과한 수입녹용에 대한 전량폐기 또는 반송처리 지시
19. 폐기물처리사업계획 부적정통보	20. 하자 있는 난민인정결정에 대한 법무부장관의 취소처분
20. 한국전력공사의 입찰참가자격 제한처분(2차 처분)	21. 학과 폐지로 인한 기간임용제 사립대학교원 재임용 거부
	22. 학교위생정화구역 내 액화석유가스 설치금지해제신청 거부

25) 무효 및 취소사유의 구체적 예

무 효	1. (정년퇴직·당연퇴직·면직 등) 행위당시 신분을 상실한 자의 행위 2. 대리권이 없는 자의 행위는 원칙적으로 무효이지만, 예외적으로 민법상의 표현대리 이론이 적용될 수 있다.(따라서 적법한 권한 위임이 없다고 해서 무조건 무효가 되는 것은 아니다.) 3. 도지사의 인사교류안 작성과 그에 따른 인사교류의 권고가 전혀 이루어지지 않은 상태에서 그 관할구역 내 시장이 인사교류에 관한 처분을 행한 것은 무효이다. 4. 수원시장이 법령상 반드시 필요한 수원교육장과의 사전협의절차를 거치지 않고 학교주변에 유흥주점을 허가한 것은 무효이다. 5. 행정기관의 무권한행위는 무효이다.(음주운전을 단속한 경찰관 명의로 행한 운전면허정지처분/영업허가취소처분의 권한이 없는 보건복지부장관의 영업허가취소) 6. 의사능력 없는 자(공무원)의 행위는 무효이다. 7. 부동산을 양도한 사실이 없음에도 세무당국이 부동산을 양도한 것으로 오인한 양도소득세부과처분은 착오에 의한 행정처분으로서 무효이다. 8. 죽은 사람(사자)에게 면허를 주는 것은 무효이다. 9. 인신매매업을 허가하는 처분은 무효이다. ∵ 생명·신체와 관련된 중대한 범죄 10. 공무원임용결격자를 공무원으로 임명하는 행위 11. (구)개발이익환수에 관한 법률상 납부의무자가 아닌 조합원에 대하여 행한 개발부담금부과처분은 무효이다. 12. 국가시험에 불합격한 자에 대한 의사면허는 무효이다. 13. 제3자의 물건에 대한 압류처분은 무효이다. 14. 국세부과의 제척기간이 경과한 후에 이루어진 과세처분은 무효이다. 15. 취소판결에 저촉되는 행정처분은 무효이다. 16. 대상목적물을 특정하지 아니한 귀속재산에 대한 임대처분은 무효이다. 17. 재결서에 의하지 않은 행정심판재결은 무효이다. 18. 해당 행정청의 서명·날인을 결한 행정행위는 무효이다. 19. 행정절차법상 문서주의에 위반하여 행해진 행정처분은 무효이다. = 행정절차법상의 처분의 방식을 위반하여 행해진 행정청의 처분은 무효이다. 20. 법령상 환경영향평가를 거쳐야 할 대상사업에대하여 환경영향평가를 거치지 않고 행하여진 승인처분은 무효이다 21. 국가공무원법상 소청심사위원회가 소청사건을 심사하면서 소청인 또는 그 대리인에게 진술의 기회를 부여하지 아니하고 한 결정은 무효이다.
취 소	1. 상대방의 사기·강박·증뢰 등 부정행위에 의한 경우 2. 부정한 수단으로 운전면허를 취득한 자에 대한 면허취소 3. (사후에 근거법령이 위헌이 된 경우) 위헌인 법령에 근거한 행정처분 ※ 취소소송의 제소기간을 경과하여 확정력이 발생한 행정처분에는 위헌결정의 소급효가 미치지 않는다. 4. 선량한 풍속기타 사회질서에 위반되는 행위 5. 도박업 및 매춘영업 등에 대한 허가처분은 취소사유이다. ∵ 생계유지 6. 재량권의 일탈·남용정비구역이 지정·고시되기 전의 정비예정구역을 기준으로 한 토지 등 소유자 과반수의 동의를 얻어 구성된 추진위원회에 대하여 승인처분이 이루어진 후 지정된 정비구역이 정비예정구역보다 면적이 축소되었다고 하더라도 이러한 사정만으로 해당 승인처분이 당연무효라고 할 수는 없다. ➜ 취소사유★

취소		7. 법령상 환경영향평가 대상사업에 대하여 환경영향평가를 부실하게 거친 사업승인 8. 구 학교보건법상 학교환경위생정화구역에서의 금지행위 및 시설의 해제 여부에 관한 처분을 하면서 학교 환경위생정화위원회의 심의를 누락한 흠이 있는 경우

26) 하자의 승계

결합하여 하나의 법률효과	하자의 승계 **인정**	1. (대집행절차상) 계고 – 통지 – 실행 – 비용징수 2. 대집행계고처분 – 대집행영장발부통보처분 3. 대집행계고처분 – 비용납부명령 4. 기준지가고시처분 – 토지수용처분 5. (강제징수절차상) 독촉 –압류 – 매각 – 청산 6. 납부독촉 – 가산금 및 중가산금 징수처분 7. (귀속재산의) 임대처분 – 매각처분 8. 한지의사시험자격인정 – 한지의사면허처분 9. 안경사국가시험 합격무효처분 – 안경사면허취소처분 10. 암매장분묘개장명령 – 계고처분
독립하여 별개의 법률효과	하자의 승계 **부정**	1. 택지개발계획승인처분 – 수용재결·이의재결 2. 택지개발예정지구지정 – 택지개발계획승인 3. 도시계획결정 – 수용재결 4. 표준지공시지가결정 – 조세부과처분 5. 표준지공시지가결정 – 개별공시지가결정 6. 조세부과처분 – 압류 등의 체납처분 7. (개별공시지가결정 후 재조사청구에 따른 조정결정을 통지 받았음에도 다투지 않은 경우) 개별공시지가결정 – 과세처분 8. (공용수용상) 사업인정 – 수용재결 9. 재개발사업시행인가처분 – 토지수용재결처분 10. 토지구획정리사업 시행인가처분 – 환지청산금부과처분 11. 주택재건축사업시행계획 – 관리처분계획 12. 공무원직위해제처분 – 직권면직처분 13. 당초 과세처분 – 증액경정처분 14. 소득금액변동통지 – 징수처분 15. (신고납세방식을 채택하고 있는) 취득세 신고 – 징수처분 16. 액화석유가스 판매사업허가처분 – 사업개시신고 반려처분 17. 건물철거명령 – 대집행계고처분 18. (광고물에 대한) 자진철거명령 – 대집행영장발부통보처분 19. (국제항공노선) 운수권배분 실효처분 및 노선면허거부처분 – 노선면허처분 20. (병역법상) 보충역편입처분 – 공익근무요원소집처분 21. 수강거부처분 – 수료처분 22. 농지전용부담금부과처분 – 압류처분 23. 도시·군계획시설결정 – 실시계획인가 24. 변상판정 – 변상명령

독립하여 별개의 법률효과	하자의 승계 예외적 인정 ∴ 수인가능성× 예측가능성×	1. 개별공시지가결정 – 과세처분 2. 표준지공시지가결정 – 수용재결·수용보상금결정 3. 친일반민족행위자로 결정한 친일반민족행위진상규명위원회의 최종발표 – 독립유공자 예우에 관한 법률 적용배제자 결정

27) 하자의 치유 인정여부

하자의 치유 인정	하자의 치유 부정
1. 공매절차진행 중 연기신청을 한 후 다시 적법한 공고·통지를 거친 공매처분 2. 단체협약에 규정된 여유기간을 두지 않고 징계회부사실을 통보하였으나 피징계자가 징계위원회에 출석하여 통지절차에 대한 이의 없이 충분한 소명을 한 경우 3. 청문서 도달기간을 어겼으나 영업자가 청문일에 출석하여 의견진술과 변명 기회를 가진 경우	1. 주택재개발정비사업조합설립 추진위원회가 조합설립인가처분의 취소소송에 대한 1심판결 이후 정비구역 내 토지 등 소유자의 4분의 3을 초과하는 조합설립동의서를 새로 받은 경우 ➡ 사정판결과 연결사례 2. 취소소송 계속 중 보정통지한 경우 3. 충전소 설치허가 시 건물주 동의서를 위조하여 허가를 받은 후에 건물주의 동의를 받은 경우 4. 토지등급결정 내용의 통지가 없었는데, 토지소유자가 그 결정 전후에 토지등급결정 내용을 알았던 경우 5. 환지변경처분 후 이의유보 없이 청산금 교부받은 경우

28) 중요 공법상 계약O VS 공법상 계약X

공법상 계약O	공법상 계약X
1. 지방전문직공무원 채용계약 2. 공중보건의사 채용계약 3. 계약직공무원 채용계약 4. 중소기업 정보화지원사업에 따른 지원금 출연을 위하여 중소기업청장이 체결하는 협약 5. 공공단체 상호간 사무위탁 6. 도로관리 사무위탁 7. 지방자치단체 간 교육사무위탁 8. 지방자치단체 간 도로·하천의 경비부담에 관한 협의 9. 지방자치단체 간 비용부담협의 10. 광주광역시문화예술회관장의 (합창)단원 위촉 11. 서울특별시립무용단 단원 위촉 12. 별정우체국지정 13. 환경보전협정 14. 수출보조금 교부 15. 사유지의 도로용지 기증 16. 자원임대 17. 지방자치단체와 사기업 간 공해방지협정	**[행정행위]** 1. 지방계약직공무원에 대한 보수삭감(=징계처분 중 감봉처분) 2. 국립의료원 부설주차장에 관한 위탁관리용역운영계약 (특허) 3. 민간투자시설(사회간접자본) 사업시행자 지정처분 4. 지방의회의 지방의원징계 5. 토지수용재결 6. 재개발조합인가 7. 행정청의 입찰참가자격제한 **[사법상 계약]** 1. 「공익사업법」상 (사업시행자와 양도인의) 협의취득 2. 「공익사업법」상 보상합의 3. 「국가를 당사자로 하는 계약에 관한법률」상 공공계약 4. 도로건설·도청청사건축 등의 도급계약 5. 창덕궁안내원 채용계약(고궁안내원 채용계약) 6. 국유일반재산 매각 7. 물품매매계약 8. 국영기차 내 광고물부착계약 9. 전화가입계약 **[사법상 이행청구]** 1. (공공사업에 필요한 토지 등의) 협의취득에 기한 손실보상금의 환수통보 **[사법상 사무관리]** 1. 행려병자보호 **[공법상 합동행위]** 1. 공공조합의 설립행위

29) 행정계획의 처분성 유무

처분성O	처분성X
1. 도시계획결정 2. 도시·군 관리계획 3. 확정된 사업시행계획 4. 도시설계결정 5. 도시·군 계획시설결정 6. 택지개발계획승인 7. 택지개발예정지구지정 8. 개발제한구역 지정·고시 9. 관리처분계획 10. 환지예정지처분 11. 환지처분 12. 국토이용계획	1. 도시기본계획 2. 환지계획 3. 택지공급방법결정 4. 하수도정비기본계획 5. 농어촌도로기본계획 6. 대학교육역량강화사업 기본계획 7. 국토종합계획 8. 4대강 살리기 마스터플랜 9. 혁신도시 최종입지선정 10. 개발제한구역 제도개선방안 11. (학교교육정상화를 위한) 2008학년도 이후 대학입학제도 개선안 12. 행정지침 또는 행정조직 내부 효력만 있는 행정계획 13. 도시계획법 제21조

행정계획 종류별 처분성 유무		
도시계획결정 O 도시기본계획 X 도시관리계획 O 도시설계결정 O 도시계획시설결정 O 택지개발계획승인 O 관리처분계획 O	환지계획 X 환지예정지처분 O ★ 환지처분 O 택지공급방법결정 X 하수도정비기본계획 X 농어촌도로기본계획 X	국토이용계획 O 국토종합계획 X

30) 형량명령

의의		• 행정계획을 수립함에 있어서 공익과 공익 간, 공익과 사익 간, 사익과 사익 간의 이익을 정당하게 형량하여야 한다는 원칙 • 계획재량의 통제를 위하여 형성된 이론
형량의 하자 판례	하자의 유형	• 형량의 해태 : 형량을 전혀 하지 않은 경우 • 형량의 흠결 : 형량의 고려대상에 마땅히 포함시켜야 할 사항을 빠뜨린 경우 • 오형량 : 형량을 하였으나 객관성과 공정성을 결한 경우
	판례	형량명령과 형량하자의 법리를 수용하면서도 이를 재량권의 일탈·남용 여부로 판단
형량하자와 그 효과		형량의 하자가 있으면 행정계획은 위법하게 된다.

31) 행정절차의 주요판례

1. 가산세 부과처분이라고 하여 그 종류와 세액의 산출근거 등을 전혀 밝히지 아니한 채 가산세의 합계액만을 기재하였다면 그 부과처분은 위법하다.

2. 행정청은 처분을 할 때에는 원칙적으로 당사자에게 그 근거와 이유를 제시하여야 하며, 이유제시의 정도는 처분사유를 이해할 수 있을 정도로 구체적이어야 한다.

3. 「행정조사기본법」에 따른 현장조사 후 시정명령이 이루어진 경우, 현장조사과정에서 처분상대방이 이미 행정청에게 위반사실을 시인하였더라도 '의견청취가 현저히 곤란하거나 명백히 불필요하다고 인정될 만한 상당한 이유가 있는 경우'에 해당하는지는 해당 행정처분의 성질에 비추어 판단하여야 하므로 처분 상대방이 이미 행정청에 위반사실을 시인하였다거나 처분의 사전통지 이전에 의견을 진술할 기회가 있었다는 사정을 고려하여 판단할 것은 아니다.

4. 고시의 방법으로 불특정 다수인을 상대로 의무를 부과하거나 권익을 제한하는 처분은 행정절차법 제22조 제3항의 의견제출절차의 대상이 되는 처분이 아니다.
   ∴ 불특정 다수인 모두에게 의견제출 기회 주는 것은 불가능

5. 행정청이 (도시계획사업시행 관련) 협약을 체결하면서 청문실시를 배제하는 조항을 두었더라도, (「행정절차법」상) 청문을 실시하지 않아도 되는 예외적인 경우에 해당하지 않는다.

6. 「국민건강보험법」상 특정한 질병군의 상대가치점수를 종전보다 인하하는 고시는 해당 질병군 관련 수술을 하는 개별 안과 의사들을 상대로 한 것이 아니라 불특정 다수의 의사 전부를 상대로 하는 것이므로 이 고시에 의한 처분의 경우 행정절차법 제22조 제3항에 따라 그 상대방에게 의견제출의 기회를 주지 않았다고 하여 위법하다고 볼 수 없다.

7. 퇴직연금의 환수 결정은 당사자에게 의무를 과하는 처분이기는 하나 관련 법령에 따라 당연히 환수금액이 정해지는 것이므로, 퇴직연금의 환수결정에 앞서 당사자에게 의견진술의 기회를 주지 아니하여도 「행정절차법」에 어긋나지 아니한다.

8. 난민 인정에 관한 신청을 받은 행정청은 원칙적으로 법령이 정한 난민 요건에 해당하는지를 심사하여 난민 인정 여부를 결정할 수 있을 뿐이고, 이와 무관한 다른 사유만을 들어 난민 인정을 거부할 수는 없다.

9. 난민인정·귀화 등과 같이 성질상 행정절차를 거치기 곤란하거나 불필요하다고 인정되는 처분이나 행정절차에 준하는 절차를 거치도록 하고 있는 처분의 경우에는 「행정절차법」의 적용이 배제되는 것으로 보아야 하고, 이러한 법리는 '공무원 인사관계 법령에 의한 처분'에 해당하는 별정직 공무원에 대한 직권면직 처분의 경우에도 마찬가지로 적용된다.

10. 행정절차법은 공법관계에 적용되고 사법관계에는 적용되지 않는다.

32) 사전통지/의견청취

사전통지/의견청취를 **거쳐야**	사전통지/의견청취 **안 거쳐도**
1. 진급선발취소	1. 불이익처분의 직접 상대방이 아닌 제3자 거부처분
2. 지위승계신고의 수리	2. 도로구역변경처분 도시관리계획결정
3. 수사과정 및 징계과정에서 자신의 비위행위에 대한 해명기회 가져도/기소유예 있어도	3. 보건복지부고시로 일반처분
4. 공사강행 우려 있어도 공사중지명령	4. 퇴직연금 환수결정, 법령상 확정된 의무부과
5. 행정지도로 사전고지, 자진폐공의 약속	5. 시정명령 및 설립허가취소 전에 한 시정지시
6. 위반사실을 시인했어도	
7. 청문 안하기로 협약했어도	
8. 청문통지서 반송, 청문일시에 불출석해도	
9. 보조금 반환명령 후 평가인증취소	

33) 정보공개의 주요판례

1. 「공공기관의 정보공개에 관한 법률」상의 비공개대정보에는 공개될 경우 인격적·정신적 내면생활에 지장을 초래하거나 자유로운 사생활을 영위할 수 없게 될 위험성이 있는 정보도 포함되므로, 불기소처분 기록이나 내사기록 중 피의자신문조서 등 조서에 기재된 피의자 등의 인적사항 이외의 진술내용 역시 비공개대상정보에 해당할 수 있다.

2. 정보공개법은 비공개대상정보에 해당하지 않는 한 공공기관이 보유·관리하는 정보는 공개 대상이 된다고 규정하고 있을 뿐(제9조 제1항) 정보공개 청구권자가 공개를 청구하는 정보와 어떤 관련성을 가질 것을 요구하거나 정보공개청구의 목적에 특별한 제한을 두고 있지 아니하므로 정보공개 청구권자의 권리구제 가능성 등은 정보의 공개 여부 결정에 아무런 영향을 미치지 못한다.

3. 정보공개법 제9조 1항 제6호의 본문규정에 따라 비공개대상이 되는 정보는 이름·주민등록번호 등 '개인식별정보'뿐만 아니라 '개인에 관한 사항의 공개로 개인의 내밀한 내용등의 비밀 등이 알려지게 되고, 그 결과 인격적·정식적 내면생활에 지장을 초래하거나 자유로운 사생활을 영위할 수 없게 될 위험성이 있는 정보'도 포함된다.

4. 정보공개법 제9조의 비공개 제외사유로서 '공개하는 것이 개인의 권리구제를 위하여 필요하다고 인정되는 정보'에 해당하는지는 비공개에 의하여 보호되는 개인의 사생활의 비밀 등의 이익과 공개에 의하여 보호되는 개인의 권리구제 등의 이익을 비교·교량하여 구체적 사안에 따라 신중히 판단하여야 한다.

5. 사립대학교도 정보공개의무기관인 공공기관에 해당된다. ∵ 교육의 목적

6. 구「공공기관의 정보공개에 관한 법률 시행령」 제2조 제1호가 정보공개의무기관으로 사립대학교를 들고 있는 것은 모법의 위임범위를 벗어났다고 볼 수 없다.
   ➜ 특례법에 없는 내용에 한하여 정보공개법을 적용

7. 사립학교에 대하여 「교육관련기관의 정보공개에 관한 특례법」이 적용되는 경우에도 「공공기관의 정보공개에 관한 법률」을 적용할 수 없는 것은 아니다.

8. 정보공개청구제도는 행정의 투명성과 적법성을 위한 것으로 폭넓게 허용되어야 하지만, 국민의 정보공개청구가 권리의 남용에 해당할 여지도 있다.

9. 실제로는 해당 정보를 취득 또는 활용할 의사가 전혀 없이 정보공개 제도를 이용하여 사회통념상 용인될 수 없는 부당한 이득을 얻으려 하거나, 오로지 공공기관의 담당공무원을 괴롭힐 목적으로 정보공개청구를 하는 경우처럼 권리의 남용에 해당하는 것이 명백한 경우에는 정보공개청구에 대해 거부하여도 위법하지 않다.

10. 정보공개청구자는 공개를 구하는 정보를 공공기관이 보유·관리하고 있을 가능성이 전혀 없지 않다는 점만 입증하면 족하고, 공공기관은 그 정보를 폐기하여 더 이상 보유·관리하고 있지 않다는 항변을 할 수 있다.

11. 정보공개청구를 거부하는 처분이 있은 후 대상정보가 폐기되었다든가 하여 공공기관이 그 정보를 보유·관리하지 아니하게 된 경우에는 특별한 사정이 없는 한 정보공개거부처분의 취소를 구할 법률상의 이익이 없다.

12. 판례에 의하면 공개를 구하는 정보를 공공기관이 한 때 보유·관리하였으나 후에 그 정보가 담긴 문서 등이 폐기되어 존재하지 않게 된 경우 해당 정보를 더 이상 보유·관리하고 있지 않다는 점에 대한 증명책임은 공공기관에게 있다.

13. 정보공개처분의 취소를 구하는 소송에서 공공기관이 청구정보를 증거등으로 법원에 제출하여 법원을 통하여 그 사본이 청구인에게 교부 또는 송달되어 청구인에게 정보를 공개하는 셈이 되었더라도, 이러한 우회적인 방법에 의한 공개는 「공공기관의 정보공개에 관한 법률」에 의한 공개라고 볼 수 없다.

34) 공개대상정보와 비공개대상정보 관련판례

공개대상정보	비공개대상정보
1. 사업자등록번호 등에 관한 정보 2. 검찰보존사무규칙상 불기소사건기록 등 3. 수용자 자비부담물품의 판매수익금과 관련한 수익금 총액, 교도소장에게 배당한 수익금액 등 4. 교도관이 직무 중 발생한 사유에 관하여 작성한 근무보고서 5. 징벌위원회 회의록 중 징벌절차 진행 부분 6. 교육공무원의 근무성적평정 결과 7. 사면대상자들의 사면실시건의서 및 그와 관련된 국무회의 안건자료에 관한 정보 8. 대한주택공사의 아파트 분양원가 산출내역에 관한 정보 9. 사법시험 제2차 시험 답안지 10. 공직자윤리법상의 등록의무자가 제출한 문서 → 　　공직자윤리법상의 등록의무자가 구 공직자윤리법 시행규칙 제12조에 따라 제출한 '자신의 재산등록사항의 고지를 거부한 직계존비속의 본인과의 관계, 성명, 고지거부사유, 서명'이 기재되어 있는 문서 11. 아파트재건축주택조합의 조합원들에게 제공될 무상보상평수의 사업수익성을 검토한 자료 12. 한국방송공사의 수시집행 접대성 경비의 건별 집행서류 일체 13. 2002학년도부터 2005학년도까지의 대학수학능력시험 원데이터 14. 사면대상자들의 사면실시건의서와 그와 관련된 국무회의 안건자료	1. 법인 등이 거래하는 금융기관의 계좌번호에 관한 정보 2. 범죄수사기록에 포함된 관련자들의 주민등록번호 3. 학교환경위생정화위원회의 회의록 4. 망인들에 대한 독립유공자서훈 공적심사위원회의 심리·의결 과정 및 그 내용을 기재한 회의록 5. 징벌위원회 회의록 중 비공개 심사·의결 부분 6. 학교폭력대책자치위원회의 회의록 7. 의사결정과정에 제공된 회의관련자료나 의사결정과정이 기록된 회의록 8. 보안관찰처분 관련 통계자료 9. 국방부의 한국형 다목적 헬기(KMH) 도입사업에 대한 감사원장의 감사결과보고서 10. 공직자윤리위원회에 제출한 문서에 포함되어 있는 고지거부자의 인적사항(6호) 11. 공무원이 직무와 관련없이 개인적인 자격으로 간담회, 연찬회 등 행사에 참석하고 금품을 수령한 정보 12. 지방자치단체의 도시공원위원회의 회의 관련자료 및 회의록 13. 문제은행 출제방식을 채택하고 있는 치과의사국가시험의 문제지와 답안지 14. 오송분기역유치위원회의 보조금 집행내역의 검증을 위하여 공개청구한 정보 중 개인의 성명 15. 지방자치단체의 업무추진비 세부항목별 집행내역 및 그에 관한 증빙서류에 포함된 개인에 관한 정보 16. 사법시험 채점결과 17. 국가정보원이 그 직원에게 지급하는 현금급여 및 월초수당에 관한 정보 18. 한국방송공사의 취재물 19. 2002년도 및 2003년도 국가 수준 학업성취도평가 자료 20. 재개발사업에 관한 자료

35) 행정대집행의 대상이 될 수 있는 의무와 없는 의무

대집행의 대상이 **되는** 의무		대집행의 대상이 **되지 않는** 의무	
공법상 대체적 작위의무	1. 위법건물 철거의무 ➔ 법외 단체인 전국공무원노동조합의 지부가 공무원 직장협의회의 운영에 이용되던 군청사 시설인 사무실을 임의사용하자 그에 대하여 지방자치단체장이 자진폐쇄요청한 경우 2. 지상의 묘목·비닐하우스 철거의무 3. 건물의 이전·보수·청소의무 4. 불법광고판 철거의무 5. 교통장애물 제거의무 6. 위험축대 파괴의무 7. 불법개간산림 원상회복의무 8. 불법계곡평상 철거의무 9. 대부계약이 해지된 공유재산에 대한 지상물 철거의무 * 모든 국유재산은 대집행이 가능 ∵ 국유재산법은 행정대집행법 준용	**비대체적 작위의무**	1. 건물·토지의 인도(명도) 의무 2. 수용대상 토지의 인도(명도) 의무 3. 도시공원시설(매점) 점유자의퇴거 및 명도의무 4. 전문가의 감정의무 의사의 진료·치료 의무 5. 증인출석의무
		부작위 의무	1. 하천유수인용행위를 중단할 의무 2. 장례식장 사용중지의무 3. 전염병환자가 특정 업무에 종사해서는 안되는 의무 4. 허가 없이 영업하지 아니할 의무 5. 통행금지의무 6. 「주택건설촉진법」상 도지사의 허가를 받지 않고 사업계획에 따른 용도 이외에 사용하는 행위 등을 금지하고, 그 위반행위에 대하여 벌칙규정만을 두고 있는 경우
		수인의무	예방접종·건강진단을 받을 의무
		사법상 의무	토지협의취득에 의한 철거의무 ➔ 구「공공용지취득 및 손실보상특례법」상 협의취득시 건축물의 자진철거에 대한 약정을 불이행한 경우

36) 직접강제에 관한 실정법상의 예

1. 영업소나 제조업소, 학원이나 교습소의 강제폐쇄조치 by 「식품위생법」, 「공중위생관리법」, 「학원의 설립·운영 및 과외교습에 관한 법률」
2. 강제폐쇄를 위한 영업소의 간판 기타 영업표지물의 제거, 영업소가 위법한 영업소임을 알리는 게시물 등의 부착, 영업을 위하여 필수 불가결한 기구 또는 시설물을 사용할 수 없게 하는 봉인 by 「공중위생관리법」
3. 여권이나 선원수첩·사증 없이 불법입국한 외국인의 강제 퇴거조치 by 「출입국관리법」
4. 군사시설보호구역 내의 무단침입자나 불법시설물에 대한 강제퇴거·강제철거조치 by 「군사기지 및 군사시설보호법」
5. 방어해면구역에 무단침입한 선박에 대한 강제퇴거조치 by 「방어해면법」
6. 해산명령에 불응하는 집회자에 대한 강제 해산조치 by 「집회 및 시위에 관한 법률」
7. 가축소유자가 살처분명령을 이행하지 않은 경우, 가축의 살처분 by 「가축전염법 예방법」
8. 강제예방접종 by 「감염병의 예방 및 관리에 관한 법률」
9. 의무를 위반한 의료기관의 의료업 정지, 개설허가의 취소 및 폐쇄조치 by 「의료법」

37) 행정상 즉시강제의 종류

1. 대인적 강제

경찰관직무집행법	1. 불심검문 (불심검문을 행정상 즉시강제로 보는 견해도 있고 행정조사로 보는 견해도 있음) 2. 보호조치 : 정신착란자, 미아, 술에 취한 자에 대한 보호조치 3. 위험발생방지조치(억류·피난 등) 4. 범죄의 예방 및 제지 5. 경찰장구 및 무기의 사용 (다만, 무기 등의 사용을 직접강제로 보는 견해도 있음)
개별법	1. 「감염병의 예방 및 관리에 관한 법률」상 감염병환자의 강제격리·강제입원 및 강제건강진단·치료 2. 「소방기본법」상 화재현장에 있는 자에 대한 원조강제 3. 「마약류 관리에 관한 법률」상 마약중독자의 격리 및 (치료를 위한) 치료보호 4. 「재난 및 안전관리기본법」상 긴급수송

2. 대물적 강제

경찰관직무집행법	1. (무기·흉기 등) 물건에 대한 임시영치 2. (도로에 무단 방치되어 있는 장애물 제거 등) 위해방지조치
개별법	1. 「도로교통법」상 교통장애물의 제거, 불법주차위반차량의 견인 2. 「소방기본법」상 소방대상물에 대한 강제처분, 물건의 파기 등 3. 「식품위생법」상 위해식품의 수거·폐기 4. 「약사법」상 물건의 폐기 5. 「음반·비디오물 및 게임물에 관한 법률」상 불법게임물의 수거·삭제·폐기 6. 「재난 및 안전관리기본법」상 응급조치 7. 「청소년보호법」상 유해약물 등의 수거 및 폐기 8. 「형의 집행 및 수용자의 처우에 관한 법률」상 물건의 영치 9. 「가축전염병 예방법」상 도로를 배회하고 있는 광견의 억류·사살

3. 대가택 강제

경찰관직무집행법	위험방지를 위한 가택출입 및 수색
개별법	「조세범처벌절차법」, 「총포·도검·화약류의 안전관리에 관한 법률」, 「농수산물 품질관리법」상 가택출입 및 수색

38) 행정상 손해전보

헌법	국가배상법
1. 공무원의 직무상 불법행위로 인한 국가배상만을 규정 2. 배상주체를 국가와 공공단체로 규정 3. 이중배상금지 : 군인·군무원·경찰공무원 기타 법률이 정하는 자	1. 공무원의 직무행위로 인한 손해배상책임과 영조물의 설치·관리의 하자로 인한 손해배상책임으로 나누어 규정 2. 배상주체를 국가와 지방자치단체로 한정 　→ 지방자치단체 외의 공공단체의 배상책임은 민법에 의하게 된다. 3. 이중배상금지 : 군인·군무원·경찰공무원·예비군대원

39) 국가배상법상 공무원 해당여부

국가배상법상 공무원O	국가배상법상 공무원X
1. 국가나 지방자치단체에 근무하는 청원경찰 2. (강제집행하는) 집행관 3. 군무수행을 위하여 채용된 민간인 4. 교통할아버지 5. 법관과 헌법재판관 6. 시 청소차 운전수 7. 소방원 8. 소집 중인 향토예비군 9. 집달리 10. 주한미군·카투사 11. 철도차장 12. 통장 13. 수산청장으로부터 뱀장어 수출추천업무를위탁받은 수산업협동조합 14. 대집행을 실제 수행한 한국토지주택공사 15. 직원과 철거용역회사 및 그 대표자	1. 대등한 사경제의 주체 2. 시영버스 운전수 3. 의용소방대원 4. 한국토지공사

40) 국가배상법상 직무행위 인정 여부

직무행위O	직무행위X
1. 입법작용·사법작용	1. 대통령의 긴급조치권 행사(통치행위)
2. 행정지도	2. 국가의 철도운행사업
3. 교도소 의무관의 치료·조치	3. 공공사업용지의 협의취득
4. 경찰서 대용감방에 배치된 경찰관의 (수감자들의) 폭력행위 제지x	4. 구청 세무공무원의 시영아파트 입주권 매매
5. 등기공무원이 등기신청서류가 위조된 지 모르고 등기해 준 행위	5. 결혼식 참석을 위한 군공무원의 군용차량 운행
	6. 시위자들이 던진 화염병에 의한 화재
	7. 육군하사의 순찰 빙자한 이탈 후 민간인 사살
6. 미군부대 소속 하사관이 출장을 위해개인소유차량을 빌려 운행하고 퇴근 중 교통사고	8. 출근을 위한 공무원의 자차 운행
7. 수사경찰관이 피해자의 인적사항 등을 공개·누설한 행위	9. 친구와 술을 마시기 위한 군인의 군용차량 운행
	10. 고참병의 훈계 도중 살인
8. 인감증명발급	11. 군용차량이 민간인의 요청에 의하여 벼를 운반하고 귀대중에 일으킨 사고
9. 인사업무 담당공무원의 공무원증 위조행위	12. 작업 중 휴식시간에 군인의 비둘기 사냥
10. 운전병이 아닌 군인의 군용차량 운전	13. 군인이 불법 휴대한 칼빈소총으로 보리밭의 꿩 사격
11. (양곡대금과 관련한) 군수의 지시 또는 군청직원의 수금행위	14. 군의관의 포경수술
12. 전입신병 보호조인 상급자의 전입신병에 대한 교육·훈계·폭행행위	15. 탈영병의 강도·살인행위
13. 학군단소속차량의학교교수의장례식운행중사고	
14. 공무원이 자가차량을 운전하여 공무수행 후 돌아오던 중 교통사고로 동승한 다른 공무원을 사망하게 한 경우	
15. 육군 중사가 훈련대비하여 개인오토바이를 운전하여 훈련지역 일대 사전정찰 후 귀대하다가 교통사고를 일으킨 경우	
16. 상관의 명에 의한 이삿짐 운반	
17. 수사 도중의 고문행위	
18. 헌병대 영창에서 탈주한 군인들이 민가에 침입하여 범죄를 저지른 행위	

41) 공무원의 과실 인정 여부

과실O	과실X
1. 공무원이 관계법규를 알지 못하여 법규의 해석을 그르쳐 한 위법한 행정처분	1. 공무원이 행정입법에 관하여 나름의 합리적 근거를 찾아 판단을 내린 경우
2. 경찰관이 범인 검거를 위해 가스총을 발사할 때 거리 미확보로 인해 상대방이 실명	2. 공무원이 신청에 대해 처분 여부 결정을 상당기간 지체한 경우
3. 경찰관이 피의자 제압시 총기사용 후 119구급대 도착 전까지 응급처치를 하지 않은 경우	3. 관계법령의 해석이 확립되기 전에 한 처분이 항고소송에서 취소된 경우
4. 교도관의 부주의로 급성정신착란증 있는 수용자가 계구해제 후 자살	4. 법령에 대한 해석이 객관적으로 명백하지 않고 그에 대한 선례·학설·판례도 통일되지 않은 경우
5. 경매담당공무원이 매각물건명세서를 잘못 기재해 가격결정을 잘못한 경우	5. 수사검사가 합리적인 판단 하에 구속피의자 심문 시 변호인의 참여를 불허한 경우
6. 대법원에 의해 확립된 법령의 해석에 어긋나는 견해를 고집하여 한 행정처분	6. 위헌결정이 있기 전에 해당 법률을 적용한 경우 (∵법률이 헌법에 위반되는지 여부는 헌법재판소의 위헌결정이 있기 전까지는 명백하지 않으므로)
7. 대법원예규에 의해 해석이 분명해졌음에도 다른 해석을 들어 공탁사무를 처리	7. 처분당시 시행규칙에 정해진 제재적 처분 기준(재량준칙)에 따라 한 행정처분
8. 위병소근무자의 의무해태와 지휘관의 병력관리 소홀로 문제사병이 탈영해 총기난사	

42) 법령의 위반

학설	결과불법설	가해행위의 결과인 손해의 불법을 의미
	협의의 행위위법설	(항고소송의 위법개념과 동일하게 그 결과와 상관없이) 가해행위가 당시 법규범에 근거하였는가 여부에 따라 판단
	광의의 행위위법설	「국가배상법」상 "법령위반"은 엄격한 의미의 법령 위반뿐 아니라 조리상 인정되는 공무원의 직무상 손해방지의무 위반도 포함
	상대적 위법성설	「국가배상법」상 "법령위반"은 피침해이익의 성격과 침해의 정도, 가해행위의 태양 등을 종합적으로 고려하여 객관적으로 정당성을 상실한 경우를 의미
판 례		(대체로) 광의의 행위위법설＋상대적 위법성설

43) 항고소송의 기판력이 국가배상청구소송에 미치는지 여부

긍정설	취소소송의 위법과 국가배상청구소송의 위법은 동일한 개념이므로 전소의 인용판결·기각판결의 기판력이 모두 후소인 국가배상청구소송에 미친다고 보는 견해(협의의 행위위법설)
부정설	취소소송의 위법과 국가배상청구소송의 위법은 다른 개념이므로 전소의 인용판결·기각판결의 기판력 모두 후소인 국가배상청구소송에 미치지 않는다고 보는 견해(상대적 위법성설 또는 결과위법설)
제한적 긍정설 (다수설)	(국가배상청구소송의 위법개념을 취소소송의 위법개념보다 넓은 개념으로 보아) 전소의 인용판결의 기판력은 후소인 국가배상청구소송에 미치나, 전소의 기각판결의 기판력은 후소인 국가배상청구소송에 미치지 않는다는 견해(광의의 행위위법설) 1. 인용판결의 기판력 – 국가배상청구소송에 영향O 2. 기각판결의 기판력 – 국가배상청구소송에 영향X

44) 국가배상법상 영조물 인정여부

국가배상법상 영조물O		국가배상법상 영조물X
자연공물	하천, 호수	
인공공물	1. 김포공항 2. 공중화장실 3. 공군사격장 4. 교통신호기 5. 도로 6. 맨홀 7. 여의도광장 8. 저수지·제방 및 하천부지 9. 철도건널목 자동경보기 10. 철도시설물	1. 공용개시 없이 사실상 군민의 통행에 제공되고 있던 도로 2. 시 명의의 종합운동장 예정부지나 그 지상의 자동차경주를 위한 방호벽 3. 일반재산(국유림·국유임야·공용폐지된도로등) 4. 아직 완성되지 아니하여 일반 공중의 이용에 제공되지 않은 옹벽 ※3m 구덩이 사건
동산	(경찰관의) 권총	
부동산	행정재산	
동물	1. 경찰견, 경찰마 2. 군견	

45) 특별한 희생의 판단기준

형식적 기준설		재산권의 침해를 받는 자가 특정되어 있는지에 따라 구별
실질적 기준설	보호가치설	보호가치 있는 재산에 대한 침해＝특별한 희생
	수인한도설	그 침해가 보상 없이도 수인될 것으로 기대하기 어려운 경우
	목적위배설	재산권의 침해가 종래 재산권의 이용목적을 침해하는 경우
	사적효용설	재산권의 사적 효용을 본질적으로 침해하는 경우
	중대성설	재산권에 대한 제약의 중대성을 기준으로 판단
	상황구속성설	(토지이용과 관련하여) 당해 재산권이 처한 지리적 위치·성질 등 특수한 상황에 비추어 재산권의 주체가 일정한 제한을 예상할 수 없는 경우
절충설 (통설·판례)		형식적 기준설과 실질적 기준설의 여러 학설을 종합·절충하여 사안별로 개별적으로 판단

46) 토지보상법상 보상의 기준

보상액 결정의 기준시점 (제67조 제1항)	보상액의 산정은 협의에 의한 경우에는 협의 성립 당시의 가격을, 재결에 의한 경우에는 수용 또는 사용의 재결 당시의 가격을 기준으로 한다.
공시지가 기준 보상 (제70조 제1항)	협의나 재결에 의하여 취득하는 토지에 대하여는 「부동산 가격공시에 관한 법률」에 따른 공시지가를 기준으로 하여 보상한다.
객관적 가치의 보상 (제70조 제2항)	토지에 대한 보상액은 가격시점에서의 현실적인 이용상황과 일반적인 이용방법에 의한 객관적 상황을 고려하여 산정하되, 일시적인 이용상황과 토지소유자나 관계인이 갖는 주관적 가치 및 특별한 용도에 사용할 것을 전제로 한 경우 등은 고려하지 아니한다. 보상액을 결정함에 있어 사업시행자의 재산상태는 고려사항이 아니며, 위자료는 손실보상에 포함되지 않는다.
개발이익의 배제	1. 사업인정일 전 공시지가를 기준(제70조 제4항) → ∵ 개발이익 배제 2. 해당 공익사업으로 인한 지가변동의 배제(제67조 제2항) → 해당 공익사업으로 인하여 토지 등의 가격이 변동되었을 때에는 이를 고려하지 않는다. 다만, 해당 공공사업과 무관한 다른 사업의 시행으로 인한 개발이익은 배제되지 않는다.

47) 처분성O VS 처분성X

처분성O
(대상적격 O)

Ⅰ. 지방의회의 의장선거
2. 지방의회의 의원징계의결
3. 지방의회 의장에 대한 불신임의결
4. 성업공사(한국자산관리공사)의 체납압류된 재산의 공매
5. 성남산업단지관리공단의 입주변경계약의 취소
6. 대한주택공사가 시행한 택지개발사업 및 (이에 따른) 이주대책에 관한 처분
7. 농지개량조합의 직원에 대한 징계처분
8. 국유재산무단점유자에 대한 변상금부과
9. (지방자치단체인) 수도사업자의 수도료 부과·징수
Ⅰ0. 행정재산의 사용료 부과
ⅠⅠ. 가산금 납부독촉
Ⅰ2. (승진후보자 명부에 있던) 후보자를 승진임용인사발령에서 제외
Ⅰ3. 지목변경신청 반려행위
Ⅰ4. 토지분할신청 거부행위
Ⅰ5. 건축주명의변경신고 수리거부행위
Ⅰ6. 건축계획심의신청 반려행위
Ⅰ7. 건축물대장 작성신청 거부행위
Ⅰ8. 건축물대장 용도변경신청 거부행위
Ⅰ9. 건축물대장 직권말소행위
20. 토지대장 직권말소행위
2Ⅰ. (건축물대장을 합병할 수 없는 건물에 대하여) 건축물대장 합병행위
22. 상수원수질보전지역의 토지소유자에 대한 토지매수거부행위
23. 사업시행을 위하여 토지 등을 제공한 자에 대한 특별공급신청 거부행위
24. 문화재보호구역 내 토지소유자의 보호구역지정해제신청에 대한 거부행위
25. 도시계획구역 내 토지소유자의 도시계획시설 입안·변경신청에 대한 거부행위
26. 장래 일정한 기간 내에 관계 법령이 규정하는 시설 등을 갖추어 일정한 행정처분을 구하는 신청을 할 수 있는 법률상 지위에 있는 자의 국토이용계획변경신청에 대한 거부행위
   * 원칙적으로 행정계획은 계획변경·폐지를 구할 신청권 인정X
     (∴ 해당 경우는 예외적으로 신청권 인정O)
27. 건축허가로 소유권 행사에 지장을 받을 수 있는 토지소유자의 건축허가 철회신청에 대한 거부행위 (건축주의 귀책사유로 해당 토지를 사용할 권리를 상실한 경우 토지소유자의 건축허가 철회신청에 대한 거부행위)
28. (사업시행자인 한국도로공사의) 토지면적등록정정신청에 대한 반려행위
29. 산업단지에 입주하려는 자의 산업단지개발계획변경신청에 대한 거부행위
30. (말소된 상표권에 대한) 회복등록신청 거부행위
3Ⅰ. (주민등록번호 불법유출로 인한) 주민등록번호 변경신청 거부행위
32. 검사임용신청거부
33. 사법시험 불합격처분

34. 상이등급 재분류신청에 대한 (지방보훈지청장의) 거부행위
35. 기간제 임용기간이 만료된 조교수에 대한 재임용거부
36. 서울교육대학 상근강사의 정규교원임용신청에 대한 거부행위
37. 건축신고 반려행위
38. 착공신고 반려행위
39. 행정재산의 사용·수익허가신청 거부행위
40. 유일한 면접대상자로 선정된 임용지원자에 대하여 국립대학교 총장이 교원신규채용업무를 중단하는 조치
41. (처분적 조례·처분적 명령·처분규칙 등) 처분적 행정입법
42. 보건복지부 고시인 약제급여·비급여목록 및 급여상한금액표
43. 향정신병 치료제의 요양급여 인정기준에 관한 보건복지부 고시
44. 횡단보도설치
45. 정보통신윤리위원회의 청소년유해매체물 결정 및 고시
46. 도시계획결정
47. 도시·군 관리계획
48. 확정된 사업시행계획
49. 도시설계결정
50. 도시·군 계획시설결정
51. 택지개발계획승인
52. 택지개발예정지구지정
53. 개발제한구역 지정·고시
54. 관리처분계획
55. 환지예정지처분
56. 환지처분
57. 국토이용계획
58. 토지거래허가구역 지정
59. (과세관청의) 원천징수의무자에 대한 소득금액변동통지
    * VS (과세관청의) 원천납세의무자인 소득귀속자에 대한 소득금액변동통지 ➡ 처분성 X
60. 교통안전공단의 (납부의무자에 대한) 분담금 납부통지
61. 부당한 공동행위 자진신고자의 시정조치 등 (과징금)감면신청에 대한 불인정통지
62. 공정거래위원회의 표준약관 사용권장행위
63. 공정거래위원회의 경고조치·경고의결
64. 통행료 체납 이후 (그 납부기한을 정하여 통행료를 납부하라는 내용의) 통행료 납부통지
65. 공무원연금법상 급여제한사유에 해당하여 한 환수통지
66. 폐기물처리업사업계획 부적정통보
67. 금융감독원장의 (금융기관 임원에 대한) 문책경고
68. 처분의 근거가 행정규칙(공무원 징계양정 규정)에 규정되어 있으나 상대방의 권리·의무에 직접 영향을 미치는 불문경고조치(행정규칙에 의한 불문경고조치)
69. 특허청장의 상표사용권설정등록
70. (등록관청이 하는) 신문의 등록

71. 상대방에게 한 단수·단전조치
    * VS 전기·전화 공급자에게 위법건축물에 대한 단전 또는 (전화통화) 단절조치 요청행위 ➡ 처분성X
72. 교도소장이 수형자를 접견내용 녹음·녹화 및 접견시 교도관 참여대상자로 지정한 행위
73. 교도소장의 이송조치명령
74. 교도소장의 서신검열
75. 한국환경산업기술원장이 (환경기술개발사업 협약을 체결한 甲주식회사에게) 한 연구개발 중단조치 및 연구비 집행중지 조치
76. 한국토지주택공사가 한 (생활대책대상자) 부적격통보 및 재심사통보
77. (사후에 붙인 면허조건 위반에 의한) 감차명령
78. 교육부장관이 (대학에서 추천한) 총장 후보자들을 임용제청에서 제외한 행위
79. 국가인권위원회의 성희롱결정과 시정조치권고
80. 국가인권위원회의 진정 각하·기각 결정
81. 진실·화해를 위한 과거사정리위원회의 진실규명결정
82. 친일반민족행위자 재산조사위원회의 재산조사개시결정
83. 친일반민족행위자 재산조사위원회의 친일재산 국가귀속결정
84. 보훈지청장의 국가유공자 비해당결정
85. 세무조사결정
86. 개별토지가격결정(개별공시지가결정)
87. 공무원연금관리공단의 급여결정
88. (산업재해보상보험법상 장해보상금결정 기준이 되는) 장해등급결정
89. 서울시공무원에 대한 동일직급 진보발령
90. 노조규약의 변경·보완 시정명령
91. (허가권자인) 지방자치단체의 장의 건축협의취소
92. 방산물자 지정취소
93. 지방계약직공무원에 대한 보수삭감조치
94. 근로복지공단의 평균임금결정
95. 사업시행자의 이주대책대상자 확인·결정
96. (재단법인) 한국연구재단의 과학기술기본법령에 따른 2단계 두뇌한국(BK)21 사업협약해지통보
97. 내인가취소처분 ← (=인가신청거부처분)
98. 구「원자력법」상 원자로 및 관계시설의 부지사전승인처분
99. 구청장의 사회복지법인에 대한 시정지시
100. 항공노선에 대한 운수권배분처분
101. 국립의료원 부설주차장에 관한 위탁관리용역운영계약 ➡ 특허
102. 의제된 인허가 ➡ 통상적인 인허가와 동일한 효력
103. 조달청장의 (해당 회사에 대한) 물량배정 중지통보
104. 조달청 나라장터 종합쇼핑몰 거래정지조치
105. 농지처분의무통지
106. (행정심판위원회의) 간접강제결정 ➡ 행정심판법 제50조의2 제4항
107. (부과처분 후 납부된) 학교용지부담금(개발부담금) 환급거부
108. (서울-춘천 간 고속도로) 민간투자시설사업의 사업시행자 지정처분
109. 권력적 사실행위

처분성 X
(공법관계 중 처분성 없는 행정작용 또는 사법관계인 사법상 행위)

1. 한국마사회의 조교사·기수 면허부여 또는 면허취소
2. 공정거래위원회의 고발조치·고발의결
3. 병역법상 군의관의 신체등위판정
4. 금융감독위원회의 부실금융기관에 대한 파산신청
5. (징계처분으로) 시험승진후보자명부에서의 삭제행위
6. 권한 없는 국가보훈처장의 (기포상자에게 한) 훈격재심사계획 없음의 회신
7. 각 군 참모총장의 명예전역수당 지급대상자 추천행위   **행정기관**
8. 기획재정부장관의 정부투자기관에 대한 예산편성지침통보   **내부행위**
9. 국세기본법에 따른 세무서장의 **국세환급금결정·환급금거부결정**
10. 세무서장의 과세표준결정 또는 손금불산입처분
11. 운전면허 행정처분처리대장상 벌점배점
12. 교육부장관의 대학입시기본계획 내의 내신성적산정지침
13. 국립대학교(서울대학교) 대학입학고사 주요요강 ➜ 처분성X BUT 헌법소원O
14. 세무당국이 맥주회사에게 甲상업회사와의 (주류) 거래중지요청
15. 제소기간이 이미 도과하여 불가쟁력이 생긴 행정처분에 대한 변경신청 거부행위
16. 토지대장 **소유자명의변경신청** 거부행위
17. 무허가건물대장 무허가건물 삭제행위
18. 당연퇴직자의 재임용신청에 대한 거부행위
19. 교사임용지원자의 특별채용신청 거부행위
20. 주택개량재개발사업계획 변경신청 거부행위
21. 서울특별시의 시영아파트 특별분양개선지침 해당자에 대한 분양불허
22. 국토이용계획상 임야의 용도지역변경허가신청 거부행위
23. 산림계(공익법인)가 제출한 국유림 무상양여신청에 대한 (산림청의) 거부행위
    * 국유림 대부·매각·양여 거부행위 ➜ 사법상의 행위 ∴ 처분성X
24. 도시계획시설인 공원조성계획 취소신청 거부행위
25. 문화재구역 내 수용되지 않은 토지 등 소유자의 재결신청에 대한 (문화재청장의) 거부회신
26. 근로복지공단의 사업주변경신청 거부행위
27. 국가유공자법상 이의신청 거부결정
28. 명예퇴직한 법관의 명예퇴직수당청구에 대한 (법원행정처장의) 거부의 의사표시
29. 제2차·제3차 계고
30. 공익근무요원 소집처분 후 그 기일을 연기한 재소집통지
31. 진료과목표시 글자크기 제한 (의료법 시행규칙 제31조)
32. 건강보험심사평가원 원장의 (보건복지부 고시·심의를 거쳐 정한) 요양급여비용의 심사기준 또는 심사지침
33. 도시기본계획
34. **환지계획**
35. **택지공급방법결정**
36. 하수도정비기본계획
37. 농어촌도로기본계획
38. 대학교육역량강화사업 기본계획

39. 국토종합계획
40. 4대강 살리기 마스터플랜
41. 혁신도시 최종입지선정
42. 개발제한구역 제도개선방안
43. (학교교육정상화를 위한) 2008학년도 이후 대학입학제도 개선안
44. 행정지침 또는 행정조직 내부 효력만 있는 행정계획
45. 도시계획법 제21조
46. 당연퇴직자에 대한 인사발령(당연퇴직통지)
47. 청원에 대한 심사처리결과통지
48. (한국자산공사의) 재공매결정·공매통지
49. 납골당설치 신고사항 이행통지
   * VS 납골당설치 신고수리 ➜ 처분성O
50. 군수의 지정에 따라 읍장·면장의 영농세대 선정행위
51. 의료보험연합회의 진료비청구명세서에 대한 심사결과통지
52. 수도사업자의 급수공사신청자에 대한 (급수공사비) 납부통지(수도사업자의 수도료 납부통지)
53. 중소기업기술정보진흥원장의 협약해지 및 (정부지원금의) 환수통보
54. (재단법인) 한국연구재단의 두뇌한국(BK)21 사업협약해지 및 징계요구
55. (정년에 해당하는 공무원에게) 정년퇴직발령
56. 국토부장관의 고속도로 통행료 결정·징수구간·징수기간 등 공고
57. 법률상 효과를 발생시키지 않는 (교육공무원에 대한) 불문경고
58. 금융감독원장의 (종합금융주식회사 전 대표이사에 대한) 문책경고
59. 소속공무원에 대한 장관의 서면경고
60. 과세관청의 부가가치세법상 사업자등록 직권말소행위
61. 과세관청의 직권에 의한 사업자명의 정정행위
62. 자동차운전면허대장 등재·변경 행위
63. 비권력적 사실행위
64. 일반적인 행정지도
65. 인감증명행위
66. 공원관리청이 행한 (국립공원에 대한) 경계측량 및 표지설치
67. 지적측량검사
68. 신고납부방식인 취득세·등록세에 대한 과세관청의 수납행위
69. (한국전력공사의 전기공급 적법여부 조회에 대하여) 관할 구청장의 전기공급 불가의 회신
70. 검사의 공소제기·불기소처분
71. 과태료부과처분, 통고처분, 형집행정지취소처분
72. 구「민원처리에 관한 법률」상 사전심사결과통보
73. 법령개정으로 인한 퇴직연금의 일부금액 지급정지
74. 해양수산부장관의 항만명칭결정
75. 국가유공자예우 등에 관한 법률 시행령 제15조에 의한 재심신체검사시 하는 등외판정
76. 감사원의 징계요구와 재심의결정
77. 감사원의 심사 후 관계기관에 대한 시정결정 또는 기각
78. 보훈병원장의 상이등급재분류판정
79. 어업권면허에 선행하는 우선순위결정

80. 계약직공무원 채용계약해지
81. 시립무용단원의 해촉
82. 부담이 아닌 부관
83. 입찰보증금 국가귀속조치
84. (지방자치단체가 당사자가 되어 체결하는 계약에 의한) 계약보증금의 귀속조치
85. 협의취득
86. 사립학교 교원에 대한 학교법인의 징계
87. 국유재산의 (대부계약에 의한) 대부료 부과
88. 대부한 일반재산에 대한 사용료 부과고지
89. (공무원에게) 연가보상비 미지급
90. 국민건강보험공단의 '직장가입자 자격상실 및 자격변동' 안내통보

48) 제3자효 관련 법률상 이익 O VS 법률상 이익 X

법률상 이익 O (원고적격 O)	법률상 이익 X (원고적격 X)
[인인소송] 1. 환경영향평가 대상지역 안 주민들 2. 공유수면매립면허처분과 농지개량사업시행인가처분에 대한 환경영향평가 대상지역 안 주민들 3. 전원개발사업실시계획승인처분에 대한 환경영향평가 대상지역 안 주민들 4. 도로용도폐지처분에 대하여, 당해 도로 (공공용재산)의 성질상 특정개인의 생활에 개별성이 강한 직접적이고 구체적인 이익이 부여된 자 5. 연탄공장허가처분으로 불이익을 받고 있는 인접주민 6. 도시계획결정에 대한공설화장장 금지구역 인근주민들 7. 폐기물처리시설설치계획입지가 결정·고시된 지역 인근 주민들 8. 자동차 LPG충전소 설치허가에 대한 LPG충전소 설치지역 인접거주주민 9. 토사채취허가에 대한 토사채취지 인근주민들 10. 공장설립승인처분에 대한 레미콘공장 신설부지 인접 거주주민 11. 건축허가에 대한 고층 건축물로 인해일조권 침해를 받는 정북방향 거주주민 12. 영광원자력발전소 부지사전승인처분에 대한 지역주민	**[인인소송]** 1. 공유수면매립면허처분과 농지개량사업시행인가처분에 대한 환경영향평가 대상지역 밖 주민들 2. 새로운 도로가 개설되어 유일한 통로가 아니게 된 경우, 그 도로를 이용하던 주민 3. 위락시설(유흥주점)로 건물용도를 변경하는 것을 허용하는 취지의 재결에 대한 주민 4. 상수원보호구역변경처분에 대하여 상수원보호구역에서 급수를 받는 주민 5. 절대보존지역의 유지로 지역주민들이 누리는 이익 6. 생태·자연도 등급변경처분으로 인한 인근주민의 불이익

13. 납골당 설치허가에 대한 납골당 설치장소 500m내 인가밀집지역 거주주민
14. 폐기물소각시설의 입지지역을 결정·고시한 처분에 대한 시설부지 경계선으로부터300m내 주민들
15. 김해시장의 낙동강 합류하천수 주변의 공장설립승인 처분에 대하여 물금취수장에서 취수된 물을 공급받는 부산광역시·양산시에 거주하는 주민들
    * 물금은 지역이름
16. 광산허가를 받은 인근지역 토지·건물 등소유자·점유자·주민들이 침해·침해우려를 증명한 경우

[경업자소송]	**[경업자소송]**
1. 자동차운송사업면허에 대한 당해 노선에 관한 기존업자 2. 선박운항사업면허처분에 대한 기존업자 3. 시외버스운송사업계획변경인가에 대한기존의 시내버스 운송사업자 4. 시외버스운송사업계획변경인가에 대한기존의 시외버스 운송사업자 5. 기존 시외버스를 시내버스로 전환하는사업계획변경인 가처분에 대해 노선이 중복되는 기존 시내버스업자 6. 직행형 시외버스운송사업자에 대한 사업계획변경인가 처분에 대해 노선이 중복되는 기존 고속형 시외버스운 송사업자 7. 화물자동차면허대수를 늘리는 보충인가처분에 대한 개 별화물자동차운송사업자 8. 분뇨 등 관련 영업허가를 받아 영업을 하고 있는 기존 업자 9. 허가를 받은 중계유선방송사업자의 사업상 이익 10. 담배소매업 영업소 간에 일정거리 제한이 있는 경우, 기존 담배소매인 11. (기존업자 영업허가지역내로의) 다른 약종상 영업소이 전허가처분에 대한 기존업자 　　* 약종상 : 약재를 파는 사람	1. 신규 구내소매인의 지정에 대한 기존 일반담배 소매인 2. (신규) 목욕탕 영업허가에 대한 기존 목욕탕업자 3. 약사들에게 한약조제권 인정에 대한 기존 한의 사들 4. 새로운 치과의원 개설이 가능한 건물용도변경처 분에 대한 인근 기존 치과의원 의사 5. (신규) 석탄가공업허가처분에 대한 기존 석탄가 공업자 6. 숙박업 구조변경허가처분에 대한 인근 여관업자 7. 양곡가공업허가에 대한 기존 양곡업자 8. 장의자동차 운송사업자의 구역위반을 이유로 한 과징금부과처분을 취소한 재결에 대한동종 장의 업자 9. 새로운 조미료 제조업자의 조미료 원료 수입허 가에 대한 기존 조미료 제조업자
[경원자소송] 1. 액화석유가스(LPG) 사업허가에 대하여 허가를 받지 못 한 자는 경업자에 대한 허가처분의 취소를 구할 법률상 이익O 2. 항만공사 시행허가 신청을 한 자는 허가를 받은 경업자 에 대한 허가처분의 취소를 구할 법률상 이익O	

[기타]	[기타]

1. (교육부장관의) 학교법인 임시이사 선임행위에 대해서
    ┌ 교수협의회·총학생회는 원고적격O
    └ 노동조합은 원고적격X
2. 체육시설업자 또는 사업계획승인을 얻은 자가 받은 시·도지사의 검토결과 통보에 대해 골프장의 기존회원은 취소를 구할 법률상 이익O
3. 채석허가의 양수인은 양도인에게 행해진 허가취소처분의 취소를 구할 법률상 이익O
4. 관할청의 임원취임승인신청 반려처분에 관하여 (학교법인에 의하여) 임원으로 선임된 자
5. 약제 상한금액을 인하하는 보건복지부 고시의 취소를 구하는 제약회사
6. 주택재개발사업조합설립추진위원회 구성에 동의하지 않은 소유자의 조합설립추진위원회 설립승인처분에 대한 취소
7. 도시계획사업 실시계획 인가처분에 대한 도시계획사업 시행지역에 포함된 토지의 소유자
8. 난민불인정처분을 다투는 경우, 위명(가짜이름)을 사용한 미얀마 국적인
	1. 개발제한구역에서 해제하는 도시관리계획변경결정에 대해서 해제누락된 토지소유자
	2. 토지수용에 의하여 이미 토지에 대한소유권을 상실한 청구인
	3. 원천징수의무자에 대한 납세고지를 다투는원천 납세의무자
	4. 주택사용검사처분의 취소를 구하는입주자·입주예정자
	5. 국세체납처분을 원인으로 한 압류등기 이후에 압류부동산을 매수한 자
	6. 공유수면매립목적변경처분의 무효확인을 구하는 수녀원
	7. 도지정문화재 지정처분으로 인한 (개인의) 명예 감정의 손상
	8. 행정학 전공자를 조세정책과목 교수로임용한 것에 대해 세무학과 학생들은 원고적격X
	9. 운전기사의 행위로 인한 회사 과징금처분에대해 운전기사는 취소를 구할 원고적격X

49) 소의 이익O vs 소의 이익X

소의 이익O	소의 이익X
예외 ← [처분의 효력이 소멸한 경우] → 원칙	
1. 행정처분의 효력기간이 경과하였다고 하더라도 그 처분을 받은 전력에 대해 가중적 제재규정이 법에 규정되어 있는 경우, 그 취소를 구할 소의 이익O ∵ 가중요건O 2. 직위해제 후 동일 사유로 징계처분이 이루어졌더라도 예외적으로 종전 직위해제의 취소를 구할 소의 이익O ∵ 가중요건O 3. 가중적 제재규정이 시행규칙에 규정되어 있는 경우에도 소의 이익O ∵ 가중요건O	1. 새로운 사유에 기한 직위해제처분시 이전에 한 직위해제 처분의 취소를 구하는 소의 이익X 2. 처분에 효력기간이 정하여져 있는 경우, 그 기간이 경과된 행정처분은 효력을 상실해 취소를 구할 소의 이익X 3. 소송 중 처분청에 의하여 직권취소된 반려처분의 취소를 구하는 소는 소의 이익X 4. 취소소송 중 처분을 취소하는 형성재결이 이루어진 경우, 그 취소를 구하는 소는 소의 이익X 5. 환지처분이 공고되어 효력을 발생하면 환지예정지지정처분은 효력을 상실 ∴ 환지예정지지정처분의 취소를 구할 법률상 이익X

4. 집행정지 중 처분에서 정한 기간이 도과되어도 소의 이익O (영업정지처분의 집행정지기간 동안 영업정지기간이 경과하여도 영업정지 처분의 취소를 구할 소의 이익O)

5. (선행 임시이사선임처분에 대한 취소소송 중 후행 임시이사로 교체된 경우라도) 동일한 소송 당사자 사이에 동일한 처분이 반복될 위험성이 있는 경우, 선행 임시이사선임처분의 취소를 구할 소의 이익O

6. 사실심변론종결일 현재 허가기간이 경과한 토석채취 허가취소처분은 효력을 상실해 그 취소를 구할 소의 이익X

7. 유효기간이 경과한 중재재정은 효력을 상실해 그 취소를 구할 소의 이익X

8. 가중요건에 해당하는 기간이 경과하여 실제로 가중된 제재처분을 받을 우려가 없어졌다면 (정지기간이 경과한) 업무정지처분의 취소를 구할 소의 이익X

9. 부지사전승인처분에 대한 취소소송 중 건설허가처분 (최종결정)이 있는 경우, 부지사전승인처분의 취소를 구하는 소는 소의 이익X

10. 최초 과징금 부과처분을 한 뒤, 자진신고 등을 이유로 감면처분을 한 경우, 선행처분의 취소를 구할 소의 이익X

11. 처분청이 과징금을 감액한 경우, 감액된 부분의 취소를 구할 소의 이익X

예외	← [원상회복이 불가능한 경우] →	원칙

예외	원칙

1. (도시개발사업의 공사가 완료되어도) 도시계획변경 결정·도시개발사업실시계획인가처분의 취소를 구할 소의 이익O	1. 건축물의 철거
	  ㉠ 대집행실행이 완료된 경우, 대집행계고처분의 취소를 구할 소의 이익X
	  ㉡ 철거된 소음·진동배출시설에 대한 설치허가의 취소처분의 취소를 구할 소의 이익X

2. (건축허가취소처분을 받은) 건축물 소유자는 그 건축물이 완공된 후에도 여전히 건축허가취소처분의 취소를 구할 소의 이익O	2. 사실심 변론종결 전 공사완료한 경우 건축허가처분취소는 소의 이익X
3. 임기가 만료된 지방의회 의원이라도 (제명의결의 취소로 인하여 월정수당의 지급을 구할 수 있는 등 부수적인 이익이 있으므로) 그 취소를 구할 소의 이익O	3. (입주자나 입주예정자의) 건축물에 대한 사용검사처분에 대한 항고소송은 법률상 이익X
4. (한국방송공사 사장에 대한) 해임처분의 무효확인·취소소송 중 임기가 만료되었더라도 무효확인·취소로 보수지급을 구할 수 있는 경우에는 소의 이익O	4. 건축법상 이격거리가 확보되지 않아서 위법한 건축허가라도 건축공사가 완료되었다면 건축허가의 취소를 구할 법률상의 이익X
5. 공장등록이 취소된 후 그 공장시설물이 철거되었다 하더라도 감면혜택 등이 있는 경우, 공장등록 취소처분의 취소를 구할 소의 이익O	5. 지방의료원 폐업결정 후 지방의료원이 해산된 경우, 그 폐업결정의 취소를 구할 소의 이익X
6. 대학입학고사 불합격처분 취소소송 도중 입학시기가 도과하더라도 불합격처분의 취소를 구할 소의 이익O → ∵ 다음 연도에 입학	6. 사업체를 폐업한 경우 부당노동행위 구제신청은 소의 이익X
7. 현실적으로 입영을 한 자라도 입영 이후의 법률관계에 영향을 미치고 있는 현역병입영통지처분을 다툴 소의 이익O	7. (제주도) 조례가 개정되면서 먹는샘물 판매협약 해지를 통지한 경우 (개정)조례무효확인은 법률상 이익X ∵ 다른 사유로 먹는샘물 판매사업자 지위상실O

예외 ← [권익침해가 해소된 경우] → 원칙	
1. 다른 교도소로 이송된 재소자도 영치품 사용신청 불허가처분의 취소를 구할 소의 이익○ 2. 고등학교에서 퇴학처분을 당한 후 검정고시에 합격하였더라도 (검정고시에 합격한 것만으로는 고등학생으로서의 신분·명예가 회복될 수 없는 것이므로) 퇴학처분을 받은 자는 퇴학처분의 취소를 구할 소의 이익○	1. 공익근무요원의 복무기간이 만료된 경우, 공익근무요원 소집해제신청 거부처분의 취소를 구할 소의 이익 X 2. 불합격처분 ㉠ 사법시험 제2차 시험 불합격처분 이후에 새로이 실시된 제2차와 제3차 시험에 합격한 사람은 불합격처분의 취소를 구할 법률상 이익 X ㉡ 불합격처분 이후 새로 실시된 치과의사국가시험에 합격한 자는 기존 불합격처분의 취소를 구할 소의 이익 X
	[기타]
	1. 수익적 처분의 상대방은 소의 이익 X 2. 현역병으로의 입영처분을 받은 자가 자진입대한 경우, 입영처분의 취소를 구할 소의 이익 X 3. (절차적 요건 중 하나에 불과한) 조합설립결의·총회 결의부분만을 따로 떼어내어 효력 유무를 다투는 확인의 소는 소의 이익 X 4. 이전고시가 효력이 발생한 후에는 관리처분계획의 취소를 구할 소의 이익 X 5. 환지처분이 공고되어 효력이 발생한 후에는 토지 소유자는 민법상의 불법행위로 인한 손해배상○ /환지확정처분의 일부에 대하여 취소를 구할 법률상 이익 X 6. (진급처분을 행하지 아니한 상태에서 예비역으로 편입하는 처분을 한 경우) 진급처분부작위를 이유로 예비역편입처분의 취소를 구할 소의 이익 X 7. (경원자관계에 있어서) 명백한 법적 장애로 인하여 원고 자신의 신청이 인용될 가능성이 처음부터 배제되어 있는 경우, 거부처분의 취소를 구할 소의 이익 X

50) 피고적격

피고적격
1. 합의제 행정청 : 합의제 행정청(단, 중앙노동위원회는 위원장)
2. 처분청과 통지한 자가 다른 경우 : 처분청
3. 처분적 조례 : 지방자치단체장(교육감)
4. 지방의회 의원 징계 등 : 지방의회
5. 대통령 : 소속장관
6. 대법원장 : 법원행정처장
7. 국회의장 : 국회사무총장
8. 헌법재판소장 : 헌법재판소사무처장
9. 위임·위탁 : 수임청·수탁청
10. 내부위임 : 위임청(수임청 명의로 한 경우 - 수임청)
11. 대리 : 피대리청(대리청 명의로 한 경우 - 대리청)
12. 처분 후 권한승계 : 승계한 행정청
13. 처분 후 처분청이 없어진 경우 : 사무가 귀속되는 국가 또는 공공단체

합의제 행정청이 피고인 경우	합의제 행정청의 장이 피고인 경우
1. 중앙토지수용위원회 2. 감사원 3. 공정거래위원회 4. 배상심의회 5. 토지수용위원회 6. 행정심판위원회 7. 저작권심의조정위원회	1. 중앙노동위원회위원장 2. 중앙해양심판원장 3. 시·도 인사위원회 위원장

51) 필요적 전치주의의 예외

심판제기는 하되 재결을 요하지 않는 경우	심판제기조차 할 필요가 없는 경우
1. 행정심판청구가 있는 날로부터 60일이 지나도 재결이 없는 때 2. 처분의 집행 또는 절차의 속행으로 생길 중대한 손해를 예방하여야 할 긴급한 필요가 있는 때 3. 법령의 규정에 의한 행정심판기관이 의결 또는 재결을 하지 못할 사유가 있는 때 4. 그 밖의 정당한 사유가 있는 때	1. 동종사건에 관하여 이미 행정심판의 기각재결이 있은 때 2. 서로 내용상 관련되는 처분 또는 같은 목적을 위하여 단계적으로 진행되는 처분 중 어느 하나가 이미 행정심판의 재결을 거친 때 3. 행정청이 사실심의 변론종결 후 소송의 대상인 처분을 변경하여 당해 변경된 처분에 관하여 소를 제기하는 때 4. 처분을 행한 행정청이 행정심판을 거칠 필요가 없다고 잘못 알린 때

52) 하자치유/처분변경으로 인한 소변경/처분사유 추가·변경

구분	하자치유	처분변경으로 인한 소변경	처분사유 추가·변경
개념	절차·형식(내용 X)	행정청이 소송 중 처분변경	실체적 적법성 확보
시기	쟁송제기 전	사실심 변론종결시	사실심 변론종결시
조문	X	O	X
특징	예외적으로 인정	원고의 신청, 안 날 60일	기본적 사실관계 동일성
조문	조문X	조문O	조문X

53) 처분사유의 추가·변경 인정여부

처분사유의 추가·변경X 기본적 사실관계의 동일성X	1. 금융위위원장의 정보비공개결정에 대해서 대법원에서 진행 중인 재판에 관련된 정보 　≠ (별개사건인) 서울중앙지방법원에서 진행 중인 재판에 관련된 정보 2. 석유판매업허가신청거부에 대해서 관할 군부대장 동의X 　≠ 탄약창 근접지점(공익) 3. 시세완납증명발급거부처분취소에 대해서 중기취득세의 체납 　≠ 자동차세의 체납 4. LPG충전소허가신청반려에 대해서 전주이씨제각 소유주의 미동의 　≠ 낭떠러지에 접한 S자 커브의 언덕길 * 제각 : 무덤 근처에 제사하려고 지은 집 5. 이주대책대상자 선정신청거부에 대해서 사업지구 내 가옥소유자X 　≠ 이주대책 신청·실시기간 도과 6. 온천발견신고수리거부에 대해서 규정온도 미달 　≠ 온천으로서의 이용가치↓, 기존의 도시계획 및 공공사업 지장 7. 의료보험요양기관 지정취소처분에 대해서 본인부담금 수납대장 비치X 　≠ 장관의 서류제출명령 위반 8. 입찰참가자격제한에 있어서 정당한 이유 없는 계약의 불이행 　≠ 계약이행관련 관계공무원에게 뇌물 제공 9. 위탁대상자 선정에 있어서 토지사용에 있어 관계법령상 제한 　≠ 주민동의서 미제출 10. 징계사유에 있어서 정화구역 외인 것처럼 허위표시/(정화위원회의) 심의를 면제하여 한 허가처분 　≠ 당구장허가처분서류 도면에 (상사의) 결제없이 거리표시 기입 11. 자동차매매업허가신청거부에 대해서 거리제한규정에 저촉 　≠ 최소 주차용지에 미달 12. 주류면허취소에 대해서 무자료 주류판매 및 위장거래 　≠ 무면허판매업자에게 주류판매 13. 정보공개거부에 대해서 정보공개법 제9조 제1항 제2호·4호·6호 사유 　≠ 정보공개법 제9조 제1항 제1호 사유 14. 토석채취허가신청반려에 대해서 주민동의서 미제출 　≠ 자연경관의 훼손

	[구체적 사실의 변경 없이 근거법령만 추가·변경]
	1. 개인택시운송사업면허취소에 대해서 자동차운수사업법 제31조 제1항 제3호 ≒ 자동차운수사업법 제31조 및 시행규칙 제15조 2. 자동차운송사업면허취소처분에 대해서 구 여객자동차운수사업법 제76조 제1항 단서 중 제8호 (위헌결정O) ≒ 구 여객자동차운수사업법 제76조 제1항 본문 및 제8호 (위헌결정X) 3. 자동차운송사업면허취소에 대해서 명의유용금지 위반 ≒ 직영운영의 면허조건 위반 4. 정보공개거부에 대해서 검찰보존사무규칙 제20조 신청권자에 해당X ≒ 정보공개법 제7조 제1항 제6호
	[당초 처분사유의 구체화]
처분사유의추 가·변경O	1. 산림형질변경불허가에 대해서 준농림지역에서 행위제한사항 ≒ 대규모 전원주택 부지조성사업으로서 위법 2. 액화석유가스판매사업허가거부에 대해서 관계법 및 부산시 고시 동래구 허가기준상 부적합 ≒ 이격거리 기준위배
기본적 사실관계의 동일성O	**[그 외]**
	1. 과세처분을 위한 소득원천의 파악에 있어서 이자소득 ≒ 대금업에 의한 사업소득 2. 부정당업자제재처분에 대해서 담합주도 또는 담합하여 입찰방해 ≒ 특정인의 낙찰을 위하여 담합한 자 3. 법인세부과에 대해서 구 법인세법 시행령상 소득금액지급 의제처분 ≒ (의제처분과) 같은 소득금액이 대표이사나 출자자에게 현실적 소득으로 귀속 4. 석유판매업불허가에 대해서 도시계획법 4조 및 토지형질변경허가규칙상 행위제한 추진 ≒ 토지형질변경허가의 요건X / 도심 환경보전의 공익상 필요 5. 정기간행물등록신청거부에 대해서 발행주체가 불법단체 ≒ 정기간행물등록법상 첨부서류 미제출 6. 토지형질변경불허가에 대해서 국립공원에 인접한 미개발지의 합리적인 이용대책 수립시까지 허가유보 ≒ 국립공원 주변의 환경·풍치·미관을 크게 손상시킬 우려 7. 폐기물처리사업계획 부적정통보에 대해서 인근에 피해가 예상되어 농지전용 불가능 ≒ 인근에 피해가 예상되어 폐기물처리시설부지로 부적합

54) 긴급한 필요 인정여부 … 회복하기 어려운 손해발생의 가능성과 연계하여 판단

긴급한필요 인정 집행정지O 효력정지O	1. 변호인과의 접견이 어려워지는 미결수용자의 이송처분에 대한 집행정지신청 2. 시내버스운송사업계획변경인가처분에 대한 기존 운송업자의 집행정지신청 3. 약제 및 치료재료의 산정기준 등에 관한 보건복지부 고시에 대한 제약회사의 집행정지신청 4. (외부자금의) 신규차입이 중단된 상황에서 285억원 규모의 과징금부과처분에 대한 사업자의 집행정지신청 5. 현역병입영처분에 대한 집행정지신청
긴급한필요 부정 집행정지X 효력정지X	1. (甲주식회사의 신청으로 2G PCS 사업폐지 승인처분을 한 경우) 甲회사와 이용계약을 체결하여 2G 이동통신 서비스를 이용하던 乙 등이 한 효력정지신청 2. 기납부세액의 조기환급을 이유로 한 과세처분에 대한 집행정지신청 3. 국토교통부 등에서 발표한 '4대강 살리기 마스터플랜'에 따른 '한강 살리기 사업' 구간 인근에 거주하는 주민들이 한 각 공구별 사업실시계획승인처분에 대한 효력정지신청 4. 시공중인 공사중단과 (그에 따른) 손해배상 부담 및 새로운 공사수주 불가한 건설업 면허취소처분에 대한 집행정지신청 5. 전재산인 1억 5천만원을 투자한 일반음식점의 영업허가취소처분에 대한 집행정지신청 6. 유흥접객영업허가의 취소처분으로 5000여만원의 시설비를 회수하지 못하게 되는 손해 7. '4대강 살리기' 사업실시계획승인처분으로 유기농업 등 농사를 지을 수 없게 되는 손해

55) 일부인용(일부취소) 인정 VS 부정

일부취소
인정
	1. 공정거래위원회의 여러 개의 위반행위에 대한 외형상 하나의 과징금납부명령 (여러 개의 위반행위 중 일부 위반행위에 대한 과징금 부과만이 위법하고 그 과징금액 신청이 가능하면 그 부분만 취소 가능)
	2. 공정거래위원회의 법위반사실공표명령 (광고행위와 표시행위 중 표시행위에 대한 법위반사실이 없다면 법원은 그 부분(표시행위)에 대한 공표명령만 취소 가능)
	3. 여러 개의 상이에 대한 국가유공자요건비해당처분에 대한 취소소송에서 일부 상이에 대한 국가유공자요건이 인정되는 경우 (그 상이만) 비해당처분 일부취소 인정
	4. 법원이 과세처분(기속행위)의 정당한 세액을 산출할 수 있는 경우 일부취소 인정
	5. (금전부과처분에 있어서) 사실심 변론종결 시까지 제출된 자료로 정당한 부과금액이 산출되는 경우 정당한 부과금액을 초과하는 부분만 취소 가능
	6. (정보공개거부처분에 대해서) 공개청구의 취지에 어긋나지 않는 범위 안에서
	  ㉠ 나머지 정보만을 공개하는 것이 가능하고
	  ㉡ 나머지 정보만으로 공개의 가치가 있는 경우 부분공개 허용

일부취소
부정
	1. 공정거래위원회의 과징금납부명령
	2. 자동차운수사업면허조건을 위반한 사업자에 대한 과징금부과처분이 법정 최고한도액을 초과하여 위법한 경우 전부취소
	3. 명의신탁자에 대한 과징금부과처분이 재량권을 일탈·남용하여 위법한 경우 전부취소
	  * 명의신탁자에 대한 과징금부과처분은 기속행위
	    (단, 과징금 감경사유가 있으면 과징금 감경여부는 재량행위)
	4. (영업정지기간 산정이 행정청의 재량권에 속하는 사항일 때) 영업정지처분이 적정한 영업정지기간을 초과하여서 위법한 경우 전부취소

56) 사정판결 인정유무

사정판결 인정 (원고 패소)	1. 재개발조합설립 및 사업시행 인가처분이 처분시 법정요건인 소유자 3분의 2이상의 동의가 없어서 위법했으나, 그 후 90%이상의 소유자가 속행을 바라고 있는 경우 2. 전남대에 대한 로스쿨예비인가처분
사정판결 부정 (원고 승소)	1. 관리처분계획의 수정을 위한 재결의가 시간과 비용이 많이 소요된다는 사정 2. (검사의 징계면직취소소송에 있어서) 징계면직된 검사의 복직이 검찰조직의 안정과 인화를 저해할 우려가 있다는 사정 3. (면허대수 보충인가처분 취소소송에 있어서) 이미 면허받아 운행하고 있는 운송회사들의 손해 4. (폐기물처리업 불허가처분 취소소송에 있어서) 청소질서 파괴·책임행정 불가능

57) 빈출 당사자소송 VS 민사소송

당사자 소송	1. 공중보건의사 채용계약해지에 관한 소송 2. 구「토지보상법」상 주거이전비보상청구소송 3. 계약직공무원의 임면에 관한 소송 4. 광주광역시문화예술회관장의 단원위촉에 관한 소송 5. 서울특별시립무용단원 해촉에 관한 무효확인소송 6. 공무원·국공립학교학생·국가유공자의 신분·지위확인소송 7. 「광주민주화운동관련자보상에 관한 법률」상 관련자 및 유족들이 갖게 되는 보상에 관한 소송 8. (공유수면매립사업으로 인한) 관행어업권을 상실한 자의 보상금증감청구소송 9. 토지보상법 제85조 제2항의 보상금증감청구소송 10. 농지개량조합에 대한 직원지위확인소송 11. 납세의무부존재확인소송 12. 부가가치세 환급세액 지급청구 13. (법령개정으로 인한 퇴직연금 일부금액지급정지시) 퇴직연금지급청구소송 14. 퇴역연금을 받아오던 중 군인보수법 및 보수규정에 의해 금액이 변경된 경우 15. 명예퇴직한 법관의 (미지급된) 명예퇴직수당지급청구소송 16. 「석탄사업법」상 재해위로금지급청구소송 17. 「석탄사업법」상 석탄가격안정지원금청구소송 18. 사실상 교사업무를 담당한 공립유치원 교사의 수령지체된 보수지급청구소송 19. (사업시행자의 환매권자에 대한) 환매가격증감청구소송 20. (사업시행계약안의 인가가 이루어지기 전) 사업시행계획안 총회결의의 효력을 다투는 소송 21. (주택재건축정비사업조합의) 관리처분계획안 총회결의의 효력을 다투는 소송 22. (영관)생계보조기금권리자확인소송 23. 지방소방공무원의 초과근무수당지급청구소송 24. 중앙관서의 장의 보조금 반환청구 25. 재개발조합원의 자격확인소송 26. 총사업비를 관리청이 부당 산정한 경우 비관리청의 권리범위확인소송 27. (KBS의 위탁을 받은) 한국전력공사의 방송수신료통합징수권한확인소송 28. 하천구역 편입토지에 대한 손실보상청구소송 29. (사업주가 당연가입자가 되는 고용보험 및 산재보험에서) 보험료 납입의무 부존재확인의 소
민사소송	1. 국가배상청구소송 2. 공법상 부당이익반환청구소송 3. 조세과오납부액의 환급청구 4. (결과제거청구로서) 물건반환·방해제거·정정보도 청구 5. 국유 일반재산(잡종재산)의 대부료 납부에 관한 소송 6. 재개발조합 조합장과 조합임원이 선임·해임을 다투는 소송 　(재개발조합 조합장(조합임원)의 지위를 다투는 소송) 7. 종합유선방송위원회 사무국 직원들의 임금퇴직금 지급청구 8. 토지의 협의취득시 보상금청구소송 9. 환매권의 존부에 관한 확인을 구하는 소송 및 환매금액의 증감을 구하는 소송

[중요지문 행정법통론1]

1. 실질적 의미의 입법에 속하는 행정입법 또는 실질적 의미의 사법에 속하는 행정심판은 행정법의 대상이지만 실질적 의미의 행정에 속하는 사법행정이나 입법행정은 행정법의 대상이 아니다.

2. 처분적 법률이란 집행행위의 매개 없이 직접 적용되는 법률이며, 형식적 의미의 법률에 해당하지만, 내용(실질)은 처분의 성격을 가진다.

3. 행정은 사회형성작용, 공익실현작용, 적극적 미래지향적 형성작용 등에 해당한다.

4. 서훈취소는 대통령이 국가원수로서 행하는 행위이지만 통치행위는 아니다.

5. 법우위의 원칙에서 법은 형식적 법률뿐 아니라 법규명령과 관습법 등을 포함하는 넓은 의미의 법이다.

6. 법률우위의 원칙은 행정의 모든 영역에 적용된다.

7. 법령의 규정보다 더 침익적인 조례는 법률우위의 원칙에 위반되어 위법하며 무효이다.

8. 법률우위의 원칙이란 국가의 행정은 합헌적 절차에 따라 제정된 법률에 위반되어서는 아니된다는 것을 의미한다.

9. 법률우위원칙에서의 '법률'에는 헌법·법률·법규명령 그리고 관습법과 같은 불문법이 포함되나, 원칙적으로 행정규칙은 포함되지 않는다. 법률유보의 원칙에서의 '법률'에는 국회가 제정한 형식적 의미의 법률은 물론 법률의 위임을 받은 법규명령도 포함되나, 행정규칙과 불문법원인 관습법은 포함되지 않는다.

10. 법률유보의 원칙에 반하는 행정작용은 위법하다.

11. (토지 등 소유자가 도시환경정비사업을 시행하는 경우) 토지 등 소유자의 동의요건 : 법률이 직접 규정 VS (조합이 도시환경정비사업을 시행하는 경우) 토지 등 소유자의 동의요건 : 비본질적 사항

12. 납세의무자에게 조세의 납부의무뿐만 아니라 스스로 과세표준과 세액을 계산하여 신고하여야 하는 의무까지 부과하는 경우에는 신고의무불이행에 따른 불이익의 내용을 법률로 정하여야 한다.

13. 공공기관의 운영에 관한 법률에서 입찰참가자격 제한 대상을 '공정한 경쟁이나 계약의 적정한 이행을 해칠 것이 명백하다고 판단되는 사람·법인 또는 단체 등'으로 규정하면서 해당 부령에 '입찰참가자격의 제한기준 등에 관하여 필요한 사항'을 위임한 경우, 해당 부령에서 '입찰참가자격을 제한받은 자가 법인이나 단체인 경우에는 그 대표자'에 대하여도 입찰참가자격 제한을 할 수 있도록 규정하였다면 이는 위임입법의 한계를 벗어난 것이다.

14. 지방의회의원에 대하여 유급보좌인력을 두는 것은 지방의회의원의 신분·지위 및 그 처우에 관한 현행 법령상의 제도에 중대한 변경을 초래하는 것으로서, 이는 국회의 법률로써 규정하여야 할 입법사항이다.

15. 오늘날 법률유보원칙은 단순히 행정작용이 법률에 근거를 두기만 하면 충분한 것이 아니라, 국가공동체와 그 구성원에게 기본적이고도 중요한 의미를 갖는 영역, 특히 국민의 기본권실현과 관련된 영역에 있어서는 국민의 대표자인 입법자가 스스로 결정하여야 한다는 요구까지 내포하고 있다.

16. 국회가 형식적 법률로 직접 규율하여야 하는 필요성은 규율대상이 기본권 및 기본적 의무와 관련된 중요성을 가질수록, 그에 관한 공개적 토론의 필요성 또는 상충하는 이익 사이의 조정 필요성이 클수록 더 증대된다.

17. 법률유보의 적용범위는 행정의 복잡화와 다기화, 재량행위의 확대에 따라 과거에 비해 점차 확대되고 있다.

18. 헌법재판소는 법률에 근거를 두면서 헌법 제75조가 요구하는 위임의 구체성과 명확성을 구비하는 경우에는 위임입법에 의하여도 기본권을 제한할 수 있다고 한다.

19. 기본권제한의 형식이 반드시 법률의 형식일 필요는 없다.

20. 법률유보의 원칙은 '법률에 의한 규율'만을 요청하는 것이 아니라 '법률에 근거한 규율'을 요청하는 것이다.

21. 헌법재판소 결정에 따를 때 기본권 제한에 관한 법률유보원칙은 법률에 근거한 규율을 요청하는 것이므로 그 형식이 반드시 법률일 필요는 없더라도 법률상의 근거는 있어야 한다.

22. 헌법에서 채택하고 있는 조세법률주의의 원칙은 과세요건과 징수절차에 관한 사항을 명령·규칙 등 하위법령에 구체적·개별적으로 위임하여 규정할 수 없는 것은 아니다.

23. 법률유보원칙에서 요구되는 법적 근거는 작용법적 근거를 의미하며, 조직법적 근거는 모든 행정권 행사에 있어서 당연히 요구된다.

24. 침익적 행정처분의 근거가 되는 행정법규는 엄격하게 해석·적용하여야 하고 행정처분의 상대방에게 불리한 방향으로 지나치게 확장해석하거나 유추해석 하여서는 아니 된다.

25. 행정상 즉시강제는 전형적인 침해행정의 일종이므로 엄격한 실정법적 근거가 필요하다.

26. 헌법재판소는 법률이 공법적 단체 등의 정관에 자치법적 사항을 위임하는 경우에도 국민의 권리·의무에 관련되는 것일 경우에는 의회유보원칙이 적용된다고 본다. (법률이 공법적 단체 등의 정관에 자치법적 사항을 위임한 경우에는 헌법 제75조가 정하는 포괄적인 위임입법의 금지는 원칙적으로 적용되지 않지만, 그 사항이 국민의 권리·의무에 관련되는 것일 경우에는 적어도 국민의 권리·의무에 관한 기본적이고 본질적인 사항은 국회가 정하여야 한다.)

27. 여러 종류의 가산세를 함께 부과하면서, 납세고지서에 산출근거는 물론 종류조차도 따로 밝히지 않고 단지 가산세의 합계액만을 기재하고는, 납세의무자가 스스로 세법 규정을 잘 살펴보면 무슨 가산세가 부과된 것이고 산출근거가 어떻게 되는지를 알아낼 수 있다고 하는 것으로 그 기재의 흠결을 정당화할 수는 없다.

28. 개인택시운송사업자의 운전면허가 아직 취소되지 않았다면 운전면허 취소사유가 있더라도 행정청은 (명문 규정이 없으므로) 개인택시운송사업면허를 취소할 수 없다.

29. 예산은 일종의 법규범이고 법률과 마찬가지로 국회의 의결을 거쳐 제정되지만 법률과 달리 국가기관만을 구속할 뿐 일반국민을 구속하지 않는다.

30. 행정규칙이 법규성을 가지는 경우에는 법원성을 인정할 수 있다.

31. 대통령의 긴급명령 및 긴급재정·경제명령은 행정법의 법원이 된다.

32. 성문법원에는 헌법도 포함되므로, 헌법상의 (추상적인 기본권 등) 규정들은 행정법의 법원이 된다.

33. 국제법규도 행정법의 법원이지만, 사인이 제기한 취소소송에서 WTO협정과 같은 국제협정 위반을 독립된 취소사유로 주장할 수는 없다.

34. 학교급식을 위해 국내 우수농산물을 사용하는 자에게 식재료나 구입비의 일부를 지원하는 것 등을 내용으로 하는 지방자치단체의 조례안이 '1994년 관세 및 무역에 관한 일반협정'을 위반하여 위법한 이상, 그 조례안은 효력이 없다. (지방자치단체가 제정한 조례가 헌법에 의하여 체결·공포된 조약에 위반되는 경우 그 조례는 효력이 없다.)

35. 국가가 국민의 생명·신체의 안전에 대한 보호의무를 다하지 않았는지 여부를 헌법재판소가 심사할 때에는 국가가 이를 보호하기 위하여 적어도 적절하고 효율적인 최소한의 보호조치를 취하였는가 하는 '과소보호 금지원칙'의 위반 여부를 기준으로 삼는다.

36. 법률조항에 대하여 헌법재판소가 헌법불합치결정을 하여 그 법률조항을 합헌적으로 개정 또는 폐지하는 임무를 입법자의 형성 재량에 맡긴 이상, 그 개선입법의 소급적용 여부와 소급적용의 범위는 원칙적으로 입법자의 재량에 달려 있다.

37. 행정소송에 관하여 「행정소송법」에 특별한 규정이 없는 사항에 대하여는 「법원조직법」과 「민사소송법」 및 「민사집행법」의 규정을 준용한다.

38. 관습법이 성문법을 개폐하는 효력이 없다고 보는 보충적 효력설(다수설, 판례)과 개폐하는 효력을 가진다고 보는 변경적 효력설의 대립이 있다.

39. 비례의 원칙은 법치국가원리에서 당연히 파생되는 헌법상의 기본원리이다.

40. 비례의 원칙(과잉금지의 원칙)은 행정뿐만 아니라 입법에도 적용된다.

41. 원고가 단지 1회 훈령에 위반하여 요정출입을 하다가 적발된 정도라면, 면직처분보다 가벼운 징계처분으로서도 능히 위 훈령의 목적을 달성할 수 있다고 볼 수 있는 점에서 이 사건 파면처분은 이른바 비례의 원칙에 어긋난 것으로 위법하다고 판시하였다.

42. 사법시험 제2차 시험에 과락제도를 적용하고 있는 (구)사법시험령 제15조 제2항은 비례의 원칙, 과잉금지의 원칙, 평등의 원칙에 위반되지 않는다고 판시하였다.

43. 청소년유해매체물로 결정·고시된 만화인 사실을 모르고 있던 도서대여업자가 그 고시일로부터 8일 후에 청소년에게 그 만화를 대여한 것을 사유로 그 도서대여업자에게 금 700만원의 과징금이 부과된 경우, 그 과징금부과처분은 재량권을 일탈·남용한 것으로서 위법하다고 판시하였다.

44. 사회복지사업법 제40조 제1항 제4호에 의하면 후원금의 용도 외 사용에 대하여는 개선명령 등 침익적 처분을 할 수 있고, 같은 법 제54조 제5호에 의하면 이러한 개선명령 등을 받은 자가 이를 이행하지 아니하면 형사처벌까지 받게 되므로, 용도 외 사용에 관한 규정은 엄격하게 해석하여야 하고, 상대방에게 불리한 방향으로 확장해석 하여서는 아니 된다.

45. 음주운전으로 인해 운전면허를 취소하는 경우, 이익형량을 할 때 음주운전으로 인한 교통사고를 방지할 공익상의 필요가 취소의 상대방이 입게 될 불이익보다 강조되어야 한다.

[중요지문 행정법통론2]

1. 「행정절차법」과 「국세기본법」에서는 법령 등의 해석 또는 행정청의 관행이 일반적으로 국민에게 받아들여졌을 때와 관련하여 신뢰보호의 원칙을 규정하고 있다.

2. 국민이 가지는 모든 기대 내지 신뢰가 헌법상 권리로서 보호될 것은 아니고, 보호 여부는 기존의 제도를 신뢰한 자의 신뢰를 보호할 필요성과 새로운 제도를 통해 달성하려고 하는 공익을 비교·형량하여 판단하여야 한다.

3. 신뢰가 보호할 만한 것인가는 정당한 이익형량에 의한다. 사후에 선행조치가 변경될 것을 사인이 예상하였거나 중대한 과실로 알지 못한 경우 또는 사인의 사위나 사실은폐 등이 있는 경우에는 보호가치가 있는 신뢰라고 보기 어렵다.

4. (신뢰보호의 원칙이 적용되기 위하여는) 행정청이 개인에 대하여 신뢰의 대상이 되는 공적인 견해표명을 하여야 한다.

5. 행정청의 공적 견해표명이 있었는지 여부를 판단하는 데 있어 반드시 행정조직상의 형식적인 권한 분장에 구애될 것은 아니고 담당자의 조직상의 지위와 임무, 당해 언동을 하게 된 구체적인 경위 및 그에 대한 상대방의 신뢰가능성에 비추어 실질에 의하여 판단하여야 한다.

6. 신뢰의 대상이 되는 선행조치는 법령제정·행정계획·행정행위·확약·합의·행정지도·행정계약 등이 포함될 수 있다.

7. 신뢰보호의 원칙이 적용되기 위한 요건인 행정권의 행사에 관하여 신뢰를 주는 선행조치가 되기 위해서는 반드시 처분청 자신의 적극적인 언동이 있어야만 하는 것은 아니다. (선행조치는 적법행위/위법행위, 명시적/묵시적, 법률행위/사실행위 등 모든 조치를 포함하지만 무효행위는 그 자체가 무효이기 때문에 해당되지 않는다.)

8. 위법한 행정관행에 대해서도 신뢰보호의 원칙이 적용될 수 있다.

9. 국세기본법에 따른 비과세관행의 성립요건인 공적견해나 의사의 묵시적 표시가 있다고 하기 위해서는 과세관청이 상당기간의 불과세 상태에 대하여 과세하지 않겠다는 의사표시를 한 것으로 볼 수 있는 사정이 있어야 한다.

10. 확약 또는 공적인 의사표명이 있은 후에 사실적·법률적 상태가 변경되었다면, 그와 같은 확약 또는 공적인 의사표명은 행정청의 별다른 의사표시를 기다리지 않고 실효된다.

11. 행정청이 상대방에게 장차 어떤 처분을 하겠다고 공적인 의사표명을 하면서 상대방에게 언제까지 처분의 발령을 신청하도록 유효기간을 둔 경우, 그 기간 내에 상대방의 신청이 없었다면 그 공적인 의사표명은 행정청의 별다른 의사표시를 기다리지 않고 실효된다.

12. 과세관청이 질의회신 등을 통하여 어떤 견해를 대외적으로 표명하였더라도 그것이 중요한 사실관계와 법적인 쟁점을 제대로 드러내지 아니한 채 질의한 데 따른 것이라면, 공적인 견해표명에 의하여 정당한 기대를 가지게 할 만한 신뢰가 부여된 경우로 볼 수 없다.

13. 상대방이 신뢰를 얻는 과정에서 귀책사유(부정행위 등)가 없어야 한다.

14. 신뢰보호의 원칙이 적용되기 위한 요건 중 귀책사유의 유무는 상대방과 그로부터 신청행위를 위임받은 수임인 등 관계자 모두를 기준으로 판단하여야 한다.

15. 건축주와 그로부터 건축설계를 위임받은 건축사가 관계 법령에서 정하고 있는 건축한계선의 제한이 있다는 사실을 간과한 채 건축설계를 하고 이를 토대로 건축물의 신축 및 증축허가를 받은 경우, 그 신축 및 증축허가가 정당하다고 신뢰한 데에는 귀책사유가 있다.

16. 수익적 행정처분의 하자가 당사자의 사실은폐나 기타 사위의 방법에 의한 신청행위에 기인한 것이라면, 당사자는 처분에 의한 이익을 위법하게 취득하였음을 알아 취소가능성도 예상하고 있었을 것이므로, 그 자신이 처분에 관한 신뢰이익을 원용할 수 없다.

17. 「개발이익환수에 관한 법률」에 정한 개발사업을 시행하기 전에, 행정청이 민원예비심사에 대하여 관련부서의견으로 '저촉사항 없음'이라고 기재하였다고 하더라도, 공적인 견해표명을 한 것이라고는 보기 어렵다.

18. 총무과 민원팀장(민원봉사 공무원)이 행한 민원봉사차원에서의 상담·안내는 공적인 견해표명(선행조치)이 아니다.

19. 행정청의 내부적 사무처리지침인 행정규칙의 공표는 공적인 견해표명(선행조치)이 아니다.

20. 관할관청이 폐기물처리업 사업계획에 대하여 적정통보를 한 것만으로 그 사업부지 토지에 대한 국토이용계획변경신청(토지형질변경허가신청)을 승인하여 주겠다는 취지의 공적인 견해표명을 한 것으로 볼 수 없다.

21. 폐기물처리업에 대하여 관할 관청의 사전 적정통보를 받고 막대한 비용을 들여 요건을 갖춘 다음 허가신청을 한 경우, 행정청이 청소업자의 난립으로 효율적인 청소업무의 수행에 지장이 있다는 이유로 불허가처분을 하였다면 신뢰보호의 원칙에 반한다.

22. 법령으로 확정되지 않은 입법예고만으로는 국가의 약속·신뢰부여(선행조치)라고 볼 수 없다.

23. 면허세의 근거법령이 제정되어 폐지될 때까지의 4년 동안 과세관청이 면허세를 부과할 수 있음을 알면서도 수출확대라는 공익상 필요에서 한 건도 부과한 일이 없었다면 비과세의 관행이 이루어졌다고 보아도 무방하다.

24. 헌법재판소는 행정청이 아니므로 헌법재판소의 위헌결정은 행정청의 공적인 견해표명이 아니다.

25. 당초 정구장시설을 설치한다는 도시계획결정을 하였다가 정구장 대신 청소년 수련시설을 설치한다는 도시계획 변경결정 및 지적승인을 한 경우 당초의 도시계획결정만으로는 도시계획사업의 시행자 지정을 받게 된다는 공적 견해를 표명했다고 할 수 없다.

26. (신뢰보호의 원칙이 적용되기 위하여는) 개인이 행정청의 견해표명을 신뢰하고 이에 상응하는 어떠한 행위를 하였어야 한다.

27. (신뢰보호의 원칙이 적용되기 위하여는) 행정청이 그 견해표명에 반하는 처분을 함으로써 견해표명을 신뢰한 개인의 이익이 침해되는 결과가 초래되어야 한다.

28. 행정의 법률적합성의 원칙과 신뢰보호의 원칙이 서로 대립되는 경우, 행정의 법률적합성의 원칙이 우선한다는 견해도 있다(행정의 법률적합성 우선설). 그러나 판례는 양자 모두 헌법상 법치국가원리에 근거를 둔 것으로서 헌법상 동가치적인 것이기 때문에 결국 두 원칙 중 우선하는 것은 (개별사항마다) 공익과 사익을 비교형량하여 결정해야 한다고 본다(동위설, 이익형량설).

29. 법원이 「질서위반행위규제법」에 따라서 하는 과태료 재판은 원칙적으로 행정소송에서와 같은 신뢰보호의 원칙 위반 여부가 문제되지 아니한다.

30. 법령 개폐에 있어서 신뢰보호원칙의 위반 여부는 한편으로는 침해받은 신뢰이익의 보호가치, 침해의 중한 정도, 신뢰침해의 방법 등과 다른 한편으로는 새 입법을 통해 실현코자 하는 공익목적을 종합적으로 비교형량하여 판단하여야 한다.

31. 숙박시설 건축허가 신청을 반려한 처분에 관해 학생들의 교육환경과 인근 주민들의 주거환경 보호라는 공익이 그 신청인이 잃게 되는 이익의 침해를 정당화할 수 있을 정도로 크므로, 위 반려처분은 신뢰보호의 원칙에 위배되지 않는다는 것이 판례의 태도이다.

32. 실권 또는 실효의 법리는 법의 일반원리인 신의성실의 원칙에 바탕을 둔 파생원칙인 것이므로 공법관계 가운데 관리관계는 물론이고 권력관계에도 적용된다.

33. 처분청이 착오로 행정서사업 허가처분을 한 후 20년이 다 되어서야 취소사유를 알고 행정서사업 허가를 취소한 경우, 그 허가취소처분은 실권의 법리에 저촉되는 것은 아니다.

34. 행정청이 공적인 견해에 반하는 행정처분을 함으로써 달성하려는 공익이 행정청의 공적 견해표명을 신뢰한 개인이 그 행정처분으로 인하여 입게 되는 이익의 침해를 정당화할 수 있을 정도로 강한 경우에는 그 행정처분은 위법하지 않다.

35. 신뢰보호원칙의 위반은 「국가배상법」상의 위법 개념을 충족시킨다.

36. (공무원 임용신청 당시 잘못 기재된 호적상 출생연월일을 생년월일로 기재하고, 임용 후 36년 동안 이의를 제기하지 않다가) 정년을 1년 3개월 앞두고 정정된 출생연월일을 기준으로 정년연장을 요구하는 것은 신의성실의 원칙에 반하지 않는다.

37. 국가가 임용결격사유가 있는 자에 대하여 결격사유가 있는 것을 알지 못하고 공무원으로 임용하였다가 나중에 결격사유가 있음을 발견하고 그 임용행위를 취소하는 경우 신의성실의 원칙을 적용할 수 없다.

38. 신뢰보호원칙에 위반하는 경우 그 행정행위는 위법하며, 판례는 이 경우 (중대명백설에 의하여) 취소사유로 볼 수도 있고 무효로 볼 수도 있다.

39. 평등원칙은 일체의 차별적 대우를 부정하는 절대적 평등을 의미하는 것이 아니라 입법과 법의 적용에 있어서 합리적인 근거가 없는 차별을 배제하는 상대적 평등을 뜻한다.

40. 같은 정도의 비위를 저지른 자들 사이에 있어서도 그 직무의 특성 등에 비추어 개전의 정이 있는지 여부에 따라 징계 종류의 선택과 양정에서 차별적으로 취급하는 것은 평등원칙에 반하지 아니한다.

41. (연구단지 내 녹지구역에) 주유소는 허용하면서 LPG충전소를 금지하는 시행령은 평등원칙 위반이 아니다.

42. 행정의 자기구속의 원칙은 법적으로 동일한 사실관계, 즉 동종의 사안에서 적용이 문제되는 것으로 주로 재량의 통제법리와 관련된다.

43. 헌법재판소는 평등의 원칙이나 신뢰보호의 원칙을 근거로 행정의 자기구속의 원칙을 인정하고 있다.

44. 재량권행사의 준칙인 행정규칙이 그 정한 바에 따라 되풀이 시행되어 행정관행이 이루어지게 되면 평등의 원칙이나 신뢰보호의 원칙에 따라 행정기관은 그 상대방에 대한 관계에서 그 규칙에 따라야 할 자기구속을 받게 된다.

45. 자기구속의 원칙이 인정되는 경우 행정관행과 다른 처분은 특별한 사정이 없는 한 위법하다.

46. 재량준칙이 공표된 것만으로는 행정의 자기구속의 원칙이 적용될 수 없고, 재량준칙이 되풀이 시행되어 행정관행이 성립한 경우에 행정의 자기구속의 원칙이 적용될 수 있다.

47. 행정의 자기구속의 원칙은 동일한 행정청(처분청)을 전제로 하기 때문에 다른 행정청(제3자 행정청)에 대해서는 적용할 수 없다.

48. 행정청이 위법한 행정작용을 반복적으로 행하였다 할지라도 위법하기 때문에 이 경우에는 자기구속의 원칙은 발생하지 않는다.

49. 행정청이 조합설립추진위원회의 설립승인 심사에서 위법한 행정처분을 한 선례가 있다고 하여 그러한 기준을 따라야 할 의무가 없다.

50. 행정주체가 행정작용을 함에 있어서 상대방에게 이와 실질적 관련이 없는 의무를 부과하거나 그 이행을 강제하여서는 아니 된다.

51. 지방자치단체장이 사업자에게 주택사업계획승인을 하면서 그 주택사업과는 아무런 관련이 없는 토지를 기부채납하도록 하는 부관을 주택사업계획승인에 붙인 경우, 그 부관은 부당결부금지의 원칙에 위반되어 위법하다.

52. 헌법개정·법률·조약·대통령령·총리령 및 부령의 공포는 관보에 게재함으로써 한다.

53. 「국회법」에 따라 하는 국회의장의 법률 공포는 서울특별시에서 발행되는 둘 이상의 일간신문에 게재함으로써 한다.

54. **법령 등 공포에 관한 법률 제11조 (공포 및 공고의 절차)**
    제4항 관보의 내용 해석 및 적용 시기 등에 대하여 종이관보와 전자관보는 동일한 효력을 가진다.

55. 법령의 공포일은 해당 법령을 게재한 관보 또는 신문이 발행된 날로 한다.

56. 국민의 권리 제한 또는 의무 부과와 직접 관련되는 법률, 대통령령, 총리령 및 부령은 긴급히 시행하여야 할 특별한 사유가 있는 경우를 제외하고는 공포일부터 적어도 30일이 경과한 날부터 시행되도록 하여야 한다.

57. 진정소급입법이라 하더라도 예외적으로 국민이 소급입법을 예상할 수 있었거나 신뢰보호의 요청에 우선하는 심히 중대한 공익상의 사유가 소급입법을 정당화하는 경우 등에는 허용될 수 있다.

58. 개정 법령이 기존의 사실 또는 법률관계를 적용대상으로 하면서 종전보다 불리한 법률효과를 규정하고 있는 경우에도 그러한 사실 또는 법률관계가 개정 법률이 시행되기 이전에 이미 종결된 것이 아니라면 이를 헌법상 금지되는 소급입법이라고 할 수는 없다.

59. 법령불소급의 원칙은 법령의 효력발생 전에 완성된 요건사실에 대하여 당해법령을 적용할 수 없다는 의미일 뿐, 계속 중인 사실이나 그 이후에 발생한 요건사실에 대한 법령적용까지를 제한하는 것은 아니다.

60. 수강신청 후에 징계요건을 완화하는 학칙개정이 이루어지고 이어 시험이 실시되어 그 개정학칙에 따라 대학이 성적불량을 이유로 학생에 대하여 징계처분을 한 경우라면 이는 이른바 부진정소급효에 관한 것으로서 특별한 사정이 없는 한 위법이라고 할 수 없다.

61. 행정처분은 신청 후 그 근거 법령이 개정된 경우에도 경과규정에서 달리 정함이 없는 한 처분 당시 시행되는 개정 법령과 그에 정한 기준에 의하는 것이 원칙이다.

62. (법령의 개정으로) 허가나 신고 없이 개발제한구역 내 공작물 설치행위를 할 수 있게 되었더라도, 그 법령의 시행 전에 이미 범하여진 위법한 설치행위에 대한 가벌성(처분)은 소멸하지 않는다.

63. 구「유료도로법」에 따라 통행료를 징수할 수 없게 된 도로라 하더라도 신법에 따른 유료도로의 요건을 갖추었다면 그 시행 이후 그 도로를 통행하는 차량에 대하여 통행료를 부과하여도 헌법상 소급입법에 의한 재산권 침해금지 원칙에 반한다고 볼 수 없다.

64. 개정 법령의 적용과 관련하여서는 개정 전 법령의 존속에 대한 국민의 신뢰가 개정 법령의 적용에 관한 공익상 요구보다 더 보호가치가 있다고 인정되는 경우에 그러한 국민의 신뢰를 보호하기 위하여 그 적용이 제한될 여지가 있다.

65. 진정소급효·부진정소급효 모두 신뢰보호의 원칙이 적용될 수 있다.

66. 공법과 사법의 구별기준에 대한 판례는 관계 법령을 1차적 기준으로 보고, 종합적으로 법률관계의 목적과 성질 등 여러가지 사정을 고려하여 사안마다 개별적으로 판단하는 입장이다. (공법과 사법의 구별기준에 대한 주체설은 국가나 지방자치단체 등의 행정주체가 관련되는 법률관계를 공법관계로 보고 사인 간의 법률관계는 사법관계로 본다.) (공법과 사법의 구별기준에 대한 신주체설은 공권력의 담당자인 행정주체에 대해서만 권리·권한을 부여하거나 의무를 부과하는 법은 공법이고, 모든 권리주체에 권리를 부여하고 의무를 부과하는 법은 사법으로 본다.)

67. 국유재산 중 행정재산의 사용허가는 공법관계(특허)이나, 한국공항공단이 무상사용허가를 받은 행정재산에 대하여 하는 전대행위는 사법관계(임대차)이다.

68. 요청조달계약에 적용되는 구 국가를 당사자로 하는 계약에 관한 법률(이하 '국가계약법'이라 한다) 조항은 국가가 사경제 주체로서 국민과 대등한 관계에 있음을 전제로 한 사법관계에 관한 규정에 한정되고, 고권적 지위에서 국민에게 침익적 효과를 발생시키는 행정처분에 관한 규정까지 당연히 적용된다고 할 수 없다.

69. 「국가를 당사자로 하는 계약에 관한 법률」에 의하여 국가와 사인 간에 체결된 계약은 특별한 사정이 없는 한 사법상의 계약으로서 그 본질적인 내용은 사인 간의 계약과 다를 바가 없다.

70. 지방자치단체가 일방 당사자가 되는 이른바 '공공계약'이 사경제의 주체로서 상대방과 대등한 위치에서 체결하는 사법상 계약에 해당하는 경우 그에 관한 법령에 특별한 정함이 있는 경우를 제외하고는 사적 자치와 계약자유의 원칙 등 사법의 원리가 그대로 적용된다.

71. 지방자치단체가 계약의 적정한 이행을 위하여 계약상대방과의 계약에 근거하여 계약당사자 사이에 효력이 있는 계약특수조건 등을 부가하는 것이 금지되거나 제한된다고 할 이유는 없고, 사적 자치와 계약자유의 원칙상 관련 법령에 이를 금지하거나 제한하는 내용이 없는데도 그러한 계약 내용이나 조치의 효력을 함부로 부인할 것은 아니다.

72. 국가가 사인과 계약을 체결할 때에는 국가계약법령에 따른 계약서를 따로 작성하는 등 요건과 절차를 이행하여야 할 것이고, 설령 국가와 사인 사이에 계약이 체결되었더라도 이러한 국가계약법령상 요건과 절차를 거치지 아니한 계약은 효력이 없다.

73. 구 「정부투자기관 관리기본법」의 적용 대상인 정부투자기관이 일방 당사자가 되는 계약은 사법상의 계약으로서 그에 관한 법령에 특별한 정함이 있는 경우를 제외하고는 사적자치의 원칙이 그대로 적용된다.

74. 국유재산의 무단점유에 대한 변상금부과는 공법관계에 해당하나, 국유 일반재산의 대부행위는 사법관계에 해당한다.

75. 「국유재산법」상 변상금 부과·징수권이 민사상 부당이득반환청구권과 법적 성질을 달리하는 별개의 권리인 이상 한국자산관리공사가 변상금 부과·징수권을 행사하였다 하더라도 이로써 민사상 부당이득반환청구권의 소멸시효가 중단된다고 할 수 없다.

76. 국유 일반재산의 대부료 등의 징수에 관하여 국세징수법 규정을 준용한 간이하고 경제적인 특별 구제절차가 마련되어 있으므로, 특별한 사정이 없는 한 민사소송의 방법으로 대부료 등의 지급을 구하는 것은 허용되지 아니한다.

77. 한국자산관리공사가 국유재산 중 일반재산에 관하여 그 처분을 위임받아 매도하는 것은 행정청이 공권력의 주체라는 우월적 지위에서 행하는 공법상의 행정처분이 아니라 사경제 주체로서 행하는 사법상의 법률행위에 해당하여 헌법소원심판의 대상이 되는 공권력의 행사에 해당하지 않는다.

78. 「공익사업을 위한 토지 등의 취득 및 보상에 관한 법률」상 환매권의 존부에 관한 확인을 구하는 소송 및 환매금액의 증감을 구하는 소송은 민사소송이다.

79. 조달청장이 법령에 근거하여 입찰참가자격을 제한하는 것은 공법관계(처분)에 해당한다.

80. 「공공기관의 운영에 관한 법률」에 따른 입찰참가자격제한조치는 행정처분에 해당한다.

81. 입찰보증금의 국고귀속조치는 국가가 사법상의 재산권의 주체로서 행위하는 것이지, 공권력을 행사하는 것이거나 공권력작용과 일체성을 가진 것이 아니라 할 것이다. (입찰보증금의 국고귀속 조치는 사법상 행위이며 사법관계에 해당한다.)

82. 법무사가 사무원을 채용할 때 소속 지방법무사회로부터 승인을 받아야 할 의무는 공법상 의무이다.

83. 공유재산의 관리청이 행하는 행정재산의 사용·수익에 대한 허가는 강학상 특허(공법상 행위)에 해당한다.

84. 부당이득으로서의 과오납금 반환에 관한 법률관계는 단순한 민사관계(사법관계)에 불과하다.

85. 공익사업을 위한 토지 등의 취득 및 보상에 관한 법령에 의한 협의취득은 사법상의 법률행위이다.

86. 공무수탁사인이란 국가 또는 지방자치단체로부터 법령에 의하여 공적 임무를 위탁받은 사인을 말하고, 여기서 사인이라 함은 자연인은 물론이고 사법인 또는 법인격이 없는 단체를 포함하는 개념이다.

87. 공무수탁사인은 행정주체이면서 동시에 행정청의 지위를 갖는다.

88. 주차위반차량을 견인하는 민간사업자는 행정대행인 또는 행정보조인으로 공무수탁사인이 아니다.

89. 국가가 공무수탁사인의 공무수탁사무수행을 감독하는 경우 수탁사무수행의 합법성뿐만 아니라 합목적성까지도 감독할 수 있다.

90. 지방자치단체 등 공공단체도 사인에 대하여는 행정주체의 지위에 있지만, 국가와 다른 공공단체에 대하여는 행정객체로서의 지위를 갖는다.

91. 개인적 공권은 사권처럼 자유롭게 포기할 수 없는 것이 원칙이다.

92. 공무원연금수급권은 헌법 규정만으로는 이를 실현할 수 없고 그 수급요건, 수급권자의 범위 및 급여금액은 법률에 의하여 비로소 확정된다.

93. 하천점용권은 일종의 재산권으로서 처분청의 허가를 받아 양도할 수 있음이 원칙이다.

94. 행정행위·공법상 계약 등을 통해서 개인적 공권이 성립할 수 있다.

95. 개인적 공권으로서의 경찰권이 주민에 의한 자치경찰제의 도입까지 의미하는 것은 아니다.

96. 무하자재량행사청구권은 수익적 행정행위뿐만 아니라 부담적 행정행위에도 적용될 수 있다.

97. 재량권의 영으로의 수축이론은 개인적 공권을 확대하는 이론이다.

98. 개인의 신체, 생명 등 중요한 법익에 급박하고 현저한 침해의 우려가 있는 경우 재량권이 영으로 수축된다.

99. 「국회법」에서 기간을 계산함에 있어서는 초일을 산입한다.

100. 행정상 법률관계(공법관계+사법관계 모두) 금전채권의 소멸시효기간 : 5년(원칙)
공무원연금청구권 : 장기급여(원칙) 5년 / 단기급여(예외) 3년

101. 「관세법」상 납세자의 과오납금 또는 그 밖의 관세의 환급청구권은 그 권리를 행사할 수 있는 날부터 5년간 행사하지 아니하면 소멸시효가 완성된다.

102. 행정상 법률관계에서 시효의 중단이나 정지에 대하여 특별한 규정이 없으면 민법규정이 준용된다.

103. 공물(행정재산)은 원칙적으로 취득시효의 대상이 되지 않지만 국유재산 중 일반재산에 대해서는 취득시효가 인정된다.

104. 사무처리의 긴급성으로 인하여 해양경찰의 직접적인 지휘를 받아 보조로 방제작업을 한 경우, 사인은 그 사무를 처리하며 지출한 필요비 내지 유익비의 상환을 국가에 대하여 민사소송으로 청구할 수 있다.

105. 판례는 공법상 부당이득반환청구권은 사권(私權)에 해당되며, 그에 관한 소송은 민사소송절차에 따라야 한다고 보고 있다.

106. 과세처분의 하자가 단지 취소할 수 있는 정도에 불과할 때에는 과세관청이 이를 스스로 취소하거나 행정쟁송절차에 의하여 취소되지 않는 한 그로 인한 조세의 납부가 부당이득이 된다고 할 수 없다.

107. 법령상 이미 존재와 범위가 확정되어 있는 조세과오납부액은 납세자가 부당이득의 반환을 구하는 민사소송으로 환급을 청구할 수 있다.

108. 구 「지방재정법」에 의한 변상금부과처분이 당연무효인 경우, 이 변상금부과처분에 의하여 납부자가 납부한 오납금은 지방자치단체가 법률상 원인 없이 취득한 부당이득에 해당한다.

109. 변상금부과처분이 당연무효인 경우, 당해 변상금부과처분에 의하여 납부한 오납금에 대한 납부자의 부당이득반환청구권의 소멸시효는 납부 또는 징수시부터 진행한다.

110. 사인의 공법상 행위는 명문으로 금지되거나 성질상 불가능한 경우가 아닌 한 그에 따른 행정행위가 행하여질 때까지 자유로이 철회할 수 있다.

111. 사인의 공법행위에는 행위능력에 관한 민법의 규정이 원칙적으로 적용된다.

112. 현재 사인의 공법행위에 관한 전반적인 사항을 규율하는 일반법은 없다. 따라서 특별규정이 없는 한 민법규정이 유추적용 된다. 다만, (행정법관계의 특수성에 비추어) 「민법」상 비진의 의사표시 규정은 적용되지 않고, 원칙적으로 표시주의가 인정된다.

113. 행정청은 사인의 신청에 구비서류의 미비와 같은 흠이 있는 경우 신청인에게 보완을 요구하여야 하는바, 이때 보완의 대상이 되는 흠은 원칙상 형식적·절차적 요건뿐이지 실체적 발급요건상의 흠을 포함하지는 않는다.

114. 사인의 공법행위가 행정행위의 단순한 동기에 불과한 경우에는 그 하자는 행정행위의 효력에 아무런 영향을 미치지 않는다는 것이 일반적인 견해이다.

115. 신고는 사인이 행하는 공법행위로 행정기관의 행위가 아니지만 행정절차법 제40조에 자체완성적 신고에 관한 규정이 있다.

116. 「행정절차법」은 '법령 등에서 행정청에 일정한 사항을 통지함으로써 의무가 끝나는 신고'에 대하여 '그 밖에 법령 등에 규정된 형식상의 요건에 적합할 것'을 그 신고의무 이행요건의 하나로 정하고 있다.

117. 행정기본법 제34조에 해당하는 신고는 수리를 요하는 신고이다.

118. 「건축법」상 건축신고 반려행위는 항고소송의 대상이 되는 행정처분에 해당한다.

119. 예외적으로 대법원은 자체완성적 신고에 해당하는 건축신고의 반려행위 및 건축물 착공신고의 반려행위 그리고 원격평생교육신고의 반려행위에 대해서 처분성을 인정하였다.

120. 수리를 요하는 신고에서 행정청의 수리행위에 신고필증 교부의 행위가 반드시 필요한 것은 아니다.

121. 신고의 수리는 타인의 행위를 유효한 행위로 받아들이는 행정행위를 말하며, 강학상 준법률행위적 행정행위에 해당한다.

122. (갑은 영업허가를 받아 영업을 하던 중 자신의 영업을 을에게 양도하고자 을과 사업양도양수계약을 체결하고 관련법령에 따라 관할 행정청 A에게 지위승계신고를 하였다.) 갑과 을이 관련법령상 요건을 갖춘 적법한 신고를 하였더라도 A가 이를 수리하지 않았다면 지위승계의 효력이 발생하지 않는다.

123. 수리대상인 사업양도·양수가 존재하지 아니하거나 무효인 때에는 지위승계신고를 수리하였다 하더라도 그 수리는 유효한 대상이 없는 것으로서 당연히 무효이다.

124. 영업양도행위가 무효임에도 행정청이 승계신고를 수리하였다면 양도자는 민사쟁송이 아닌 행정소송으로 신고수리처분의 무효확인을 구할 수 있다.

125. 숙박업을 하고자 하는 자가 법령이 정하는 시설과 설비를 갖추고 행정청에 신고를 하면 행정청은 공중위생관리법령의 규정에 따라 원칙적으로 이를 수리하여야 하므로, 새로 숙박업을 하려는 자가 기존에 다른 사람이 숙박업 신고를 한 적이 있는 시설 등의 소유권 등 정당한 사용권한을 취득하여 법령에서 정한 요건을 갖추어 신고하였다면, 행정청으로서는 특별한 사정이 없는 한 이를 수리하여야 하고, 기존의 숙박업 신고가 외관상 남아있다는 이유로 이를 거부할 수 없다.

126. 「식품위생법」에 따른 식품접객업(일반음식점영업)의 영업신고의 요건을 갖춘 자라고 하더라도, 그 영업신고를 한 당해 건축물이 건축법 소정의 허가를 받지 아니한 무허가 건물이라면 적법한 신고를 할 수 없다.

127. 부동산 투기나 이주대책 요구 등을 방지할 목적으로 주민등록전입신고를 거부하는 것은 「주민등록법」의 입법 목적과 취지 등에 비추어 허용될 수 없다.

128. 정보통신매체를 이용하여 학습비를 받고 불특정 다수인에게 원격 평생교육을 실시하기 위해 구 「평생교육법」에서 정한 형식적 요건을 모두 갖추어 신고한 경우, 행정청은 신고대상이 된 교육이나 학습이 공익적 기준에 적합하지 않는다는 등의 실체적 사유를 들어 신고 수리를 거부할 수 없다.

129. 구 「관광진흥법」에 의한 지위승계신고를 수리하는 허가관청의 행위는 처분에 해당한다.

130. 「건축법」상 인·허가의제 효과를 수반하는 건축신고는 '수리를 요하는 신고'이다.

131. 「국토의 계획 및 이용에 관한 법률」상의 개발행위허가가 의제되는 건축신고는 특별한 사정이 없는 한 행정청이 그 실체적 요건에 관한 심사를 한 후 수리하여야 하는 이른바 '수리를 요하는 신고'로 보아야 한다.

132. 주민등록신고는 '수리를 요하는 신고'이다.

133. 구 「체육시설의 설치·이용에 관한 법률」의 규정에 따라 체육시설의 회원을 모집하고자 하는 자의 '회원모집계획서 제출'은 수리를 요하는 신고이며, 이에 대하여 회원모집계획을 승인하는 시·도지사 등의 검토결과 통보는 수리행위로서 행정처분에 해당한다.

134. 「유통산업발전법」상 대규모 점포의 개설 등록은 이른바 '수리를 요하는 신고'로서 행정처분에 해당한다.

135. 수산업법 제44조 소정의 어업의 신고는 행정청의 수리에 의하여 비로소 그 효과가 발생하는 수리를 요하는 신고이다.

136. 장기요양기관의 폐업신고 자체가 효력이 없음에도 행정청이 이를 수리한 경우, 그 수리행위는 당연무효이다.

137. 「의료법」에 따라 정신과의원을 개설하려는 자가 법령에 규정되어 있는 요건을 갖추어 개설신고를 한 경우 관할 시장·군수·구청장은 법령에서 정한 요건 이외의 사유를 들어 의원급 의료기관 개설신고의 수리를 거부할 수 없다.

138. 의료법시행규칙상 의원개설 신고서를 수리한 행정관청이 소정의 신고필증을 교부하도록 되어 있다 하여도 그와 같은 신고필증의 교부가 없더라도 개설신고의 효력은 인정된다.

139. 허가대상 건축물의 양수인이 건축법령에 규정되어 있는 형식적 요건을 갖추어 행정청에 적법하게 건축주 명의변경 신고를 한 경우, 행정청은 실체적인 이유를 들어 신고의 수리를 거부할 수 없다.

140. 「식품위생법」에 의한 영업양도에 따른 지위승계신고를 수리하는 허가관청의 행위는 단순히 양도·양수인 사이에 이미 발생한 사법상의 사업양도의 법률효과에 의하여 양수인이 그 영업을 승계하였다는 사실의 신고를 접수하는 행위에 그치는 것이 아니라, 영업허가자의 변경이라는 법률효과를 발생시키는 행위이다.

141. 사실상 영업이 양도·양수되었지만 승계신고 및 수리처분이 있기 전에 양도인이 허락한 양수인의 영업 중 발생한 위반행위에 대한 행정적 책임은 양도인에게 귀속된다.

142. 가설건축물 존치기간을 연장하려는 건축주 등이 법령에 규정되어 있는 제반 서류와 요건을 갖추어 행정청에 연장신고를 한 경우, 행정청으로서는 법령에서 요구하고 있지도 아니한 '대지사용승낙서' 등의 서류가 제출되지 아니하였거나, 대지소유권자의 사용승낙이 없다는 등의 사유를 들어 가설건축물 존치기간 연장신고의 수리를 거부하여서는 아니 된다.

143. 장기요양기관의 폐업신고와 노인의료복지시설의 폐지신고는 행정청이 그 신고를 수리하였다고 하더라도, 신고서 위조 등의 사유가 있어 신고행위 자체가 효력이 없다면, 그 수리행위는 유효한 대상이 없는 것으로서 (수리행위 자체에 중대·명백한 하자가 있는지를 따질 것도 없이) 당연히 무효이다.

[중요지문 행정입법]

1. 위법한 법규명령은 취소사유가 아니라 무효이다.

2. 대통령은 위임명령(법률에서 구체적으로 범위를 정하여 위임받은 사항)이나 집행명령(법집행을 위하여 필요한 사항)을 발할 수 있다. 국무총리나 행정각부의 장은 법령의 위임 또는 직권으로 총리령 및 부령을 발할 수 있다. (국무총리O / 국무총리 소속의 독립기관X)

3. 감사원규칙은 헌법상 근거조항은 없고 감사원법에 근거조항이 있다. 그러나 헌법상 규정된 행정입법(법규명령)은 예시에 불과하기 때문에, 감사원규칙도 법규명령으로 보는 것이 타당하다. 헌법재판소도 같은 입장이다.

4. 법령에서 행정처분의 요건 중 일부 사항을 부령으로 정할 것을 위임한 데 따라 시행규칙 등 부령에서 이를 정한 경우에 그 부령의 규정은 국민에 대해서도 구속력이 있는 법규명령에 해당한다.

5. 집행명령은 상위법령의 집행을 위해 필요한 사항을 규정한 것으로 법규명령에 해당하지만 법률의 수권 없이 제정할 수 있다.

6. 집행명령은 상위법령의 집행에 필요한 세칙을 정하는 범위 내에서만 가능하고 새로운 국민의 권리·의무를 정할 수 없다.

7. 하위 행정입법의 제정 없이 상위 법령의 규정만으로도 집행이 이루어질 수 있는 경우라면 하위 행정입법을 하여야 할 헌법적 작위의무는 인정되지 않는다.

8. 행정입법의 제정이 법률의 집행에 필수불가결한 경우로서 행정입법을 제정하지 아니하는 것이 곧 행정권에 의한 입법권 침해의 결과를 초래하는 경우, 행정권의 행정입법 등 법집행의무는 헌법적 의무라고 할 수 있다.

9. 상위법령을 시행하기 위하여 하위법령을 제정하거나 필요한 조치를 함에 있어서는 상당한 기간을 필요로 하며 합리적인 기간 내의 지체를 위헌적인 부작위로 볼 수 없다.

10. 일반적으로 법률의 위임에 따라 효력을 갖는 법규명령의 경우에 위임의 근거가 없어 무효였더라도 나중에 법 개정으로 위임의 근거가 부여되면 그때부터는 유효한 법규명령으로 볼 수 있다. (법규명령 제정 당시로 소급하여X / 그때부터는O)

11. 법률의 위임에 의하여 효력을 갖는 법규명령이 법 개정으로 위임의 근거가 없어지게 되면 그때부터는 무효인 법규명령이 된다.

12. 법규명령이 개정된 법률에 규정된 내용을 함부로 유추·확장하는 내용의 해석규정이어서 위임의 한계를 벗어난 것으로 인정될 경우에는 법규명령은 여전히 무효이다.

13. 상위법령에서 세부사항 등을 시행규칙으로 정하도록 위임하였음에도 이를 고시 등 행정규칙으로 정하였다면 대외적 구속력을 가지는 법규명령으로서 효력이 인정될 수 없다. (행정규칙으로서의 효력 가능)

14. 집행명령은 상위법령이 개정되더라도 개정법령과 성질상 모순·저촉되지 아니하고 개정된 상위법령의 시행에 필요한 사항을 규정하고 있는 이상, 개정법령의 시행을 위한 집행명령이 제정·발효될 때까지는 여전히 그 효력을 유지한다.

15. 군인의 복무에 관한 사항을 규율할 권한을 대통령령에 위임하는 경우에는 대통령령으로 규정될 내용 및 범위에 관한 기본적인 사항을 다소 광범위하게 위임하였다 하더라도 포괄위임금지원칙에 위배된다고 볼 수 없다.

16. 법률의 시행령이나 시행규칙은 법률에 의한 위임이 없으면 개인의 권리·의무에 관한 내용을 변경·보충하거나 법률이 규정하지 아니한 새로운 내용을 정할 수 없다.

17. 법률의 시행령이 형사처벌에 관한 사항을 규정하면서 법률의 명시적인 위임 범위를 벗어나 처벌의 대상을 확장하는 것은 죄형법정주의원칙에 어긋나는 것이므로, 그러한 시행령은 위임입법의 한계를 벗어난 것으로서 무효이다.

18. 형사처벌(형벌)에 관한 위임입법의 경우, 수권법률이 구성요건의 점에서는 처벌대상인 행위가 어떠한 것인지 이를 예측할 수 있을 정도로 구체적으로 정하고, 형벌의 점에서는 형벌의 종류 및 그 상한과 폭을 명확히 규정하는 것을 전제로 한다.

19. 침익적 행정작용의 근거가 되는 행정법규는 엄격하게 해석·적용되어야 하고 그 행정작용의 상대방에게 불리한 방향으로 유추해석·확장해석은 금지되지만 목적론적 해석이 전적으로 배제되는 것은 아니다.

20. (법률의 시행령이나 시행규칙은 법률에 의한 위임이 없으면 개인의 권리·의무에 관한 내용을 변경·보충하거나 법률이 규정하지 아니한 새로운 내용을 정할 수는 없지만) 법률의 시행령이나 시행규칙의 내용이 모법의 입법 취지와 관련 조항 전체를 유기적·체계적으로 살펴보아 모법의 해석상 가능한 것을 명시한 것에 지나지 아니하거나 모법 조항의 취지에 근거하여 이를 구체화하기 위한 것인 때에는, 모법에 이에 관하여 직접 위임하는 규정을 두지 아니하였다고 하더라도 이를 무효라고 볼 수는 없다.

21. 대통령령의 경우 모법의 시행에 관한 전반적 사항을 정하는 경우에는 ○○법(법률)시행령으로, 모법의 일부규정의 시행에 필요한 개별적 사항을 정하거나 대통령령의 권한 범위 내의 사항을 정하는 경우에는 ○○규정, ○○령으로 한다.

22. 하위법령은 그 규정이 상위법령의 규정에 명백히 저촉되어 무효인 경우를 제외하고는 관련 법령의 내용과 그 입법취지, 연혁 등을 종합적으로 살펴서 그 의미를 상위법령에 합치되는 것으로 해석하여야 한다. (어느 시행령의 규정이 모법에 저촉되는지가 명백하지 않은 경우에는 모법과 시행령의 다른 규정들과 그 입법 취지, 연혁 등을 종합적으로 살펴 모법에 합치된다는 해석도 가능한 경우라면 그 규정을 모법위반으로 무효라고 선언해서는 안 된다.)

23. 조세나 부담금의 부과요건과 징수절차에 관한 법률 또는 그 위임에 따른 명령·규칙의 규정은 일의적이고 명확해야 한다. 그러나 법률규정은 일반성, 추상성을 가지는 것이어서 법관의 법 보충작용으로서의 해석을 통하여 의미가 구체화되고 명확해질 수 있으므로, 조세나 부담금에 관한 규정이 관련 법령의 입법 취지와 전체적 체계 및 내용 등에 비추어 그 의미가 분명해질 수 있다면 이러한 경우에도 명확성을 결여하였다고 하여 위헌이라고 할 수는 없다.

24. 조례에 대한 법률의 위임은 구체적으로 범위를 정할 필요 없이 포괄적이어도 상관없다.

25. 지방자치단체는 법령에 위반되지 않는 범위 내에서 자치사무에 관하여 주민의 권리를 제한하거나 의무를 부과하는 사항이 아닌 한 법률의 위임 없이 조례를 제정할 수 있다.

26. 군민의 출산을 장려하기 위하여 세 자녀 이상 세대 중 세 번째 이후 자녀에게 양육비 등을 지원할 수 있도록 하는 조례의 제정에는 법률의 위임이 필요 없다.

27. 담배자동판매기의 설치를 금지하고 설치된 판매기를 철거하도록 하는 조례는 기존 담배자동판매기업자의 직업의 자유와 재산권을 제한하는 조례이므로 법률의 위임이 필요하다.

28. 권리를 제한하는 조례는 법률의 위임이 필요하다.

29. 법률에서 위임받은 사항을 전혀 규정하지 아니하고 그대로 재위임하는 것은 허용되지 않으며, 위임받은 사항에 관하여 대강을 정하고 그 중의 특정사항을 범위를 정하여 하위법령에 다시 위임하는 경우에만 재위임이 허용된다. (이러한 법리는 조례가 「지방자치법」에 따라 주민의 권리제한 또는 의무부과에 관한 사항을 법률로부터 위임받은 후, 이를 다시 지방자치단체장이 정하는 '규칙'이나 '고시' 등에 재위임하는 경우에도 마찬가지이다.)

30. 수권법령에 재위임을 허용하는 규정이 없더라도 위임받은 사항에 관하여 대강을 정하고 그 중의 특정사항을 범위를 정하여 하위법령에 재위임하는 것은 허용된다.

31. 재위임에 의한 부령의 경우에도 위임에 의한 대통령령에 가해지는 헌법상의 제한(헌법 제75조 포괄위임금지원칙)이 당연히 적용된다.

32. 총리령·부령의 제정절차는 대통령령의 경우와는 달리 국무회의 심의는 거치지 않아도 된다.

33. 법규명령의 위임근거가 되는 법률에 대하여 위헌결정이 선고되면 그 위임에 근거하여 제정된 법규명령도 원칙적으로 효력을 상실한다. (별도의 폐지행위가 있어야X)

34. 철도소음·진동을 규제하는 행정법규에서 정하는 기준을 넘는 철도소음·진동이 있다고 하여 바로 사회통념상 일반적으로 참아내야 할 정도를 넘는 위법한 침해행위가 있어 민사책임이 성립한다고 단정할 수 없다.

35. 행정규칙이 이를 정한 행정기관의 재량에 속하는 사항에 관한 것인 때에는 그 규정 내용이 객관적 합리성을 결여하였다는 등의 특별한 사정이 없는 한 법원은 이를 존중하는 것이 바람직하다.

36. 행정규칙의 내용이 상위법령이나 법의 일반원칙에 반하는 것이라면 행정내부적 효력도 인정될 수 없다.

37. 법령의 위임이 없음에도 법령에 규정된 처분 요건에 해당하는 사항을 부령에서 변경하여 규정한 경우에는 그 부령의 규정은 행정명령의 성격을 지닐 뿐 국민에 대한 대외적 구속력은 없다.

38. 법률에서 처분요건을 '공정한 경쟁이나 계약의 적정한 이행을 해칠 것이 명백할 것'이라고 규정하고 있는데, 위임 없이 부령에서 '경쟁의 공정한 집행이나 계약의 적정한 이행을 해칠 우려가 있거나 입찰에 참가시키는 것이 부적합하다고 인정되는 자'라고 규정한 경우, 위 부령규정은 행정기관 내부의 사무처리준칙을 정한 것에 지나지 않는다.

39. 법령의 위임이 없음에도 법령에 규정된 처분 요건에 해당하는 사항을 부령에서 변경하여 규정한 경우 처분의 적법 여부는 그러한 규칙 등에서 정한 요건에 합치하는지 여부가 아니라 일반 국민에 대하여 구속력을 가지는 법률 등 법규성이 있는 관계 법령의 규정을 기준으로 판단하여야 한다.

40. 상위법령의 위임이 없음에도 상위법령에 규정된 처분 요건을 부령에서 변경하여 규정하였다면 그 부령은 행정규칙의 성격을 지니며, 그 부령(즉 행정규칙)에 따른 처분은 (법령을 기준으로 판단한 것이 아니므로) 위법하다고 단언할 수 없다.

41. 헌법이 인정하고 있는 위임입법의 형식은 예시적인 것이다.

42. 재산권 등의 기본권을 제한하는 작용을 하는 법률이 구체적으로 범위를 정하여 고시와 같은 형식으로 입법위임을 할 수 있는 사항은 전문적·기술적 사항이나 경미한 사항으로서 업무의 성질상 위임이 불가피한 사항에 한정된다.

43. 법령의 규정이 특정 행정기관에게 법령 내용의 구체적 사항을 정할 수 있는 권한을 부여하면서 권한행사의 절차나 방법을 특정하지 아니한 경우에는 수임 행정기관은 행정규칙으로 법령 내용이 될 사항을 구체적으로 정할 수 있다.

44. 법령의 규정이 특정 행정기관에게 법령 내용의 구체적 사항을 정하도록 권한을 부여하여 특정 행정기관이 행정규칙을 정하였으나 그 행정규칙이 상위 법령의 위임범위를 벗어났다면, 그러한 행정규칙은 대외적 구속력을 가지는 법규명령으로서의 효력이 인정되지 않는다.

45. (행정관청 내부의 사무처리규정에 불과한) 전결규정에 위반하여 원래의 전결권자 아닌 보조기관 등이 처분권자인 행정관청의 이름으로 행정처분을 하였다고 하더라도 그 처분이 권한 없는 자에 의하여 행하여진 무효의 처분이라고는 할 수 없다.

46. 행정청은 법률의 근거 규정 없이도 재량권이 인정되는 영역에서 재량권 행사의 기준이 되는 지침을 제정할 수 있다.

47. 행정규칙에는 공정력이 없으므로 하자 있는 행정규칙은 무효가 된다.

48. 근거규정이 행정규칙에 있더라도, 그 근거규정에 의한 조치가 행정처분에 해당할 수 있다.

49. 한국수력원자력 주식회사가 조달하는 기자재, 용역 및 정비공사, 기기수리의 공급자에 대한 관리업무 절차를 규정함을 목적으로 제정·운용하고 있는 '공급자관리지침' 중 등록취소 및 그에 따른 일정 기간의 거래제한조치에 관한 규정들은 상위 법령의 구체적 위임 없이 정한 것이어서 대외적 구속력이 없는 행정규칙이다.

50. 행정처분이 법규성이 없는 내부지침 등의 규정에 위배된다고 하더라도 그 이유만으로 처분이 위법하게 되는 것은 아니며, 내부지침 등에서 정한 요건에 부합한다고 하여 반드시 그 처분이 적법한 것이라고 할 수도 없다.

51. 행정규칙인 고시가 집행행위의 개입 없이도 그 자체로서 국민의 구체적인 권리·의무에 직접적인 변동을 초래하는 경우에는 항고소송의 대상이 된다.

52. 항정신병 치료제의 요양급여 인정기준에 관한 보건복지부 고시가 다른 집행행위의 매개 없이 그 자체로서 직접 국민의 구체적인 권리의무와 법률관계를 규율하는 성격을 가질 때에는 항고소송의 대상이 되는 행정처분에 해당한다.

53. 조례가 집행행위의 개입 없이도 그 자체로서 직접 국민의 권리의무나 법적 이익에 영향을 미치는 등의 법률상 효과를 발생하는 경우 그 조례는 항고소송의 대상이 되는 행정처분에 해당한다.

54. 법률이 입법사항을 대통령령이나 부령이 아닌 고시와 같은 행정규칙의 형식으로 위임하더라도 국회입법의 원칙과 상치되지 않는다.

55. 법률이 고시와 같은 행정규칙 형식으로 위임을 하는 경우에도 포괄위임금지의 원칙상 법률의 위임은 구체적·개별적으로 행하여져야 한다.

56. 한국표준산업분류는 우리나라의 산업구조를 가장 잘 반영하고 있고, 업종의 분류에 관하여 가장 공신력 있는 자료로 평가받고 있는 점 등을 고려하면, 업종의 분류에 관하여 판단자료와 전문성의 한계가 있는 대통령이나 행정각부의 장에게 위임하기보다는 통계청장이 고시하는 한국표준산업분류에 위임할 필요성이 인정된다.

57. 고시가 비록 법령에 근거를 둔 것이라고 하더라도 그 규정 내용이 법령의 위임 범위를 벗어난 것일 경우에는 법규명령으로서의 대외적 구속력을 인정할 여지는 없다.

58. 재량권 행사의 기준을 정하는 행정규칙을 재량준칙이라 한다.

59. 대법원은 재량준칙이 되풀이 시행되어 행정관행이 성립된 경우에는 당해 재량준칙에 자기구속력을 인정한다. 그리고 당해 재량준칙에 반하는 처분은 법규범인 당해 재량준칙을 직접 위반한 것으로서 위법한 처분이 되는 것이 아니라 평등의 원칙이나 신뢰보호의 원칙을 매개로 하여 위법하게 되는 것이다.

60. 재량권행사의 준칙인 행정규칙이 그 정한 바에 따라 되풀이 시행되어 행정관행이 형성되어 행정기관이 그 상대방에 대한 관계에서 그 행정규칙에 따라야 할 자기구속을 당하게 되는 경우에는 그 행정규칙은 헌법소원의 심판대상이 될 수도 있다.

61. 법령의 위임을 받아 부령(형식)으로 정한 제재적 행정처분의 기준을 행정규칙(대외적 구속력X)으로 보고, 대통령령(형식)으로 정한 제재적 행정처분의 기준은 법규명령(대외적 구속력O)으로 보는 경향이 있다.

62. 부령에서 제재적 행정처분의 기준을 정하였다고 하더라도 이에 관한 처분의 적법 여부는 부령에 적합한 것인가의 여부에 따라 판단할 것이 아니라 처분의 근거 법률의 규정 및 그 취지에 적합한 것인가의 여부에 따라 판단하여야 한다.

63.

A도(道) B군(郡)에서 식품접객업을 하는 甲은 청소년에게 술을 팔다가 적발되었다. 「식품위생법」은 위법하게 청소년에게 주류를 제공한 영업자에게 "6개월 이내의 기간을 정하여 그 영업의 전부 또는 일부를 정지할 수 있다."라고 규정하고, 「식품위생법 시행규칙」[별표 23]은 청소년 주류제공(1차 위반)시 행정처분기준을 '영업정지 2개월'로 정하고 있다. B군수는 甲에게 2개월의 영업정지처분을 하였다.

위 사례에서 「식품위생법 시행규칙」의 행정처분기준은 시행규칙(부령)의 형식이나, 성질과 내용이 행정청 내부의 사무처리준칙(행정규칙)을 정한 것에 불과하므로 대외적으로 국민이나 법원을 구속하는 것은 아니다.

64. 운전면허에 관한 제재적 행정처분의 기준이 「도로교통법 시행규칙」[별표]에 규정되어 있는 경우 대외적 구속력을 인정할 수 없다.

65. 「공공기관의 운영에 관한 법률」에 따라 입찰참가자격 제한 기준을 정하고 있는 구 공기업 준정부기관 계약사무규칙, 국가를 당사자로 하는 계약에 관한 법률 시행규칙은 대외적으로 국민이나 법원을 기속하는 효력이 없다.

66. 법령보충적 행정규칙은 법령의 수권에 의하여 인정되고, 그 수권은 포괄위임금지의 원칙상 구체적·개별적으로 한정된 사항에 대하여 행해져야 한다.

67. 고시가 법령의 수권에 의하여 법령을 보충하는 사항을 정하는 경우 위임의 한계를 벗어나지 않는 한 그 근거 법령과 결합하여 대외적으로 구속력이 있는 법규명령으로서의 효력을 가진다.

68. 고시가 상위법령과 결합하여 대외적 구속력을 갖고 국민의 기본권을 침해하는 법규명령으로 기능하는 경우 헌법소원의 대상이 된다.

69. 행정규칙이 대외적인 구속력을 가지는 경우에는 헌법소원의 대상이 될 수 있다.

70. 행정규칙의 공표는 행정규칙의 성립요건이나 효력요건은 아니나, 「행정절차법」에서는 행정청은 필요한 처분기준을 당해 처분의 성질에 비추어 될 수 있는 한 구체적으로 공표하도록 하고 있다.

71. 중앙선거관리위원회규칙은 법규명령이므로 구체적 규범통제의 대상이 될 수 있다.

72. 처분적 법규명령은 무효등확인소송 또는 취소소송의 대상이 된다.

73. 명령·규칙 심사는 원칙적으로 법원이 하는 것이기 때문에 법규명령이 재판의 선결문제로 다투어지는 모든 법원은 해당 법규명령의 위법여부를 판단할 수 있고 법규명령이 위법으로 판단된 경우 당해 사건에 한해 적용이 배제된다.

74. 대법원판결에 의하여 명령·규칙이 헌법 또는 법률에 위반된다는 것이 확정된 경우 대법원은 지체없이 그 사유를 행정안전부장관에게 통보하여야 하고, 통보를 받은 행정안전부장관은 지체없이 이를 관보에 게재하게 하여야 하므로(행정소송법 제6조), 관보게재(공고)에 의해 위법한 법규명령은 일반적으로 효력이 부정된다.

75. 법원이 구체적 규범통제를 통해 위헌.위법으로 선언할 심판대상은, 해당 규정의 전부가 불가분적으로 결합되어 있어 일부를 무효로 하는 경우 나머지 부분이 유지될 수 없는 결과를 가져오는 특별한 사정이 없는 한, 원칙적으로 해당 규정 중 재판의 전제성이 인정되는 조항에 한정된다.

76. 법규명령이 구체적인 집행행위 없이 직접 개인의 권리의무에 영향을 주는 경우 처분성이 인정된다.

77. 의료기관의 명칭표시판에 진료과목을 함께 표시하는 경우 글자 크기를 제한하고 있는 구 의료법 시행규칙 제31조가 그 자체로서 국민의 구체적인 권리의무나 법률관계에 직접적인 변동을 초래하지 아니하므로 항고소송의 대상이 되는 행정처분이라고 할 수 없다.

78. 어떠한 처분의 근거나 법적인 효과가 행정규칙에 규정되어 있다고 하더라도, 그 처분이 상대방의 권리·의무에 직접 영향을 미치는 행위라면 항고소송의 대상이 되는 행정처분에 해당한다.

79. 국민의 구체적인 권리의무에 직접적으로 변동을 초래하지 않는 추상적인 법령의 제정 여부 등은 항고소송(부작위위법확인소송)의 대상이 될 수 없다.

80. 행정입법부작위는 부작위위법확인소송의 대상이 되지 않는다. 그러나 요건이 갖추어진다면 헌법소원 및 국가배상청구는 가능하다.

81. 법률에서 군법무관의 보수의 구체적 내용을 시행령에 위임했음에도 불구하고 행정부가 정당한 이유 없이 시행령을 제정하지 않은 것은 불법행위이므로 이에 대하여 국가배상청구를 할 수 있다.

[중요지문 행정행위1]

1. 자동차운전면허 : 허가

2. 사설법인묘지설치허가 : 허가O / 인가X

3. 지역개발사업에 관한 지정권자의 실시계획승인처분 : 특허

4. 대기오염물질 총량관리사업장 설치허가 : 특허

5. 체류자격변경허가 : 특허

6. 토지거래허가구역 내에서의 토지거래허가 : 인가

7. 비영리법인(재단법인·사회복지법인) 설립허가 및 정관변경허가 : 인가

8. 재건축조합의 관리처분계획인가 : 인가

9. 사립학교법인 임원취임승인·임원해임승인 및 사립대총장 취임임명승인 : 인가

10. 친일반민족행위자재산조사위원회의 친일재산 국가귀속결정 : 확인

11. 「행정기본법」상 자동적 처분은 항고소송의 대상이 된다.

12. 자동화된 행정결정의 예로는 컴퓨터를 통한 중·고등학생의 학교배정, 신호등에 의한 교통신호 등이 있다.

13. 하명의 대상은 주로 불법광고물의 철거와 같은 사실행위이지만 법률행위일 수도 있다.

14. (구「산림법」에 의해 형질변경허가를 받지 아니하고 산림을 형질변경한 자가 사망한 경우) 해당 토지의 소유권을 승계한 상속인은 복구의무를 부담하므로 행정청은 상속인에게 복구명령을 할 수 있다.

15. 부분허가권은 본허가권에 포함되므로, 본허가권을 가진 행정청은 별도의 법적 근거가 없다 하더라도 부분허가를 할 수 있다.

16. 도시계획시설인 주차장에 대한 건축허가신청을 받은 행정청으로서는 건축법상 허가 요건뿐 아니라 국토의 계획 및 이용에 관한 법령이 정한 도시계획시설사업에 관한 실시계획인가 요건도 충족하는 경우에 한하여 이를 허가해야 한다.

17. 개발지역 내의 건축허가는 예외적 승인 ∴ 원칙적으로 재량행위 ∴ 관할 행정청은 관련 법령상 제한사유 이외의 사유로 허가의 거부가 가능

18. 허가는 원칙적으로 기속행위이므로 (건축허가권자는) 중대한 공익상의 필요가 없는데도 관계 법령에서 정하는 제한사유 이외의 사유를 들어 요건을 갖춘 자에 대한 허가를 거부할 수는 없다.

19. 건축허가는 대물적 허가에 해당하므로, 허가의 효과는 허가대상 건축물에 대한 권리변동에 수반하여 이전되고 별도의 승인처분에 의하여 이전되는 것은 아니다.

20. 건축허가는 대물적 성질을 갖는 것이어서 행정청으로서는 허가를 할 때에 건축주 또는 토지소유자가 누구인지 등 인적 요소에 관하여는 형식적 심사만 한다.

21. 허가의 효과에 의한 영업상 이익은 원칙적으로 반사적 이익이다. 따라서 이미 허가한 영업시설과 동종의 영업허가를 해줌으로써 기존업자의 영업이익에 피해가 발생하는 경우, 기존업자는 동종의 신규영업허가의 취소소송을 제기할 수 있는 원고적격이 없다.

22. 허가를 받지 않고 행한 행위는 행정상 강제집행이나 행정벌의 대상이 되지만, 행위자체에 대한 사법상 효력에는 영향을 받지 않는다.

23. 甲은 「폐기물관리법」에 따라 폐기물처리업의 허가를 받기 전에 행정청 乙에게 폐기물처리사업계획서를 작성하여 제출하였고, 乙은 그 사업계획서를 검토하여 적합통보를 하였다.
    ① 적합통보를 받은 甲은 폐기물처리업의 허가를 받기 전이라면 부분적으로도 폐기물처리를 적법하게 할 수는 없다.
    ② 사업계획의 적합 여부는 乙의 재량에 속하고, 사업계획 적합 여부 통보를 위하여 필요한 기준을 정하는 것도 역시 乙의 재량에 속한다.
    ③ 사업계획서 적합통보가 있는 경우 폐기물처리업의 허가단계에서는 나머지 허가요건만을 심사한다.

24. 국가공무원이 「식품위생법」상 영업허가를 받았다고 「국가공무원법」상의 영리업무금지까지 해제되는 것은 아니다.

25. 공유수면의 점용·사용허가는 (일반적인 상대적 금지를 해제하는 처분(허가)이 아니라) 특정인에게 공유수면 이용권이라는 독점적 권리를 설정하여 주는 처분(특허)이다.

26. 체류자격 변경허가는 특허 ∴ 원칙적으로 재량행위

27. 「도시 및 주거환경정비법」상 조합설립인가처분은 특허(설권적 처분)의 성질을 가진다.

28. 토지 등 소유자들이 조합을 따로 설립하지 아니하고 직접 그 사업을 시행하고자 하는 경우, 사업시행계획인가처분(사업시행인가처분)은 일종의 설권적 처분(특허)의 성격을 가진다. (토지 등 소유자들이 작성한 사업시행계획은 독립된 행정처분이 아니다.)

29. 해운법에 따른 여객선이 운항되지 않던 해역에서 도선사업 면허를 받은 도선사업자가 사업을 영위하던 중에 동일 항로에 관하여 해운법에 따른 여객선 운항이 새롭게 개시되었다면, 그 여객선 운항으로 기존에 부여된 도선사업 면허의 효력에까지 영향을 미친다고 볼 수는 없지만, 이후 그 항로에 관하여 추가로 신규 도선사업 면허를 할 수는 없다.

30. 인가는 당사자의 법률적 행위를 보충하여 그 법률적 효력을 완성시키는 행정주체의 보충적 의사표시로서의 법률행위적 행정행위이다.

31. 「민법」상 재단법인의 정관변경에 대한 주무관청의 허가는 법률상 표현이 허가로 되어 있기는 하나, 그 성질은 법률행위의 효력을 보충해 주는 것이지 일반적 금지를 해제하는 것은 아니다.

32. 「자동차관리법」상 자동차관리사업자로 구성하는 사업자단체인 조합 또는 협회의 설립인가처분은 자동차관리사업자들의 단체결성행위를 보충하여 효력을 완성시키는 처분(인가)에 해당한다.

33. 「도시 및 주거환경정비법」상 주택재개발조합 설립추진위원회의 구성을 승인하는 처분은 보충행위로서 강학상 인가이다.

34. 구「도시 및 주거환경정비법」상 조합설립추진위원회 구성승인처분을 다투는 소송 계속 중 조합설립인가처분이 이루어진 경우 조합설립추진위원회 구성승인처분에 대하여 취소 또는 무효확인을 구할 법률상 이익이 없다.

35. 주택재건축조합의 정관변경에 대한 시장·군수 등의 인가는 그 대상이 되는 기본행위를 보충하여 법률상 효력을 완성시키는 행위로서 시장·군수 등이 변경된 정관을 인가하더라도 정관변경의 효력이 총회의 의결이 있었던 때로 소급하여 발생하지는 않는다.

36. 「도시 및 주거환경정비법」상 주택재개발조합이 수립한 사업시행계획을 인가하는 행정청의 행위는 주택재개발조합의 사업시행계획에 대한 법률상의 효력을 완성시키는 보충행위에 해당한다.

37. 인·허가의제는 행정청의 소관사항과 관련하여 권한행사의 변경을 가져오므로 법령의 근거를 필요로 한다.

38. A법률에서 해당 법률에 따른 주된 인·허가를 받게 되면 B법률에 따른 특정 인·허가를 받은 것으로 의제를 하고 있는 경우, 인·허가신청자가 A법률에 따라 인·허가를 받게 되면 의제되는 인·허가를 전제로 한 B법률의 모든 규정들도 적용이 가능하다고 볼 수 없다. (B법률의 모든 규정들이 적용X / B법률의 의제되는 인허가와 관련된 규정들이 적용O)

39. 재단법인의 임원취임을 인가 또는 거부할 것인지 여부는 주무관청의 권한에 속하는 사항이라고 할 것이고, 재단법인의 임원취임승인 신청에 대하여 주무관청이 이에 기속되어 이를 당연히 승인(인가)하여야 하는 것은 아니다.

40. 공익법인의 기본재산 처분에 대한 허가의 법률적 성질이 형성적 행정행위로서의 인가에 해당하므로, 조건 등의 부관의 부과가 허용된다.

41. 공유수면매립면허의 공동명의자 사이의 면허로 인한 권리의무 양도약정은 면허관청의 인가를 받지 않은 이상 법률상 아무런 효력도 발생할 수 없다.

42. 여객자동차운송사업(개인택시 운송사업)의 양도·양수에 대한 인가가 있은 후에 그 양도·양수 이전에 있었던 양도인에 대한 운송사업면허 취소사유를 들어 양수인의 사업면허를 취소할 수 있다.

43. 기본행위의 무효를 내세워 바로 그에 대한 행정청의 인가처분의 취소 또는 무효확인을 구할 수 없다.

44. 인가처분에 하자가 없다면 기본행위에 하자가 있다 하더라도 따로 그 기본행위의 하자를 다투는 것은 별론으로 하고 기본행위의 무효를 내세워 바로 그에 대한 행정청의 인가처분의 취소 또는 무효확인을 소구할 법률상의 이익이 없다.

45. 강학상 인가는 기본행위에 대한 법률상의 효력을 완성시키는 보충행위로서, 그 기본이 되는 행위에 하자가 있을 때에는 그에 대한 인가가 있었다 하여도 인가로 인하여 기본행위가 유효한 것으로 될 수 없다.

46. 재단법인의 정관변경 결의(기본행위)에 하자가 있을 때에는 그에 대한 인가가 있었다 하여도 기본행위인 정관변경 결의가 유효한 것으로 될 수 없다.

47. 기본행위가 적법·유효하고 보충행위인 인가처분 자체에 흠이 있다면 그 인가처분의 무효나 취소를 주장할 수 있다.

48. 재단법인의 정관변경 결의가 적법 유효하고 보충행위인 인가처분 자체에만 하자가 있다면 그 인가처분의 무효나 취소를 주장할 수 있다.

49. 건축허가관청은 특단의 사정이 없는 한 건축허가내용대로 완공된 건축물의 준공을 거부할 수 없다.

50. 부가가치세법상의 사업자등록 및 사업자등록증에 대한 검열은 사실행위이다.

51. 인감증명행위는 출원자의 현재 사용하는 인감에 대하여 구체적인 사실을 증명하는 것(사실행위)일 뿐이므로 무효확인을 구할 법률상 이익이 없다.

52. 「국방전력발전업무훈령」에 따른 연구개발확인서 발급은 개발업체가 전력지원체계 연구개발사업을 성공적으로 수행하여 군사용 적합판정을 받고 경우에 따라 사업관리기관이 개발업체에게 수의계약의 방식으로 국방조달계약을 체결할 수 있는 지위가 있음을 인정해 주는 확인적 행정행위로서 처분에 해당한다.

53. 지적공부 소관청의 토지대장 직권말소행위는 항고소송의 대상이 되는 행정처분에 해당한다.

54. 「국가공무원법」에 근거하여 정년에 달한 공무원에게 발하는 정년퇴직 발령은 정년퇴직 사실을 알리는 관념의 통지이다.

55. 재량행위는 요건이 충족되어도 공익과의 이익형량을 통하여 법에 정해진 효과를 부여하지 않을 수 있다.

56. 사실의 존부에 대한 판단에는 재량권이 인정될 수 없으므로 사실을 오인하여 재량권을 행사한 경우에 그 처분은 위법하다.

57. 재량행위와 기속행위의 구분기준에 관한 효과재량설에 따르면 수익적 행정행위는 법규상 또는 해석상 특별한 기속이 없는 한 재량행위이다.

58. 기속행위와 재량행위의 구분은 당해 행위의 근거가 된 법규의 체재·형식과 그 문언, 당해 행위가 속하는 행정 분야의 주된 목적과 특성, 당해 행위 자체의 개별적 성질과 유형 등을 모두 고려하여 판단하여야 한다.

59. 기속행위의 경우 법원이 사실인정과 관련 법규의 해석·적용을 통하여 일정한 결론을 도출한 후 그 결론에 비추어 행정청이 한 판단의 적법 여부를 독자의 입장에서 판정한다.

60. 귀화허가는 특허 ∴ 원칙적으로 재량행위

61. 야생동식물보호법상 용도변경승인은 예외적 승인 ∴ 원칙적으로 재량행위

62. 구 「사행행위등규제법」에 의한 허가의 경우 허가신청이 적극적 요건에 해당하는지 여부를 판단하는 것은 재량행위라 할 수 있겠으나 허가제한사유에 해당되는 경우에는 적극적 요건에 해당하는지 여부를 판단할 필요는 없다.

63. 배출시설 설치허가의 신청이 구 「대기환경보전법」에서 정한 허가기준에 부합하고 동 법령상 허가제한사유에 해당하지 아니하는 한 환경부장관은 원칙적으로 허가를 하여야 한다. (배출시설 설치허가는 허가 ∴ 원칙적으로 기속행위)

64. 공유수면점용허가는 특정인에게 공유수면 이용권이라는 독점적 권리를 설정하여 주는 처분으로서 그 처분의 여부 및 내용의 결정은 원칙적으로 행정청의 재량에 속한다.

65. 「여객자동차 운수사업법」에 의한 개인택시운송사업면허는 특정인에게 권리나 이익을 부여하는 행정행위로서 법령에 특별한 규정이 없는 한 재량행위이다.

66. 음주운전을 이유로 운전면허취소 : 재량행위 / 음주측정거부를 이유로 운전면허취소 : 기속행위

67. 「출입국관리법」상 체류자격 변경허가는 재량행위에 해당한다.

68. 구「수도권대기환경특별법」상 대기오염물질 총량관리사업장 설치허가는 재량행위에 해당한다.
(대기오염물질 총량관리사업장 설치허가는 특허 ∴ 원칙적으로 재량행위)

69. 구「전염병예방법」 제54조의2 제2항에 따른 예방접종으로 인한 질병, 장애 또는 사망의 인정여부 결정은 보건복지가족부장관의 재량에 속한다.

70. 음주운전으로 인해 운전면허를 취소하는 경우의 이익형량에서 음주운전으로 인한 교통사고를 방지할 공익상의 필요가 취소의 상대방이 입게 될 불이익보다 강조되어야 한다.

71. 「개발제한구역의 지정 및 관리에 관한 특별조치법」 및 구「액화석유가스의 안전관리 및 사업법」 등의 관련 법규에 의하면, 개발제한구역에서의 자동차용 액화석유가스충전사업허가는 그 기준 내지 요건이 불확정개념으로 규정되어 있으므로 그 허가 여부를 판단함에 있어서 행정청에 재량권이 부여되어 있다고 보아야 한다.

72. 하천점용허가는 특허이므로 행정청의 재량으로 이해해야 한다.

73. 「국토의 계획 및 이용에 관한 법률」에 따른 토지의 형질변경허가는 그 금지요건이 불확정개념으로 규정되어 있어 그 금지요건에 해당하는지 여부를 판단함에 있어서 행정청에 재량권이 부여되어 있다고 할 것이므로, 이 법에 따른 토지의 형질변경행위를 수반하는 건축허가는 재량행위에 속한다.

74. 의제되는 인·허가가 재량행위인 경우에는 주된 인·허가가 기속행위인 경우에도 인·허가가 의제되는 한도 내에서 재량행위로 보아야 한다.

75. 국유재산의 무단점유에 대한 변상금 징수의 요건은 「국유재산법」에 명백히 규정되어 있으므로 변상금을 징수할 것인가는 처분청의 재량을 허용하지 않는 기속행위이다.

76. 국유재산의 무단점유에 대한 변상금의 징수요건은 법령에 명백히 규정되어 있으므로 변상금 징수가액 산정의 필요상 변상금을 징수할 것인지는 기속행위로 보아야 한다.

77. 복직명령은 기속행위이므로 (육아)휴직사유가 소멸하였음을 이유로 신청하는 경우 임용권자는 지체 없이 복직명령을 하여야 한다.

78. 「국토의 계획 및 이용에 관한 법률」상 건축물의 건축에 관한 개발행위허가가 의제되는 건축허가 신청이 국토의 계획 및 이용에 관한 법령이 정한 개발행위허가기준에 부합하지 아니하면 건축허가권자는 이를 거부할 수 있다.

79. 마을버스운송사업면허의 허용 여부는 운수행정을 통한 공익실현과 아울러 합목적성을 추구하기 위하여 보다 구체적 타당성에 적합한 기준에 의하여야 할 것이므로 행정청의 재량에 속하는 것이라고 보아야 한다.

80. 구「주택건설촉진법」에 의한 주택건설사업계획의 승인의 경우 승인 받으려는 주택건설사업계획에 관계 법령이 정하는 제한사유가 없는 경우에도 공익상 필요가 있으면 처분권자는 그 승인을 받기 위한 신청에 대하여 불허가결정을 할 수 있다.

81. 행정청은 재량을 합당하게 행사할 의무가 있으며, 재량권을 전혀 행사하지 않거나 충분히 행사하지 않는 경우에는 재량의 불행사가 되어 위법하게 된다.

82. 재량권의 일탈이란 재량권의 외적 한계(법적·객관적 한계)를 벗어난 것을 말하고, 재량권의 남용이란 재량권의 내적 한계(재량권이 부여된 내재적 목적이나 동기)를 벗어난 것을 말한다.

83. 판례는 재량권의 일탈과 재량권의 남용을 명확히 구분하지 않는다.

84. 재량에 의한 행정처분이 그 재량권의 한계를 벗어난 것이어서 위법하다는 점은 그 행정처분의 효력을 다투는 자가 이를 주장·입증하여야 하고, 처분청이 그 재량권의 행사가 정당한 것이었다는 점까지 주장·입증할 필요는 없다.

85. 학교법인의 임원이 교비회계자금을 법인회계로 부당전출하였고, 업무집행에 있어서 직무를 태만히 하여 학교법인이 이를 시정하기 위한 노력을 하였으나 결과적으로 대부분의 시정 요구 사항이 이행되지 아니하였던 점 등을 고려하면, 교육부장관의 임원승인취소처분은 재량권을 일탈·남용한 것으로 볼 수 없다.

86. 회분함량 기준치를 초과한 수입녹용에 대한 전량폐기 또는 반송처리 지시 : 일탈·남용 인정X

87. 행정기관의 장의 거부처분이 재량행위인 경우에, 필요한 사전통지의 흠결로 민원인에게 의견진술의 기회를 주지 아니한 결과 민원조정위원회의 심의과정에서 고려대상에 마땅히 포함시켜야 할 사항을 누락하는 등 재량권의 불행사 또는 해태로 볼 수 있는 구체적 사정이 있다면, 거부처분은 재량권을 일탈·남용한 것으로서 위법하다.

88. 행정청이 제재처분 양정을 하면서 처분 상대방에게 법령에서 정한 임의적 감경사유가 있는 경우, 그 감경사유까지 고려하고도 감경하지 않은 채 개별처분기준에서 정한 상한으로 처분을 한 경우에는 재량권을 일탈·남용하였다고 단정할 수는 없다.

89. 행정청의 전문적인 정성적 평가 결과는 판단의 기초가 된 사실인정에 중대한 오류가 있거나 그 판단이 사회통념상 현저하게 타당성을 잃어 객관적으로 불합리하다는 등의 특별한 사정이 없는 한 법원이 당부를 심사하기에 적절하지 않으므로 가급적 존중되어야 한다.

90. 법규정의 일체성에 의해 요건 판단과 효과 선택의 문제를 구별하기 어렵다고 보는 견해는 재량과 판단여지의 구분을 부정한다.

91. 「국토의 계획 및 이용에 관한 법률」상 개발행위허가는 허가기준 및 금지요건이 불확정개념으로 규정된 부분이 많아 그 요건에 해당하는지 여부는 행정청의 재량판단의 영역에 속한다.

92. 행정의사가 외부에 표시되어 행정청이 자유롭게 취소·철회할 수 없는 구속을 받게 되는 시점에 처분이 성립하고, 그 성립 여부는 행정청이 행정의사를 공식적인 방법으로 외부에 표시하였는지를 기준으로 판단해야 한다.

93. 처분의 통지는 행정처분을 상대방에게 표시하는 것으로서 상대방이 인식할 수 있는 상태에 둠으로써 족하고, 객관적으로 보아 행정처분으로 인식할 수 있도록 고지하면 된다.

94. 행정행위의 효력발생요건으로서의 도달이란 처분상대방이 처분서의 내용을 현실적으로 알았을 필요까지는 없고 처분상대방이 알 수 있는 상태에 놓임으로써 충분하며, 처분서가 처분상대방의 주민등록상 주소지로 송달되어 처분상대방의 사무원 등 또는 그 밖에 우편물 수령권한을 위임받은 사람이 수령하면 처분상대방이 알 수 있는 상태가 되었다고 할 것이다.

95. 상대방 있는 행정처분이 상대방에게 고지되지 아니한 경우에는 특별한 규정이 없는 한 상대방이 다른 경로를 통해 행정처분의 내용을 알게 되었다고 하더라도 행정처분의 효력이 발생한다고 볼 수 없다.

96. 처분서를 보통우편의 방법으로 발송한 경우에는 그 우편물이 상당한 기간 내에 도달하였다고 추정할 수 없다.

97. 등기에 의한 우편송달의 경우라도 수취인이 주민등록지에 실제로 거주하지 않는 경우에는 우편물의 도달사실을 처분청이 입증해야 한다.

98. 행정행위는 상대방에 대한 통지(도달)로서 효력이 발생하며, 행정청은 개별법에서 달리 정하지 않는 한 제3자인 이해관계인에 대한 행정행위 통지의무를 부담하지 않는다.

99. 정보통신윤리위원회의 청소년유해매체물 결정은 불특정 다수인을 대상으로 하는 일반처분이므로, 고시하면 명시된 시점에 효력이 발생하고 웹사이트 운영자에게 처분이 있었음을 별도로 통지할 필요는 없다.

100. 행정처분이 아무리 위법하다고 하여도 그 하자가 중대하고 명백하여 당연 무효라고 보아야 할 사유가 있는 경우를 제외하고는 아무도 그 하자를 이유로 무단히 그 효과를 부정하지 못한다.

101. 일정한 법규 위반 사실이 행정처분의 전제사실이자 형사법규의 위반 사실이 되는 경우, 법규가 예외적으로 형사소추 선행 원칙을 규정하고 있지 않은 이상 형사판결 확정에 앞서 일정한 위반 사실을 들어 행정처분을 하였다고 하여 절차적 위반이 있다고 할 수 없다.

102. 행정행위의 구성요건적 효력은 처분청 이외의 다른 국가기관으로 하여금 당해 행위의 존재와 효과를 인정하고 그 내용에 구속될 것을 요구하는 효력을 말한다.

103. 행정처분이 위법임을 이유로 국가배상을 청구하기 위한 전제로서 그 처분이 취소되어야만 하는 것은 아니다.

104. 국가배상청구소송의 경우로써 행정행위의 위법여부가 선결문제라면, 위법한 행정행위에 대한 국가배상청구소송의 수소법원(민사법원)은 당해 행정행위의 취소여부와 상관없이 그 위법여부를 심리 및 판단하여 배상을 명할 수 있다.

105. 조세부과처분이 무효임을 이유로 이미 납부한 세금의 반환을 청구하는 민사소송에서 법원은 그 조세부과처분이 무효라는 판단과 함께 세금을 반환하라는 판결을 할 수 있다.

106. 민사소송에 있어서 어느 행정처분의 당연무효 여부가 선결문제로 되는 때에는 이를 판단하여 당연무효임을 전제로 판결할 수 있고 반드시 행정소송 등의 절차에 의하여 그 취소나 무효확인을 받아야 하는 것은 아니다.

107. 과·오납세금반환청구소송에서 민사법원은 그 선결문제로서 과세처분의 무효 여부를 판단할 수 있다.

108. 민사소송에 있어서 어느 행정처분의 당연무효 여부가 선결문제로 되는 때에는 당해 민사법원은 이를 판단하여 당연무효임을 전제로 판결할 수 있는 것이지 무효확인판결을 할 수는 없다. (민사법원은 무효임을 전제로 판결할 수 있을 뿐이지 무효확인판결을 할 수는 없다. ∵ (행정법원에) 무효확인소송을 제기 – 행정법원이 무효확인판결 가능)

109. 부당이득반환청구소송의 경우로써 행정행위의 효력여부가 선결문제라면, (조세부과처분을 예로 들면) 해당 조세부과처분이 취소사유에 해당하면 공정력이 발생하여 일응 유효함으로 민사법원은 독자적으로 심리·판단하여 행정행위의 효력을 부인할 수 없고 따라서 인용판결도 할 수 없다. (인용판결(부당이득반환판결)을 할 수 없으므로 납부한 금액을 반환받을 수 없다.)

110. 구「도시계획법」상 원상회복 등의 조치명령을 받고도 이를 따르지 않은 자에 대해 형사처벌을 하기 위해서는 적법한 조치명령이 전제되어야 하며, 이때 형사법원은 그 적법여부를 심사할 수 있다.

111. 물품을 수입하고자 하는 자가 세관장에게 수입신고를 하여 그 면허를 받고 물품을 통관한 경우에는, 세관장의 수입면허가 중대하고도 명백한 하자가 있는 행정행위이어서 당연무효가 아닌 한 「관세법」 소정의 무면허수입죄가 성립될 수 없다.

112. 제소기간이 이미 도과하여 불가쟁력이 생긴 행정처분에 대하여는 개별 법규에서 그 변경을 요구할 신청권을 규정하고 있거나 관계 법령의 해석상 그러한 신청권이 인정될 수 있는 등 특별한 사정이 없는 한 국민에게 그 행정처분의 변경을 구할 신청권이 없다.

113. 무효인 행정행위에는 공정력과 불가쟁력이 발생하지 않는다.

114. 불가쟁력이 발생한 행정행위로 손해를 입은 국민은 국가배상청구를 할 수 있다.

115. 행정처분이 불복기간의 경과로 인하여 확정될 경우, 그 확정력은 처분으로 인하여 법률상 이익을 침해받은 자가 처분의 효력을 더 이상 다툴 수 없다는 의미일 뿐 판결에 있어서와 같은 기판력이 인정되는 것은 아니다.

116. 확정력(불가쟁력)은 처분으로 인하여 법률상 이익을 침해받은 자가 처분의 효력을 더 이상 다툴 수 없다는 의미일 뿐 판결에 있어서와 같은 기판력이 인정되는 것은 아니어서 처분의 기초가 된 사실관계나 법률적 판단이 확정되고 당사자들이나 법원이 이에 기속되어 모순되는 주장이나 판단을 할 수 없게 되는 것은 아니다.

117. 불가변력은 당해 행정행위에만 인정되고(∵법적 안정성) 동종의 행위라도 대상이 다르면 이를 인정하지 않는다.

[중요지문 행정행위2]

1. 「국민연금법」상 장애연금 지급을 위한 장애등급 결정을 하는 경우에는 원칙상 장애연금지급을 결정할 당시가 아니라 장애연금 지급청구권을 취득할 당시의 법령을 적용한다.

2. 행정처분에 있어 수개의 처분사유 중 일부가 적법하지 않다고 하더라도, 다른 처분사유로써 그 처분의 정당성이 인정되는 경우에는 그 처분을 위법하다고 할 수 없다.

3. 당사자가 신청하는 허가 등을 거부하는 처분을 하면서 당사자가 그 근거를 알 수 있을 정도로 이유를 제시했다면 처분의 근거와 이유를 구체적으로 명시하지 않았더라도 당해 처분이 위법한 것은 아니다.

4. 「국민연금법」상 연금 지급결정을 취소하는 처분과 그 처분에 기초하여 잘못 지급된 급여액에 해당하는 금액을 환수하는 처분이 적법한지를 판단하는 경우 비교·교량할 각 사정이 다르므로, 연금 지급결정을 취소하는 처분이 적법하다고 하여 환수처분도 반드시 적법하다고 판단하여야 하는 것은 아니다. (∵ 처분별로 비교·교량할 사정이 동일X)

5. 「산재보상법」상 각종 보험급여 등의 지급결정을 변경 또는 취소하는 처분과 처분에 터 잡아 잘못 지급된 보험급여액에 해당하는 금액을 징수하는 처분이 적법한지를 판단하는 경우 비교·교량할 각 사정이 동일하다고는 할 수 없으므로, 지급결정을 변경 또는 취소하는 처분이 적법하다고 하여 그에 터 잡은 징수처분도 반드시 적법하다고 판단해야 하는 것은 아니다.

6. 행정심판전치주의는 취소소송에는 적용되지만 무효등확인소송에는 적용되지 않는다.

7. 법적 안정성의 유지나 당사자의 신뢰보호를 위하여 불가피한 경우에 위헌결정의 소급효를 제한하는 것은 오히려 법치주의의 원칙상 요청되는 것이다.

8.
> A시 시장은 「학교용지 확보 등에 관한 특례법」 관계 조항에 따라 공동주택을 분양받은 甲, 乙, 丙, 丁 등에게 각각 다른 시기에 학교용지 부담금을 부과하였다. 이후 해당 조항에 대하여 법원의 위헌법률심판제청에 따라 헌법재판소가 위헌결정을 하였다. (단, 甲, 乙, 丙, 丁은 모두 위헌법률심판제청신청을 하지 않은 것으로 가정함)

乙은 부담금을 납부한 후 부담금부과처분에 대해 행정소송을 제기하였고 현재 소가 계속 중인 경우, 乙이 위헌법률심판제청신청을 하지 않았더라도 乙에게 위헌결정의 소급효가 미친다.

9. 대법원은 무효와 취소의 구별기준에 대해서 중대명백설을 취하고 있으나, 반대의견으로 명백성보충요건설이 제시된 판례도 존재한다. (판례 존재유무 : 명백성보충요건설O / 객관적 명백성설X)

10. 하자 있는 행정행위가 당연무효이기 위해서는 그 하자가 적법요건의 중대한 위반과 일반인의 관점에서도 외관상 명백한 것을 기준으로 한다. (행정행위의 무효사유를 판단하는 기준으로서의 명백성 : 원칙적으로 요구O / 보충적으로 요구X)

11. 법령 규정의 문언만으로는 처분 요건의 의미가 분명하지 아니하여 그 해석에 다툼의 여지가 있었더라도 해당 법령 규정의 위헌 여부 및 그 범위, 법령이 정한 처분 요건의 구체적 의미 등에 관하여 법원이나 헌법재판소의 분명한 판단이 있고, 행정청이 그러한 판단 내용에 따라 법령 규정을 해석·적용하는 데에 아무런 법률상 장애가 없는데도 합리적 근거 없이 사법적 판단과 어긋나게 행정처분을 하였다면 그 하자는 객관적으로 명백하다.

12. 선행행위에 대하여 불가쟁력이 발생하지 않았거나 선행행위와 후행행위가 서로 독립하여 각각 별개의 법률효과를 목적으로 하는 때에는 원칙적으로 선행행위의 하자를 이유로 후행행위의 효력을 다툴 수 없다. (선행행위에 대하여 불가쟁력이 발생하지 않은 경우 : 선행행위 취소소송O / 후행행위 취소소송X ∴ 선행행위의 하자를 이유로 후행행위의 효력을 다툴 수 없다.)

13. 연속적으로 행하여진 선행처분과 후행처분이 서로 독립하여 별개의 법률효과를 목적으로 하고 선행처분에 불가쟁력이 생겨 그 효력을 다툴 수 없게 된 경우에는 선행처분이 당연무효가 아닌 한 원칙적으로 선행처분의 하자를 이유로 후행처분의 효력을 다툴 수 없다.

14. 선행처분과 후행처분이 서로 독립하여 별개의 효과를 목적으로 하는 경우에도 선행처분의 불가쟁력이나 구속력이 그로 인하여 불이익을 입게 되는 자에게 수인한도를 넘는 가혹함을 가져오며, 그 결과가 당사자에게 예측가능한 것이 아닌 경우에는 선행처분의 후행처분에 대한 구속력은 인정될 수 없다.

15. 선행행위의 하자가 무효사유인 경우에는 후행행위에도 당연히 영향을 미쳐 후행행위가 무효로 된다. (선행 행정행위가 당연무효이면 양자가 서로 독립하여 별개의 효과를 목적으로 하는 경우에도 후행 행정행위는 당연무효가 된다.)

16. 도시계획시설사업 시행자 지정 처분이 처분 요건을 충족하지 못하여 당연무효인 경우, 도시계획시설사업의 시행자가 작성한 실시계획을 인가하는 처분도 무효이다.

17. 선행처분과 후행처분이 서로 독립하여 별개의 법률효과를 목적으로 하는 때에도 선행처분이 당연무효이면 선행처분의 하자를 이유로 후행처분의 효력을 다툴 수 있다. (하자 있는 곳에 소송 있다.)

18. 불가쟁력이 발생한 부담금 부과처분의 근거 법률에 대한 위헌결정이 있더라도, 후행 압류처분의 취소를 구하는 소송에서 재판의 내용과 효력에 대한 법률적 의미가 달라지지 않는다. (하자의 승계 여부가 부담금부과처분의 근거법률의 위헌 여부에 따라 달라지지 않는다.)

19. 하자의 승계 인정 : 대집행계고처분 - 대집행영장발부통보처분

20. 하자의 승계 인정 : 대집행계고처분 - 비용납부명령

21. 하자의 승계 부정 : 표준지공시지가결정 - 개별공시지가결정

22. 하자의 승계 부정 : 조세부과처분 - 압류 등의 체납처분

23. 하자의 승계 부정 : 주택재건축사업시행계획 - 관리처분계획

24. 하자의 승계 부정 : 건물철거명령 - 대집행계고처분

25. 하자의 승계 부정 : 공무원직위해제처분 - 직권면직처분

26. 하자의 승계 부정 : (병역법상) 보충역편입처분 - 공익근무요원소집처분

27. 개별공시지가결정 - 과세처분 : 독립하여 별개의 법률효과 BUT 수인가능성X 예측가능성X ∴ 하자의 승계 예외적 인정

28. 표준지공시지가결정 - 수용재결·수용보상금결정 : 독립하여 별개의 법률효과 BUT 수인가능성X 예측가능성X ∴ 하자의 승계 예외적 인정

29. 친일반민족행위자로 결정한 친일반민족행위진상규명위원회의 최종발표 - 독립유공자 예우에 관한 법률 적용배제자 결정 : 독립하여 별개의 법률효과 BUT 수인가능성X 예측가능성X ∴ 하자의 승계 예외적 인정

30. 「국토의 계획 및 이용에 관한 법률」상 도시·군계획시설결정과 실시계획인가는 별개의 법률효과를 목적으로 하는 것이므로 선행처분인 도시·군계획시설결정의 하자는 당연무효가 아닌 한 원칙적으로 후행처분인 실시계획인가에 승계되지 않는다.

31. 계고처분의 후속절차인 대집행에 위법이 있다고 하더라도 그와 같은 후속절차에 위법성이 있다는 점을 들어 선행절차인 계고처분이 부적법하다는 사유로 삼을 수는 없다.

32. 행정행위의 하자의 치유는 무효인 행정행위에는 인정할 수 없다.

33. 하자의 치유는 행정소송이나 행정심판이 제기되기 전까지는 치유가 되어야 한다는 것이 판례의 입장이다. (취소소송 종료 전X / 사실심변론종결시X / 쟁송제기이전시O)

34. (면허의) 취소처분의 근거와 위반사실의 적시를 빠뜨린 하자 --> 피처분자가 처분 당시 그 취지를 알고 있었거나 추후 알게 된 경우에도 하자의 치유X

35. 행정청이 「식품위생법」상의 청문절차를 이행함에 있어 청문서 도달기간을 다소 어겼지만 영업자가 이의하지 아니한 채 청문일에 출석하여 의견을 진술하고 변명하는 등 방어의 기회를 충분히 가졌다면 청문서 도달기간을 준수하지 아니한 하자는 치유되었다고 본다.

36. 행정처분의 이유제시가 아예 결여되어 있는 경우에 이를 사후적으로 추완하거나 보완하는 것은 늦어도 당해 행정처분에 대한 쟁송이 제기되기 전에는 행해져야 위법성이 치유될 수 있다.

37. 토지소유자 등의 동의율을 충족하지 못했다는 주택재건축정비사업 조합설립인가처분 당시의 하자는 후에 토지소유자 등의 추가동의서가 제출되었다는 사정만으로는 치유될 수 없다.

38. 납세고지서에 세액산출근거 등의 기재사항이 누락되었거나 과세표준과 세액의 계산명세서가 첨부되지 않은 납세고지의 하자는 납세의무자가 그 나름대로 산출근거를 알고 있다거나 사실상 이를 알고서 쟁송에 이르렀다 하더라도 치유되지 않는다.

39. 세액산출근거가 기재되지 아니한 납세고지서에 의한 부과처분은 그 후 부과된 세금을 자진납부하였다거나 또는 조세채권의 소멸시효기간이 만료되었다 하여 하자가 치유되는 것이라고는 할 수 없다.

40. 도지사의 인사교류안 작성과 그에 따른 인사교류의 권고가 전혀 이루어지지 않은 상태에서, 관할 구역 내 A시의 시장이 인사교류로서 소속 지방공무원인 甲에게 B시 지방공무원으로 전출을 명한 처분은 당연무효이다.

41. 납세자가 아닌 제3자의 재산을 대상으로 한 압류처분은 당연무효이다.

42. 국토계획법령이 정한 도시계획시설사업의 대상 토지의 소유와 동의 요건을 갖추지 못하였음에도 도시계획시설사업의 사업시행자 지정처분을 하였다면 하자가 중대·명백하여 무효이다.

43. 정비구역이 지정·고시되기 전의 정비예정구역을 기준으로 한 토지 등 소유자 과반수의 동의를 얻어 구성된 추진위원회에 대하여 승인처분이 이루어진 후 지정된 정비구역이 정비예정구역보다 면적이 축소되었다고 하더라도 이러한 사정만으로 해당 승인처분이 당연무효라고 할 수는 없다.

44. 징계처분이 중대하고 명백한 하자 때문에 당연무효의 것이라면 징계처분을 받은 자가 이를 용인하였다 하여 그 하자가 치유되는 것은 아니다.

45. 경찰공무원에 대한 징계위원회의 심의과정에서 감경사유에 해당하는 공적 사항이 제시되지 아니한 경우에는 그 징계양정이 결과적으로 적정한지 여부와 관계없이 이는 관계법령이 정한 징계절차를 지키지 않은 것으로서 위법하다.

46. 절차상 하자로 인하여 무효인 행정처분이 있은 후 행정청이 관계 법령에서 정한 절차를 갖추어 다시 동일한 행정처분을 하였다면 당해 행정처분은 종전의 무효인 행정처분과 관계없이 새로운 행정처분이라고 보아야 한다.

47. 건물 소유자에게 소방시설 불량사항을 시정·보완하라는 명령을 구두로 고지한 것은 「행정절차법」에 위반한 것으로 하자가 중대·명백하여 당연무효이다.

48. 구「환경영향평가법」상 환경영향평가를 실시하여야 할 사업에 대하여 환경영향평가를 거치지 아니하였음에도 승인 등 처분을 한 경우, 그 처분은 당연무효이다.

49. 과세관청이 과세예고 통지 후 과세전적부심사 청구나 그에 대한 결정이 있기 전에 과세처분을 한 경우, 특별한 사정이 없는 한 그 과세처분은 절차상 하자가 중대·명백하여 당연무효이다.

50. 위법하게 구성된 폐기물처리시설 입지선정위원회가 의결을 한 경우, 그에 터잡아 이루어진 폐기물처리시설 입지결정처분의 하자는 무효사유로 본다.

51. 구「폐기물처리시설 설치촉진 및 주변지역 지원 등에 관한 법률」상 입지선정위원회가 동법 시행령의 규정에 위배하여 군수와 주민대표가 선정·추천한 전문가를 포함시키지 않은 채 임의로 구성되어 의결을 한 경우에, 이에 터잡아 이루어진 폐기물처리시설 입지결정처분은 당연무효가 된다.

52. 무효인 행정행위는 당연무효를 선언하는 의미에서 그 취소를 구하는 형식의 소를 제기할 수 있다. (무효인 행정행위에 대해서 무효선언을 구하는 의미의 취소소송을 제기하는 경우 취소소송의 제소요건을 구비하여야 한다.)

53. 처분청은 처분의 성립에 하자가 있는 경우 별도의 법적 근거가 없더라도 직권으로 이를 취소할 수 있다. (위법한 것을 바로잡는 것은 행정청의 당연한 임무이므로) 직권취소시 별도의 법적 근거는 필요 없다.

54. 국세감액결정 처분은 이미 부과된 과세처분에 하자가 있음을 이유로 사후에 이를 일부 취소하는 처분이고, 취소의 효력은 판결 등에 의한 취소이거나 과세관청의 직권에 의한 취소이거나에 관계없이 그 부과처분이 있었을 당시로 소급하여 발생한다.

55. 제소기간이 도과한다는 것은 당사자A가 더 이상 해당 처분에 대해서 취소소송으로 다툴 수 없다(불가쟁력)는 것을 의미하는 것이지 처분청의 직권취소와는 관련이 없다.

56. 행정행위의 위법 여부에 대하여 취소소송이 이미 진행 중이라도 처분청은 위법을 이유로 그 행정행위를 직권취소할 수 있다.

57. 권한 없는 행정기관이 한 당연무효인 행정처분을 취소할 수 있는 권한은 당해 행정처분을 한 처분청에게 속하고, 당해 행정처분을 할 수 있는 적법한 권한을 가지는 행정청에게 그 취소권이 귀속되는 것이 아니다. (직권취소 : 자신이 한 것을 자신이 거둬들인다!)

58. 甲은 관련법령에 따라 공장등록을 하기 위하여 등록신청을 乙에게 위임하였고, 수임인 乙은 등록서류를 위조하여 공장등록을 하였으나 甲은 그 사실을 알지 못하였다. 이후 관할 행정청 A는 위조된 서류에 의한 공장등록임을 이유로 甲에 대해 공장등록을 취소하는 처분을 하였다.

① 관할 행정청 A가 甲에 대해 공장등록을 취소하는 경우 별도의 법적 근거가 필요 없다.

② 관할 행정청 A는 甲에 대해 공장등록을 취소하면서 甲의 신뢰이익을 고려하지 아니할 수 있다.

59. 비영리법인의 해산을 초래하는 설립허가취소는 헌법 제10조에 내재된 일반적 행동의 자유에 대한 침해여부와 과잉금지의 원칙 등을 고려하여 엄격하게 판단하여야 한다.

60. 수익적 행정처분의 경우 상대방의 신뢰보호와 관련하여 직권취소가 제한되나 그 필요성에 대한 입증책임은 기존 이익과 권리를 침해하는 처분을 한 행정청에 있다.

61. 수익적 행정처분에 대한 취소권 등의 행사는 기득권의 침해를 정당화할 만한 중대한 공익상의 필요 또는 제3자의 이익 보호의 필요가 있는 때에 한하여 허용될 수 있다는 법리는 처분청이 수익적 행정처분을 직권으로 취소·철회하는 경우에 적용되는 법리일 뿐 쟁송취소의 경우에는 적용되지 않는다.

62. 처분 이후에 처분의 근거가 된 법률이 헌법재판소에 의해 위헌으로 결정되었다면 그 처분은 법률상 근거 없는 처분이 되지만 당연무효는 아니다.

63. 일반적으로 시행령이 헌법이나 법률에 위반된다는 사정은 그 시행령의 규정을 위헌 또는 위법하여 무효라고 선언한 대법원의 판결이 선고되지 않은 상태에서는 그 시행령 규정의 위헌 내지 위법 여부가 객관적으로 명백하다고 할 수 없으므로, 이러한 시행령에 근거한 행정처분의 하자는 취소사유에 해당할 뿐 무효사유가 되지 않는다.

64.
> A시 시장은 「학교용지 확보 등에 관한 특례법」 관계 조항에 따라 공동주택을 분양받은 甲, 乙, 丙, 丁 등에게 각각 다른 시기에 학교용지 부담금을 부과하였다. 이후 해당 조항에 대하여 법원의 위헌법률심판제청에 따라 헌법재판소가 위헌결정을 하였다. (단, 甲, 乙, 丙, 丁은 모두 위헌법률심판제청신청을 하지 않은 것으로 가정함)

甲이 부담금을 납부하였고 부담금부과처분에 불가쟁력이 발생한 상태라면, 해당 조항이 위헌으로 결정되더라도 이미 납부한 부담금을 반환받을 수 없다.

65. 대법원은 위헌인 법률에 근거한 행정처분에 불가쟁력이 발생한 경우에는 위헌결정의 소급효를 인정하지 않는다.

66. 위헌인 법률에 근거한 행정처분이 당연무효인지의 여부는 위헌결정의 소급효와는 별개의 문제로서 취소소송의 제기기간을 경과하여 확정력이 발생한 행정처분에는 위헌결정의 소급효가 미치지 않는다.

67. 과세처분 이후 조세 부과의 근거가 되었던 법률규정에 대하여 위헌결정이 내려진 경우, 위헌결정 이후 그 조세채권의 집행을 위한 체납처분은 당연무효이다.

68. (갑에 대한 과세처분 이후 조세부과의 근거가 되었던 법률에 대해 헌법재판소의 위헌결정이 있었고, 위헌결정 이후에 그 조세채권의 집행을 위해 갑의 재산에 대해 압류처분이 있었다.) 위헌결정 당시 이미 과세처분에 불가쟁력이 발생하여 조세채권이 확정된 경우에도 갑의 재산에 대한 압류처분은 무효이다.

69. 근거법률의 위헌결정 이전에 이미 부담금 부과처분과 압류처분 및 이에 기한 압류등기가 이루어지고 각 처분이 확정되었다고 하여도 (위헌결정 이후에는 별도의 행정처분인 매각처분, 분배처분 등 후속 체납처분 절차를 진행할 수 없는 것은 물론이고) 기존의 압류등기나 교부청구만으로는 다른 사람에 의하여 개시된 경매절차에서 배당을 받을 수 없다. (∵ 무효)

70.
> A시 시장은 「학교용지 확보 등에 관한 특례법」 관계 조항에 따라 공동주택을 분양받은 甲, 乙, 丙, 丁 등에게 각각 다른 시기에 학교용지 부담금을 부과하였다. 이후 해당 조항에 대하여 법원의 위헌법률심판제청에 따라 헌법재판소가 위헌결정을 하였다. (단, 甲, 乙, 丙, 丁은 모두 위헌법률심판제청신청을 하지 않은 것으로 가정함)

부담금부과처분에 대한 제소기간이 경과하여 丁의 부담금 납부의무가 확정되었고 위헌결정 전에 丁의 재산에 대한 압류가 이루어진 상태라도, 丁에 대해 부담금 징수를 위한 체납처분을 속행할 수는 없다.

71. 어느 행정처분에 대하여 그 행정처분의 근거가 된 법률이 위헌이라는 이유로 무효확인청구의 소가 제기된 경우, 다른 특별한 사정이 없는 한 법원으로서는 그 법률이 위헌인지 여부에 대하여는 판단할 필요 없이 그 무효확인청구를 기각하여야 한다.

72. 위헌법률에 근거한 처분의 효력이 제소기간 경과 후에도 존속 중이고 그 처분의 목적달성을 위해서는 후행처분이 필요한 경우와 같이 그 하자가 중대하여 구제가 필요한 경우에는 예외적으로 당연무효사유로 보아야 할 것이다. (쟁송기간 경과 후라도 무효확인을 구할 수 있다.)

73. 조례 제정권의 범위를 벗어나 국가사무를 대상으로 한 무효인 조례의 규정에 근거하여 지방자치단체의 장이 행정처분을 한 경우 그 행정처분은 하자가 중대하나, 명백하지는 아니하므로 당연무효에 해당하지 아니한다.

74. 연령미달 결격자가 다른 사람 이름으로 교부받은 운전면허는 당연무효가 아니고 취소되지 않는 한 유효하므로 그 연령미달 결격자의 운전행위는 무면허운전에 해당하지 아니한다.

75. 민원사무를 처리하는 행정기관이 민원 1회 방문 처리제를 시행하는 절차의 일환으로 민원사항의 심의, 조정 등을 위한 민원조정위원회를 개최하면서 민원인에게 회의일정 등을 사전에 통지하지 아니하였다 하더라도 취소사유에 이를 정도의 흠이 존재하기는 어렵다.

76. 적법한 권한 위임 없이 세관출장소장에 의하여 행하여진 관세부과처분은 그 하자가 중대하기는 하지만 객관적으로 명백하다고 할 수 없어 당연무효는 아니다.

77. 행정청이 사전에 교통영향평가를 거치지 아니한 채 '건축허가 전까지 교통영향평가 심의필증을 교부받을 것'을 부관으로 붙여서 한 '실시계획변경승인 및 공사시행변경인가 처분'은 당연무효는 아니다. (∴ 취소사유)

78. 5급 이상의 국가정보원 직원에 대해 임면권자인 대통령이 아닌 국가정보원장이 행한 의원면직처분은 위법하더라도 하자가 중대한 것이라고 볼 수는 없으므로, (대통령의 내부결재가 있었는지에 관계없이) 당연무효는 아니다. (∴ 취소사유)

79. 행정청이 사전환경성검토협의를 거쳐야 할 대상사업에 관하여 법의 해석을 잘못한 나머지 세부용도지역이 지정되지 않은 개발사업 부지에 대하여 사전환경성검토협의를 할지 여부를 결정하는 절차를 생략한 채 승인 등의 처분을 하였다면, 그 하자가 객관적으로 명백하다고 할 수 없다. (∴ 취소사유)

80. 학교환경위생정화위원회의 심의절차를 누락한 채 학교환경위생정화구역에서의 금지행위 및 시설해제 여부에 관한 행정처분을 한 경우 행정행위의 하자로서 무효사유가 아니다.

81. 환경영향평가를 거쳐야 할 대상사업에 대해 환경영향평가 절차를 거쳤으나 그 내용이 다소 부실한 경우, 그 부실의 정도가 환경영향평가를 하지 아니한 것과 같은 정도가 아닌 한 당해 승인 등 처분이 위법하게 되는 것은 아니다.

82. 신뢰보호의 이해관계(사익)가 공익보다 큰 경우에는 신뢰의 원칙이 적용되며, 장기간에 걸쳐 취소권의 행사가 없었던 경우에는 실권의 법리가 적용되어 취소가 제한되게 된다.

83. 甲은 관련법령에 따라 공장등록을 하기 위하여 등록신청을 乙에게 위임하였고, 수임인 乙은 등록서류를 위조하여 공장등록을 하였으나 甲은 그 사실을 알지 못하였다. 이후 관할 행정청 A는 위조된 서류에 의한 공장등록임을 이유로 甲에 대해 공장등록을 취소하는 처분을 하였다. 甲에 대한 공장등록 취소는 상대방의 귀책사유에 의한 것이라고 하더라도 관할 행정청 A는「행정절차법」상 사전통지 및 의견제출절차를 거쳐야 한다. (∵ 甲에 대한 공장등록 취소는 침익적 행정처분)

84. 수익적 행정행위의 직권취소는 권익을 제한하는 처분이므로「행정절차법」상 사전통지 및 의견청취의 대상이 된다.

85. 과세관청은 부과의 취소를 다시 취소함으로써 원부과처분을 소생시킬 수는 없다.

86. 행정행위의 취소사유는 행정행위의 성립 당시에 존재하였던 하자를 말하고, 철회사유는 행정행위가 성립된 이후에 새로이 발생한 것으로서 행정행위의 효력을 존속시킬 수 없는 사유를 말한다.

87.
> 건축주 甲은 토지소유자 乙과 매매계약을 체결하고 乙로부터 토지사용승낙서를 받아 乙의 토지 위에 건축물을 건축하는 건축허가를 관할 행정청인 A시장으로부터 받았다. 매매계약서에 의하면 甲이 잔금을 기일 내에 지급하지 못하면 즉시 매매계약이 해제될 수 있고 이 경우 토지사용승낙서는 효력을 잃으며 甲은 건축허가를 포기·철회하기로 甲과 乙이 약정하였다. 乙은 甲이 잔금을 기일 내에 지급하지 않자 甲과의 매매계약을 해제하였다.

착공에 앞서 甲의 귀책사유로 해당 토지를 사용할 권리를 상실한 경우, 乙은 A시장에 대하여 건축허가의 철회를 신청할 수 있다.

88. 「행정기본법」은 직권취소나 철회의 일반적 근거규정을 두고 있고, 직권취소나 철회는 개별법률의 근거가 없어도 가능하다.

89. 甲은「영유아보육법」에 따라 보건복지부장관의 평가인증을 받아 어린이집을 설치·운영하고 있다. 甲은 어린이집을 운영하면서 부정한 방법으로 보조금을 교부받아 사용하였고, 보건복지부장관은 이를 근거로 관련 법령에 따라 평가인증을 취소하였다. 이러한 경우 평가인증의 취소는 강학상 철회에 해당하며, 행정청이 평가인증취소처분을 하면서 별도의 법적 근거 없이는 평가인증의 효력을 취소사유 발생일로 소급하여 상실시킬 수 없다.

90. 구「영유아보육법」상 어린이집 평가인증의 취소는 철회에 해당하므로, 평가인증의 효력을 과거로 소급하여 상실시키기 위해서는 특별한 사정이 없는 한 별도의 법적 근거가 필요하다.

91. 행정행위의 철회사유가 특정의 면허에 관한 것이 아니고, 다른 면허와 공통된 것이거나 운전면허를 받은 사람에 관한 것일 경우에는 여러 면허를 전부 철회할 수도 있다.

92. 처분청은 원래의 처분을 존속시킬 필요가 없게 된 사정변경이 생겼거나 중대한 공익상의 필요가 생긴 경우 이를 철회할 별도의 법적 근거가 없다 하더라도 별개의 행정행위로 이를 철회할 수 있다.

93. 甲은 A 구청장으로부터 「식품위생법」의 관련규정에 따라 적법하게 유흥접객업 영업허가를 받아 영업을 시작하였다. 영업을 시작한 지 1년이 지난 후에 甲의 영업장을 포함한 일부지역이 새로이 적법한 절차에 따라 학교환경위생정화구역으로 설정되었다. A 구청장은 甲의 영업이 관할 학교 환경위생정화위원회의 심의에 따라 금지되는 행위로 결정되었다는 이유로 청문을 거친 후에 甲의 영업허가를 취소하였다. 甲은 A 구청장의 취소처분이 위법하다고 주장하면서 영업허가취소처분에 대하여 취소소송을 제기하였다. A 구청장의 甲에 대한 영업허가 취소는 처분시로 소급하여 효력을 소멸시키는 것이 아니라 장래효를 갖는다.

94. 수익적 행정행위의 철회는 특별한 다른 규정이 없는 한 「행정절차법」상의 절차에 따라 행해져야 한다.

95. 행정행위의 부관은 법령이 직접 행정행위의 조건이나 기한 등을 정한 경우와 구별되어야 한다.

96. 부관은 행정의 탄력성을 보장하는 기능을 갖는다.

97. 수익적 행정처분에 있어서는 부담을 부가하기 이전에 상대방과 협의하여 부담의 내용을 협약의 형식으로 미리 정한 다음 행정처분을 하면서 이를 부가할 수도 있다.

98. 개발제한구역 내의 허가는 예외적 승인 ∴ 재량행위 ∴ 부관을 붙일 수 있음

99. 처분 전에 미리 상대방과 협의하여 부담의 내용을 협약의 형식으로 정한 다음 처분을 하면서 해당 부관을 붙이는 것도 가능하다.

100. 행정청이 수익적 행정처분을 하면서 협약상의 의무를 부담으로 부가하였으나 부담의 전제가 된 주된 행정처분의 근거 법령이 개정됨으로써 행정청이 더 이상 부관을 붙일 수 없게 된 경우에도 곧바로 협약의 효력이 소멸하는 것은 아니다.

101. 행정처분에 부담인 부관을 붙인 경우, 부관(부담)이 무효라도 부담의 이행으로 이루어진 사법상 매매행위가 당연히 무효가 되는 것은 아니다. (부담은 부담을 이행하게 된 동기·연유 ∴ 부담 ≠ 부담의 이행)

102. 부담의 이행으로서 하게 된 사법상 매매 등의 법률행위는 부담을 붙인 행정처분과는 별개의 법률행위이므로, 그 부담의 불가쟁력의 문제와는 별도로 법률행위가 사회질서 위반이나 강행규정에 위반되는지 여부 등을 따져보아 그 법률행위의 유효 여부를 판단하여야 한다.

103. (갑은 개발제한구역 내에서의 건축허가를 관할 행정청인 을에게 신청하였고, 을은 갑에게 일정 토지의 기부채납을 조건으로 이를 허가하였다.) 기부채납조건이 중대하고 명백한 하자로 인하여 무효라 하더라도 갑의 기부채납 이행으로 이루어진 토지의 증여는 그 자체로 사회질서 위반이나 강행규정 위반 등의 특별한 사정이 없는 한 유효하다.

104. 행정처분에 붙인 부담인 부관이 제소기간 도과로 불가쟁력이 생긴 경우에도 그 부담의 이행으로 한 사법상 법률행위의 효력을 다툴 수 있다.

105. 부담은 독립하여 항고소송의 대상이 될 수 있으며, 부담부 행정행위는 부담의 이행여부를 불문하고 효력이 발생한다.

106. 갑이 부담인 기부채납조건에 대하여 불복하지 않았고, 이를 이행하지도 않은 채 기부채납조건에서 정한 기부채납기한이 경과하였더라도 이로써 갑에 대한 건축허가가 당연히 효력을 상실하는 것은 아니다. (부담부 행정행위는 부담을 불이행하더라도 별도로 철회를 하지 않는 한 당연히 효력이 소멸하는 것은 아니지만 해제조건은 조건이 성취되면 행정행위의 효력이 당연히 소멸한다.)

107. 부담은 주된 행정행위의 불가분적 요소는 아니어서 그 자체가 독립적 행정행위인 하명에 해당한다. 따라서 부담은 처분성이 있으므로 항고소송의 대상이 된다.

108. 부담에 의해 부과된 의무를 상대방이 불이행할 경우 처분청은 주된 행정행위를 철회할 수 있다. 철회시 법적 근거는 필요 없으며, 그 효력은 장래를 향해서 소멸되는 장래효이다.

109. 허가에 붙은 기한이 그 허가된 사업의 성질상 부당하게 짧은 경우에는 이를 그 허가조건의 존속기간으로 보아야 한다.

110. 허가에 붙은 기한이 그 허가된 사업의 성질상 부당하게 짧아 그 기한을 허가조건의 존속기간으로 볼 수 있는 경우에 허가기간이 연장되기 위하여는 그 종기가 도래하기 전에 그 허가기간의 연장에 관한 신청이 있어야 한다.

111. 허가에 붙은 기한이 그 허가된 사업의 성질상 부당하게 짧아서 이 기한이 허가 자체의 존속기간이 아니라 허가조건의 존속기간으로 보더라도 그 후 당초의 기한이 상당 기간 연장되어 그 기한이 부당하게 짧은 경우에 해당하지 않게 된 때에는 (다시 허가 자체의 존속기간으로 해석될 수 있으므로) 더 이상의 기간연장을 불허가할 수도 있다.

112. 사도개설허가에서 정해진 공사기간 내에 사도로 준공검사를 받지 못한 경우, 이 공사기간을 사도개설허가 자체의 존속기간(유효기간)으로 볼 수 없다는 이유로 사도개설허가가 당연히 실효되는 것은 아니다.

113. 행정청이 종교단체에 대하여 기본재산전환인가를 하면서 인가조건을 부가하고 그 불이행시 인가를 취소할 수 있도록 한 경우, 인가조건의 의미는 철회권을 유보한 것이다.

114. 수익적 행정행위에 대한 철회권유보의 부관은 그 유보된 사유가 발생하여 철회권이 행사된 경우 상대방이 신뢰보호원칙을 원용하는 것을 제한한다는 데 실익이 있다.

115. 공유수면매립준공인가처분 중 매립지 일부(일부 공유수면매립지)에 대하여 한 국가 및 지방자치단체의 귀속처분도 (공유수면매립법 제14조의 효과 일부를 배제하는) 법률효과의 일부배제에 해당한다. 법률효과의 일부배제는 독립하여 행정소송의 대상으로 삼을 수는 없다.

116. 행정청은 처분에 재량이 없는 경우에는 법률에 근거가 있는 경우에 부관을 붙일 수 있다.

117. 재량행위에는 법령상의 제한에 근거한 것이 아니라 하더라도 공익상 필요에 의하여 부관을 붙일 수 있다.

118. 특별한 규정이 없더라도 갑에 대한 개발제한구역 내에서의 건축허가 즉 예외적 승인은 재량행위로서 개발제한구역 내에서의 건축허가를 하면서 기부채납조건을 붙인 것은 적법하다.

119. 기속행위에 대해서는 법령상 특별한 근거가 없는 한 부관을 붙일 수 없고, 가사 부관을 붙였다고 하더라도 이는 무효이다.

120. 수익적 행정처분은 원칙적으로 재량행위이므로 별도의 법령상의 근거규정이 없다고 하더라도 부관을 붙일 수 있다.

121. 주택건축허가를 하면서 영업목적으로만 사용할 것을 부관으로 정한 경우에, 이러한 부관은 주된 행정행위의 목적에 위배된다.

122. 기선선망어업의 허가를 하면서 운반선, 등선 등 부속선을 사용할 수 없도록 제한한 부관은 그 어업허가의 목적 달성을 사실상 어렵게 하여 그 본질적 효력을 해하는 것이다.

123. 부관의 사후변경은, 법률에 명문의 규정이 있거나 그 변경이 미리 유보되어 있는 경우 또는 상대방의 동의가 있는 경우에 한하여 허용되는 것이 원칙이지만, 사정변경으로 인하여 당초에 부담을 부가한 목적을 달성할 수 없게 된 경우에도 그 목적달성에 필요한 범위 내에서 예외적으로 허용된다.

124. 도로점용허가의 점용기간을 정함에 있어 위법사유가 있다면 도로점용허가처분 전부가 위법하게 된다.

125. 토지소유자가 토지형질변경행위허가에 붙은 기부채납의 부관에 따라 토지를 기부채납(증여)한 경우, 기부채납의 부관이 당연무효이거나 취소되지 않은 상태에서 그 부관으로 인하여 증여계약의 중요 부분에 착오가 있음을 이유로 증여계약을 취소할 수 없다.

126. 행정처분과 실제적 관련성이 없어 부관으로 붙일 수 없는 부담이라면 (공무원이 공법상의 제한을 회피할 목적으로) 행정처분의 상대방에게 사법상 계약의 형식으로 이를 부과할 수 없다.

127. 처분을 하면서 처분과 관련한 소의 제기를 금지하는 내용의 부제소특약을 부관으로 붙이는 것은 허용되지 않는다.

128. 건축허가 자체는 적법하고 부담인 기부채납조건만이 취소사유에 해당하는 위법성이 있는 경우, 갑은 기부채납조건부 건축허가처분 전체에 대하여 취소소송을 제기할 수 있을 뿐만 아니라 기부채납조건만을 대상으로 취소소송을 제기할 수 있다. (기부채납부관 = 기부채납조건 = 기부채납부담 ⇐ 모두 부담을 의미)

129. 하천점용허가에 조건인 부관이 부가된 경우 해당 부관에 대해서는 독립적으로 소를 제기할 수 없다.

130. 행정재산에 대한 사용·수익허가에서 공유재산의 관리청이 정한 사용·수익허가의 기간에 대해서는 독립하여 행정소송을 제기할 수 없다.

131. 부관 중 부담에 대해서는 독립쟁송가능성을 인정하지만, 기타 부관에 대해서는 독립쟁송가능성을 부정한다(다수설·판례). 따라서 허가기간만의 취소를 구하는 소송에 대하여는 각하판결을 해야 한다는 것이 판례의 입장이다.

132. 기한의 도래로 실효한 종전의 허가에 대한 기간연장신청은 종전의 허가처분을 전제로 하여 단순히 그 유효기간을 연장하여 주는 행정처분을 구하는 것이 아니라 새로운 허가를 내용으로 하는 행정처분을 구하는 것으로 보아야 한다.

[중요지문 기타 행정작용]

1. 행정절차법은 확약에 관한 명문규정을 두고 있다.

2. 확약은 처분성이 없으므로 취소소송의 대상이 될 수 없다.

3. 확약은 처분성이 없으므로 행정행위의 효력인 공정력이 적용되지 않는다.

4. 자동차운송사업 양도·양수인가신청에 대하여 행정청이 내인가를 한 후 그 본인가신청이 있음에도 내인가를 취소한 경우, 다시 본인가에 대하여 별도로 인가여부의 처분을 한다는 사정이 보이지 않는다면 내인가취소는 행정처분에 해당한다.

5. 확약의 불이행에 대해서는 이행심판, 부작위위법확인소송을 통한 구제를 생각할 수 있다.

6. 재량행위에 대해 상대방에게 확약을 하려면 별도로 확약에 대한 법적 근거가 있을 필요는 없다.

7. 확약을 행한 행정청은 확약의 내용인 행위를 하여야 할 자기구속적 의무를 지며, 상대방은 행정청에 그 이행을 청구할 권리를 갖게 된다.

8. 확약이 있은 후에 유효기간 내에 신청이 없었거나 사실적·법률적 상태가 변경되었다면, 확약은 행정청의 별다른 의사표시를 기다리지 않고 실효된다.

9. 공법상 계약이란 복수당사자 사이에 반대방향의 의사표시의 합치에 의하여 공법적 효과의 발생을 그 목적으로 하는 공법행위를 말한다.

10. 구「중소기업 기술혁신촉진법」상 중소기업 정보화지원사업에 따른 지원금 출연을 위하여 중소기업청장이 체결하는 협약은 공법상 대등한 당사자 사이의 의사표시의 합치로 성립하는 공법상 계약에 해당한다.

11. 국립의료원 부설주차장에 관한 위탁관리용역운영계약 ⇐ 특허

12. 지방전문직공무원 채용계약 해지의 의사표시에 대하여는 공법상 당사자소송으로 그 의사표시의 무효확인을 청구할 수 있다.

13. 공중보건의사 채용계약 해지의 의사표시에 대하여는 공법상의 당사자소송으로 그 의사표시의 무효확인을 청구할 수 있다.

14. 계약직공무원 채용계약해지 : 공법상 계약 관련 사항 / 행정절차법에는 공법상 계약X

15. 광주광역시문화예술회관장의 (합창)단원 재위촉 하지 않은 것 : 공법상 계약 관련O / 처분X

16. 채용계약상 특별한 약정이 없는 한, 지방계약직공무원에 대하여 「지방공무원법」, 「지방공무원 징계 및 소청 규정」에 정한 징계절차에 의하지 않고서는 보수를 삭감할 수 없다.

17. 민간투자시설(사회간접자본) 사업시행자 지정처분 : 행정행위O / 공법상 계약X

18. 터널 민간투자사업 실시협약 : 공법상 계약O

19. 「국가를 당사자로 하는 계약에 관한 법률」에 따라 국가가 당사자가 되는 이른바 공공계약(사법상 계약)에 관한 법적 분쟁은 (민사소송을 제기해야 하므로) 원칙적으로 민사법원의 관할 사항이다.

20. 지방자치단체를 당사자로 하는 계약에 관하여는 그 계약의 성질이 사법상 계약인지 공법상 계약인지와 상관없이 원칙적으로 「지방자치단체를 당사자로 하는 계약에 관한 법률」의 규율이 적용된다고 보아야 한다.

21. 구 「도시계획법」상 도시계획사업의 시행자가 그 사업에 필요한 토지를 협의취득하는 행위는 사경제주체로서 행하는 사법상의 법률행위이므로 행정소송의 대상이 되지 않는다.

22. 지방자치단체가 사인과 체결한 자원회수시설에 대한 위탁운영협약은 사법상 계약에 해당하므로 그에 관한 다툼은 민사소송의 대상이 된다.

23. 대법원은 국가나 지방자치단체가 당사자가 되는 공공계약(조달계약)은 상대방과 대등한 관계에서 체결하는 사법상의 계약으로 본다.

24. 「지방공무원법」상 지방전문직공무원 채용계약에서 정한 채용 기간이 만료한 경우에는 채용계약의 갱신이나 기간연장 여부는 기본적으로 지방자치단체장의 재량이다.

25. 행정청이 자신과 상대방 사이의 근로관계를 일방적인 의사표시로 종료시켰다고 하더라도 곧바로 그 의사표시가 행정청으로서 공권력을 행사하여 행하는 행정처분이라고 단정할 수 없다.

26. '서울특별시 시민감사옴부즈만 운영 및 주민감사청구에 관한 조례'에 따라 계약직으로 구성하는 옴부즈만 공개채용과정에서 최종합격자로 공고된 자에 대해 서울특별시장이 인사위원회의 심의 결과에 따라 채용하지 아니하겠다고 통보한 경우, 그 불채용통보는 항고소송을 통해 다툴 수 없다.

27. 공법상 계약은 (처분성 없는 행정작용이므로) 공정력이 인정되지 않는다. 따라서 공법상 계약에 하자가 있는 경우 (그 하자가 중대명백하든 중대명백하지 않든) 무효에 해당한다. 즉 공법상 계약은 하자가 있는 경우 취소사유가 될 수 없다. 공법상 계약은 처분성 없는 행정작용이므로 항고소송을 제기할 수는 없고 이에 대한 다툼은 당사자소송에 의하여야 한다.

28. 공법상 계약의 한쪽 당사자가 다른 당사자를 상대로 효력을 다투거나 이행을 청구하는 소송은 분쟁의 실질이 공법상 권리·의무의 존부·범위에 관한 다툼이 아니라 손해배상액의 구체적인 산정방법·금액에 국한되는 등의 특별한 사정이 없는 한 공법상 당사자소송으로 제기하여야 한다.

29. 행정청은 공법상 계약의 상대방을 선정하고 계약 내용을 정할 때 공법상 계약의 공공성과 제3자의 이해관계를 고려하여야 한다.

30. 일반적으로 공법상 계약은 법규에 저촉되지 않는 한 자유로이 체결할 수 있으며 법률의 근거도 필요하지 않다. (공법상 계약에는 법률우위의 원칙은 적용된다.)

31. 사실행위는 법적인 행위와는 달리 직접적으로 법적 효과를 발생시키지 않는 행위이다.

32. 행정상 사실행위의 예로는 폐기물 수거, 행정지도, 대집행의 실행, 행정상 즉시강제 등이 있다.

33. 교도소 내 마약류 관련 수형자에 대한 교도소장의 소변강제채취는 권력적 사실행위로서 헌법소원의 대상이다.

34. 권력적 사실행위가 행정처분의 준비단계로서 행하여지거나 행정처분과 결합된 경우(합성적 행정행위)에는 행정처분에 흡수·통합되어 불가분의 관계에 있다 할 것이므로 행정처분만이 취소소송의 대상이 되고, 처분과 분리하여 따로 권력적 사실행위를 다툴 실익은 없다.

35. 일반적으로 어떤 행위가 헌법소원의 대상이 되는 권력적 사실행위에 해당하는지 여부는 당해 행정주체와 상대방과의 관계, 그 사실행위에 대한 상대방의 의사·관여 정도·태도, 그 사실행위의 목적·경위, 법령에 의한 명령·강제수단의 발동 가부 등 그 행위가 행하여질 당시의 구체적 사정을 종합적으로 고려하여 개별적으로 판단해야 한다.

36. 자동차운전면허대장에 일정한 사항을 등재하는 행위와 운전경력증명서상의 기재행위는 행정소송의 대상이 되는 독립한 행정처분으로 볼 수 없다. (∵ 비권력적 사실행위)

37. 행정지도는 법적 효과의 발생을 목적으로 하는 행위가 아니라, 상대방의 임의적 협력을 전제로 하는 비권력적 사실행위이다.

38. 행정지도는 상대방의 의사에 반하여 부당하게 강요하여서는 안 된다.

39. 행정지도는 비권력적이기는 하지만 행정작용이므로, 행정작용에 통용되는 행정법의 일반원칙의 적용을 당연히 받는다. 따라서 행정법의 일반원칙인 비례의 원칙과 평등원칙 등에 구속된다.

40. 행정관청이 국토이용관리법 소정의 토지거래계약 신고에 관하여 공시된 기준시가를 기준으로 매매가격을 신고하도록 행정지도를 하여 그에 따라 (상대방이) 허위신고를 한 것이라 하더라도 이와 같은 행정지도는 법에 어긋나는 것으로서 (상대방의) 범법행위가 정당화될 수 없다.

41. 행정지도가 강제성을 띠지 않은 비권력적 작용으로서 행정지도의 한계를 일탈하지 아니하였다면, 그로 인하여 상대방에게 손해가 발생하였다 하더라도 행정기관은 손해배상책임이 없다.

42. 세무당국이 주류제조회사에 대하여 특정 업체와의 주류거래를 일정기간 중지하여 줄 것을 요청한 행위는 권고적 성격의 행위로서 행정처분이라고 볼 수 없다.

43. 위법한 행정지도로 손해가 발생한 경우 국가 등을 상대로 손해배상을 청구할 수 있으나, 이 경우 「국가배상법」 제2조가 정한 배상책임의 요건을 갖추어야 한다.

44. 교육인적자원부장관의 대학총장들에 대한 학칙시정요구는 법령에 따른 것으로 행정지도의 일종이지만, 단순한 행정지도로서의 한계를 넘어 헌법소원의 대상이 되는 공권력의 행사라고 볼 수 있다.

45. 구체적인 계획을 입안함에 있어 지침이 되거나 특정 사업의 기본방향을 제시하는 내용의 행정계획은 항고소송의 대상인 행정처분에 해당하지 않는다.

46. 확정된 사업시행계획은 처분성이 있다.

47. 구「도시계획법」상 도시기본계획은 도시의 기본적인 공간구조와 장기발전방향을 제시하는 종합계획으로서 도시계획입안의 지침이 되므로 일반 국민에 대한 직접적인 구속력은 없다.

48. 국공립대학의 총장직선제 개선 여부를 재정지원 평가요소로 반영하고 이를 개선하지 않을 경우 다음 연도에 지원금을 삭감 또는 환수하도록 규정한 교육부장관의 '대학교육역량강화사업 기본계획'은 헌법소원의 대상이 아니다.

49. 행정계획의 절차는 「행정절차법」에 규정이 있으며 그 외 「국토의 계획 및 이용에 관한 법률」 등 일부 개별법에서도 규정하고 있다. (「행정절차법」은 행정계획의 절차에 관한 일반법)

50. 도시관리계획결정·고시와 그 도면에 특정 토지가 도시관리계획에 포함되지 않았음이 명백한데도 도시관리계획을 집행하기 위한 후속 계획이나 처분에서 그 토지가 도시관리계획에 포함된 것처럼 표시되어 있는 경우, 이것은 실질적으로 도시관리계획결정을 변경하는 것에 해당하여 도시관리계획 변경절차를 거치지 않는 한 당연무효이다.

51. 구「도시계획법」상 행정청이 정당하게 도시계획결정의 처분을 하였다고 하더라도 이를 관보에 게재하여 고시하지 아니한 이상 대외적으로는 아무런 효력이 발생하지 않는다.

52. 구「환경정책기본법」 제25조의2에 따라 사전환경성검토를 거쳐야 하는 행정계획이나 개발사업에 대하여 사전환경성검토를 거친 경우, 그 부실의 정도가 사전환경성검토 제도를 둔 입법 취지를 달성할 수 없을 정도가 아니라면 그 부실로 인하여 행정계획은 위법하게 되는 것은 아니다.

53. 「건축법」에서 관련 인·허가 의제 제도를 둔 취지는 인·허가 의제사항 관련 법률에 따른 각각의 인·허가 요건에 관한 일체의 심사를 배제하려는 것이 아니다.

54. 행정계획에서의 집중효의 범위는 실체집중은 인정되지 않고 절차집중만이 인정된다는 것이 다수설과 판례의 입장이다.

55. 주택건설사업계획 승인권자가 구「주택법」에 따라 도시·군관리계획 결정권자와 협의를 거쳐 관계 주택건설사업계획을 승인하면 도시·군관리계획결정이 이루어진 것으로 의제되고, 이러한 협의 절차와 별도로「국토의 계획 및 이용에 관한 법률」등에서 정한 도시·군관리계획 입안을 위한 주민 의견청취절차를 거칠 필요는 없다.

56. 의제된 인·허가는 통상적인 인·허가와 동일한 효력을 가지므로 적어도 부분 인·허가 의제가 허용되는 경우에는 그 효력을 제거하기 위한 법적 수단으로 의제된 인·허가의 취소나 철회가 허용될 수 있고 이러한 직권 취소·철회가 가능한 이상 그 의제된 인·허가에 대한 쟁송취소 역시 허용된다.

57. 주택건설사업계획 승인처분에 따라 의제된 인허가가 위법함을 다투고자 하는 이해관계인은, 주택건설사업계획 승인처분의 취소를 구할 것이 아니라 의제된 인허가의 취소를 구하여야 하며, 의제된 인허가는 (주택건설사업계획 승인처분과 별도로) 항고소송의 대상이 되는 처분에 해당한다.

58. 행정청이 건축불허가처분을 하면서 그 처분사유로 건축불허가 사유뿐만 아니라 그 의제의 대상이 되는 형질변경불허가 사유나 농지전용불허가 사유를 들고 있다고 하여 그 건축불허가처분 외에 별개로 형질변경불허가처분이나 농지전용불허가처분이 존재하는 것은 아니다.

59. 행정청은 구체적인 행정계획의 입안·결정에 관하여 광범위한 형성의 재량을 가진다.

60. 도시계획의 결정·변경 등에 대한 권한행정청은 이미 도시계획이 결정·고시된 지역에 대하여도 다른 내용의 도시계획을 결정·고시할 수 있고, 이 때에 후행 도시계획에 선행 도시계획과 양립할 수 없는 내용이 포함되어 있다면 특별한 사정이 없는 한 선행 도시계획은 후행 도시계획과 같은 내용으로 변경된다.

61. 개발제한구역으로 지정되어 있는 부지에 묘지공원과 화장장 시설들을 설치하기로 하는 도시계획시설결정은 위법하지 않다. (∵ 개발제한구역의 지정목적에 위배X)

62. 행정청이 행정계획을 입안·결정할 때 이익형량을 전혀 행하지 아니하였다면, 그 행정계획결정은 재량권을 일탈·남용한 것으로 위법하다.

63. 행정주체가 행정계획을 입안·결정함에 있어서 이익형량을 하였으나 정당성과 객관성이 결여된 경우 그 행정계획결정은 위법하다.

64. 행정주체가 행정계획을 입안·결정하는 데에는 광범위한 계획재량을 가지더라도, 행정계획에 관련된 자들의 이익을 공익 상호간과 사익 상호간까지 비교·교량하여야 한다.

65. 행정계획을 결정하는 데에는 비록 광범위한 재량이 인정되지만 만일 이익형량의 고려 대상에 포함시켜야 할 중요한 사항을 누락하였다면 그 행정계획은 위법하다.

66. 행정주체가 구체적인 행정계획을 입안·결정할 때 가지는 형성의 자유의 한계에 관한 법리는 주민의 입안 제안 또는 변경신청을 받아들여 도시관리계획결정을 하거나 도시계획시설을 변경할 것인지를 결정할 때에도 동일하게 적용된다.

67. 행정계획에는 변화가능성이 내재되어 있으므로, 국민의 계획보장청구권은 인정되지 않는 것이 원칙이다.

68. 구「국토이용관리법」상의 국토이용계획은 그 계획이 일단 확정된 후에 어떤 사정의 변동이 있다고 하여 지역주민이나 일반 이해관계인에게 일일이 그 계획의 변경을 신청할 권리를 인정하여 줄 수 없다.

69. 행정계획은 현재의 사회·경제적 모든 상황의 조사를 바탕으로 장래를 예측하여 수립되고 장기간에 걸쳐 있으므로 지역주민에게는 행정계획의 변경이 인정되지 않지만, 행정계획의 주체(행정주체)에게는 광범위한 형성의 자유가 있으므로 행정계획의 변경이 인정된다. (도시계획이 일단 확정된 후 어떤 사정의 변동이 있다고 하여 해당 지역의 주민에게 그 계획의 변경을 청구할 권리를 인정할 수는 없다. VS 행정계획의 주체는 계획법률에 근거한 구체적인 계획을 수립 및 변경하는 과정에서 광범위한 형성의 자유(계획재량)를 가진다.)

70. 도시계획구역 내 토지 등을 소유하고 있는 사람과 같이 당해 도시계획시설결정에 이해관계가 있는 주민은 도시시설계획의 입안권자 내지 결정권자에게 도시시설계획의 입안 내지 변경을 요구할 수 있는 법규상 또는 조리상의 신청권이 있다.

71. 구속력 없는 행정계획안이나 행정지침이라도 국민의 기본권에 직접적으로 영향을 끼치고 법령의 뒷받침에 의하여 그대로 실시될 것이 틀림없을 것으로 예상되는 때에는 예외적으로 헌법소원의 대상이 된다.

72. 장기미집행 도시계획시설결정의 실효제도에 의해 개인의 재산권이 보호되는 것은 입법자가 새로운 제도를 마련함에 따라 얻게 되는 법률에 기한 권리일 뿐 헌법상 재산권으로부터 당연히 도출되는 권리는 아니다.

73. 문화재보호구역 내에 있는 토지소유자 등으로서는 해당 보호구역의 지정해제를 요구할 수 있는 법규상 또는 조리상의 신청권이 있다.

[중요지문 행정절차 등]

1. 기속행위의 경우에도 행정처분의 절차상 하자만으로 독자적인 취소사유가 된다.

2. 예산의 편성에 절차적 하자가 있다는 사정만으로 그 예산을 집행하는 처분이 위법하게 되는 것은 아니다.

3. 가산세 부과처분이라고 하여 그 종류와 세액의 산출근거 등을 전혀 밝히지 아니한 채 가산세의 합계액만을 기재하였다면 그 부과처분은 위법하다.

4. 하나의 납세고지서에 의하여 본세와 가산세를 함께 부과할 때 납세고지서에 본세와 가산세 각각의 세액과 산출근거 등을 구분하여 기재하여야 한다.

5. 과세처분 시 납세고지서에 법으로 규정한 과세표준 등의 기재가 누락되면 그 과세처분 자체가 위법한 처분이 되어 취소의 대상이 된다.

6. 행정청은 처분을 할 때에는 원칙적으로 당사자에게 그 근거와 이유를 제시하여야 하며, 이유제시의 정도는 처분사유를 이해할 수 있을 정도로 구체적이어야 한다.

7. 교육부장관이 부적격사유가 없는 후보자들 사이에서 어떤 후보자를 상대적으로 더욱 적합하다고 판단하여 국립대학교의 총장으로 임용제청을 하였다면, 그러한 임용제청행위 자체로서 이유제시의무를 다한 것이다.

8. 용도를 무단변경한 건물의 원상복구를 명하는 시정명령 및 계고처분을 하는 경우, 사전통지 및 의견제출의 기회를 주어야 한다.

9. 「행정조사기본법」에 따른 현장조사 후 시정명령이 이루어진 경우, 현장조사과정에서 처분상대방이 이미 행정청에게 위반사실을 시인하였더라도 '의견청취가 현저히 곤란하거나 명백히 불필요하다고 인정될 만한 상당한 이유가 있는 경우'에 해당하는지는 해당 행정처분의 성질에 비추어 판단하여야 하므로 처분상대방이 이미 행정청에 위반사실을 시인하였다거나 처분의 사전통지 이전에 의견을 진술할 기회가 있었다는 사정을 고려하여 판단할 것은 아니다.

10. 고시의 방법으로 불특정 다수인을 상대로 의무를 부과하거나 권익을 제한하는 처분은 행정절차법 제22조 제3항의 의견제출절차의 대상이 되는 처분이 아니다.

11. 「도로법」상 도로구역을 변경할 경우, 이를 고시하고 그 도면을 일반인이 열람할 수 있도록 하고 있는바, 도로구역을 변경한 처분은 「행정절차법」상 사전통지나 의견청취의 대상이 되는 처분이 아니다.

12. 행정청이 (도시계획사업시행 관련) 협약을 체결하면서 청문 실시를 배제하는 조항을 두었더라도, (행정절차법상) 청문을 실시하지 않아도 되는 예외적인 경우에 해당하지 않는다.

13. 행정처분의 상대방에 대한 청문통지서가 반송되었다거나, 행정처분의 상대방이 청문일시에 불출석하였다는 이유로 청문을 실시하지 아니하고 침해적 행정처분을 하는 것은 위법하다.

14. 「국민건강보험법」상 특정한 질병군의 상대가치점수를 종전보다 인하하는 고시는 해당 질병군 관련 수술을 하는 개별 안과 의사들을 상대로 한 것이 아니라 불특정 다수의 의사 전부를 상대로 하는 것이므로 이 고시에 의한 처분의 경우 행정절차법 제22조 제3항에 따라 그 상대방에게 의견제출의 기회를 주지 않았다고 하여 위법하다고 볼 수 없다.

15. 수익적 행정행위의 신청에 대한 거부처분은 (직접 당사자의 권익을 제한하는 처분에 해당하지 않으므로) 「행정절차법」상 처분의 사전통지대상이 될 수 없다.

16. 퇴직연금의 환수결정은 당사자에게 의무를 과하는 처분이기는 하나 관련 법령에 따라 당연히 환수금액이 정하여지는 것이므로, 퇴직연금의 환수결정에 앞서 당사자에게 의견진술의 기회를 주지 아니하여도 「행정절차법」에 어긋나지 아니한다.

17. 난민 인정에 관한 신청을 받은 행정청은 원칙적으로 법령이 정한 난민 요건에 해당하는지를 심사하여 난민 인정 여부를 결정할 수 있을 뿐이고, 이와 무관한 다른 사유만을 들어 난민 인정을 거부할 수는 없다.

18. 난민인정·귀화 등과 같이 성질상 행정절차를 거치기 곤란하거나 불필요하다고 인정되는 처분이나 행정절차에 준하는 절차를 거치도록 하고 있는 처분의 경우에는 「행정절차법」의 적용이 배제되는 것으로 보아야 하고, 이러한 법리는 '공무원 인사관계 법령에 의한 처분'에 해당하는 별정직 공무원에 대한 직권면직처분의 경우에도 마찬가지로 적용된다.

19. 별정직 공무원인 대통령기록관장에 대한 직권면직 처분에는 처분의 사전통지 및 의견청취 등에 관한 「행정절차법」이 적용된다.

20. 대통령이 한국방송공사 사장을 해임하면서 사전통지절차를 거치지 않은 경우에는 그 해임처분은 위법하다.

21. 행정절차법은 공법관계에 적용되고 사법관계에는 적용되지 않는다.

22. 묘지공원과 화장장의 후보지를 선정하는 과정에서 추모공원건립추진협의회가 후보지 주민들의 의견을 청취하기 위하여 그 명의로 개최한 공청회는 (행정청이 도시계획시설결정을 하면서 개최한 공청회가 아니므로) 「행정절차법」에서 정한 절차를 준수하여야 하는 것은 아니다.

23. 공무원에 대한 징계절차에서 징계심의대상자가 대리인으로 선임한 변호사가 징계위원회 심의에 출석하여 진술하려고 하였음에도 불구하고 징계권자나 그 소속 직원이 변호사가 심의에 출석하는 것을 막았다면 징계위원회의 심의·의결의 절차적 정당성이 상실되어 그 징계의결에 따른 징계처분은 위법하며 원칙적으로 취소되어야 한다.

24. 행정청이 구「식품위생법」상의 영업자지위승계신고 수리처분을 하는 경우, 행정청은 종전의 영업자에 대하여 「행정절차법」 소정의 행정절차(사전통지 및 의견제출의 기회)를 실시하여야 한다. (영업시설을 인수하여 영업자의 지위를 승계한 자(양수인)X / 종전의 영업자(양도인)O)

25. 공매를 통하여 체육시설을 인수한 자의 체육시설업자 지위승계 신고를 수리하는 경우, 종전 체육시설업자에게 사전에 통지하여 의견제출 기회를 주어야 한다.

26. 신청인이 신청에 앞서 행정청의 허가업무 담당자에게 한 신청서의 내용에 대한 검토요청은 다른 특별한 사정이 없는 한 명시적이고 확정적인 신청의 의사표시로 보기 어렵다.

27. 「병역법」에 따라 지방병무청장이 산업기능요원에 대하여 산업기능요원 편입취소처분을 할 때에는 「행정절차법」에 따라 처분의 사전통지를 하고 의견제출의 기회를 부여하여야 한다.

28. (행정절차법 제3조 제2항, 시행령 제2조 제6호에 의하면 공정거래위원회의 의결·결정을 거쳐 행하는 사항에는 행정절차법의 적용이 제외되게 되어 있으므로) 공정거래위원회의 시정조치 및 과징금납부명령에 행정절차법 소정의 의견청취절차 생략사유가 존재한다고 하더라도, 공정거래위원회는 행정절차법을 적용하여 의견청취절차를 생략할 수는 없다.

29. 구「광업법」에 근거하여 처분청이 광업용 토지수용을 위한 사업인정을 하면서 토지소유자 등의 의견을 들은 경우 처분청은 그 의견에 기속되는 것은 아니다.

30. 「행정절차법」상 문서주의 원칙에도 불구하고, 행정청의 처분서의 문언만으로는 행정청이 어떤 처분을 하였는지 불분명하다는 등 특별한 사정이 있는 때에는 처분 경위나 처분 이후의 상대방의 태도 등 다른 사정을 고려하여 처분서의 문언과 달리 그 처분의 내용을 해석할 수도 있다.

31. 처분 당시 당사자가 어떠한 근거와 이유로 처분이 이루어진 것인지를 충분히 알 수 있어서 그에 불복하여 행정구제절차로 나아가는 데에 별다른 지장이 없었던 것으로 인정되는 경우에는 처분서에 처분의 근거와 이유가 구체적으로 명시되어 있지 않았다고 하더라도 그로 말미암아 그 처분이 위법한 것으로 된다고 할 수는 없다. (예외적 판례)

32. 「군인사법」에 따라 당해 직무를 수행할 능력이 없다고 인정하여 장교를 보직해임 하는 경우, 처분의 근거와 이유제시 등에 관하여 「군인사법」에 절차가 마련되어 있으므로 별도로 「행정절차법」의 규정이 적용되지 않는다.

33. 행정절차법 적용O : 1. 군인사법상 진급선발취소처분 2. 육군3사관학교 사관생도 징계처분 3. 산업기능요원 편입취소처분 4. KBS사장 해임처분 5. 어린이집 평가인증 취소처분 6. 외국인의 사증발급신청 거부처분 7. 별정직 공무원 직권면직처분

34. 행정절차법 적용X : 1. 국가공무원법상 직위해제처분 2. 구 국적법상 귀화 3. 구 군인사법상 보직해임처분 4. 공정거래위원회의 의결·결정을 거쳐 행하는 사항

35. 모든 국민에게는 정보공개청구권이 인정되며, 정보공개를 청구하는 경우에 특정한 공개방법을 지정하여 정보공개를 청구할 수 있는 법령상 신청권도 인정된다.

36. 국민의 알 권리, 즉 정보에의 접근·수집·처리의 자유는 자유권적 성질과 청구권적 성질을 공유하는 것으로서, 헌법 제21조에 의하여 직접 보장되는 권리이다.

37. 국민의 알 권리의 내용에는 일반 국민 누구나 국가에 대하여 보유·관리하고 있는 정보의 공개를 청구할 수 있는 이른바 일반적인 정보공개청구권이 포함된다.

38. 정보의 공개를 청구하는 자가 청구대상정보를 기재함에 있어서는 사회일반인의 관점에서 청구대상정보의 내용과 범위를 확정할 수 있을 정도로 특정하여야 한다.

39. 불기소처분기록 중 피의자신문조서 등에 기재된 피의자 등의 인적사항 이외의 진술내용이 개인의 사생활의 비밀 또는 자유를 침해할 우려가 인정된다면 비공개대상에 해당한다.

40. 정보공개 청구권자의 권리구제 가능성은 정보의 공개 여부 결정에 아무런 영향을 미치지 못한다.

41. 정보공개법 제9조 제1항 제6호 본문의 규정에 따라 비공개대상이 되는 정보는 이름·주민등록번호 등 '개인식별정보'뿐만 아니라 '개인에 관한 사항의 공개로 개인의 내밀한 내용의 비밀 등이 알려지게 되고, 그 결과 인격적·정신적 내면생활에 지장을 초래하거나 자유로운 사생활을 영위할 수 없게 될 위험성이 있는 정보'도 포함된다.

42. 「공공기관의 정보공개에 관한 법률」에 의하면 "다른 법률 또는 법률에서 위임한 명령에 의하여 비밀 또는 비공개 사항으로 규정된 정보"는 이를 공개하지 아니할 수 있다고 규정하고 있는바, 여기에서 '법률에 의한 명령'은 정보의 공개에 관하여 법률의 구체적인 위임 아래 제정된 법규명령 (위임명령)을 의미한다.

43. 공개청구의 대상이 되는 정보가 이미 다른 사람에게 공개되어 널리 알려져 있다거나 인터넷 등을 통하여 공개되어 인터넷검색 등을 통하여 쉽게 알 수 있다는 사정만으로는 비공개결정이 정당화될 수 없다.

44. 정보공개법 제9조의 비공개 제외사유로서 '공개하는 것이 개인의 권리구제를 위하여 필요하다고 인정되는 정보'에 해당하는지는 비공개에 의하여 보호되는 개인의 사생활의 비밀 등의 이익과 공개에 의하여 보호되는 개인의 권리구제 등의 이익을 비교·교량하여 구체적 사안에 따라 신중히 판단하여야 한다.

45. 의사결정과정에 제공된 회의관련자료나 의사결정과정이 기록된 회의록 등은 의사가 결정되거나 의사가 집행된 경우에는 더 이상 의사결정과정에 있는 사항 그 자체라고는 할 수 없으나, 의사결정과정에 있는 사항에 준하는 사항으로서 비공개대상정보에 포함될 수 있다.

46. 한·일 군사정보보호협정 및 한·일 상호군수지원협정과 관련하여 각종 회의자료 및 회의록 등의 정보는 비공개정보에 해당하고, 공개가 가능한 부분과 공개가 불가능한 부분을 쉽게 분리하는 것이 불가능하여 부분공개도 가능하지 않다.

47. 공개를 거부한 정보에 비공개사유에 해당하는 부분과 그렇지 않은 부분이 혼합되어 있고, 공개청구의 취지에 어긋나지 않는 범위 안에서 두 부분을 분리할 수 있는 경우에는 법원은 공개가 가능한 정보에 한하여 일부취소를 명할 수 있다.

48. 형사재판확정기록의 공개에 관하여는 「형사소송법」의 규정이 적용되므로 「공공기관의 정보공개에 관한 법률」에 의한 공개청구는 허용되지 아니한다.

49. 공개청구된 정보가 수사의견서인 경우 수사의 방법 및 절차 등이 공개되더라도 수사기관의 직무수행을 현저히 곤란하게 하지 않는 때에는 비공개대상정보에 해당하지 않는다.

50. 공공기관이 정보공개를 거부하는 경우에는 어느 부분이 어떠한 법익 또는 기본권과 충돌되어 비공개사유에 해당하는지를 주장·증명하여야 하고, 그에 이르지 아니한 채 개괄적인 사유만을 들어 공개를 거부하는 것은 허용되지 아니한다.

51. 외국 기관으로부터 비공개를 전제로 정보를 입수하였다는 이유만으로, 이를 공개할 경우 업무의 공정한 수행에 현저한 지장을 받을 것이라 단정할 수 없다.

52. 교육공무원의 근무성적평정 결과를 공개하지 아니한다고 규정하고 있는 「교육공무원 승진규정」을 근거로 정보공개청구를 거부하는 것은 위법하다.

53. 공공기관이 청구인이 신청한 공개방법 이외의 방법으로 공개하기로 결정하였다면, 이는 정보공개청구 중 정보공개방법에 관한 부분에 대하여 일부 거부처분을 한 것이므로 이에 대해 항고소송으로 다툴 수 있다.

54. 행정소송의 재판기록 일부의 정보공개청구에 대한 비공개결정은 전자문서로 통지할 수 있다.

55. 지방자치단체의 업무추진비 세부항목별 집행내역 및 그에 관한 증빙서류에 포함된 개인에 관한 정보는 「공공기관의 정보공개에 관한 법률」 소정의 '공개하는 것이 공익을 위하여 필요하다고 인정되는 정보'에 해당하지 않는다.

56. 「보안관찰법」 소정의 보안관찰 관련 통계자료는 「공공기관의 정보공개에 관한 법률」 소정의 비공개대상정보에 해당한다.

57. 사립대학교도 정보공개의무기관인 공공기관에 해당된다. (사립대학교가 국비의 지원을 받는 범위 내에서만 공공기관의 성격을 가진다고 볼 수 없다.)

58. 구 「공공기관의 정보공개에 관한 법률 시행령」 제2조 제1호가 정보공개의무기관으로 사립대학교를 들고 있는 것은 모법의 위임범위를 벗어났다고 볼 수 없다.

59. 사립학교에 대하여 「교육관련기관의 정보공개에 관한 특례법」이 적용되는 경우에도 「공공기관의 정보공개에 관한 법률」을 적용할 수 없는 것은 아니다.

60. 정보공개청구제도는 행정의 투명성과 적법성을 위한 것으로 폭넓게 허용되어야 하지만, 국민의 정보공개청구가 권리의 남용에 해당할 여지도 있다.

61. 실제로는 해당 정보를 취득 또는 활용할 의사가 전혀 없이 정보공개 제도를 이용하여 사회통념상 용인될 수 없는 부당한 이득을 얻으려 하거나, 오로지 공공기관의 담당공무원을 괴롭힐 목적으로 정보공개청구를 하는 경우처럼 권리의 남용에 해당하는 것이 명백한 경우에는 정보공개청구에 대해 거부하여도 위법하지 않다. (정보공개청구권의 행사를 허용하지 아니하는 것이 옳다.)

62. 손해배상소송에 제출할 증거자료를 획득하기 위한 목적으로 정보공개를 청구한 경우, (오로지 상대방을 괴롭힐 목적으로 정보공개를 구하고 있다는 등의 특별한 사정이 없는 한) 권리남용에 해당하지 아니한다.

63. 「공공기관의 정보공개에 관한 법률」상 공개청구의 대상이 되는 정보란 공공기관이 직무상 작성 또는 취득하여 현재 보유·관리하고 있는 문서에 한정되는 것이기는 하나, 그 문서가 반드시 원본일 필요는 없다.

64. 정보공개를 청구하는 자가 공개를 구하는 정보를 행정기관이 보유·관리하고 있을 상당한 개연성이 있다는 점을 입증하여야 한다.

65. 정보공개청구를 거부하는 처분이 있은 후 대상정보가 폐기되었다든가 하여 공공기관이 그 정보를 보유·관리하지 아니하게 된 경우에는 특별한 사정이 없는 한 정보공개거부처분의 취소를 구할 법률상의 이익이 없다.

66. 공개를 구하는 정보를 공공기관이 한때 보유·관리하였으나 그 후에 그 정보가 담긴 문서 등이 폐기되어 존재하지 않게 된 것이라면 그 정보를 더 이상 보유·관리하고 있지 아니하다는 점에 대한 증명책임은 공공기관에 있다.

67. 정보공개거부처분의 취소를 구하는 소송에서 공공기관이 청구정보를 증거 등으로 법원에 제출하여 법원을 통하여 그 사본이 청구인에게 교부 또는 송달되어 청구인에게 정보를 공개하는 셈이 되었더라도, 이러한 우회적인 방법에 의한 공개는 「공공기관의 정보공개에 관한 법률」에 의한 공개라고 볼 수 없다.

68. 기관이 아닌 개인이 타인에 관한 정보의 공개를 청구하는 경우에는 '구 공공기관의 개인정보보호에 관한 법률'이 아닌 '공공기관의 정보공개에 관한 법률' 제9조 제1항 제6호에 따라 개인에 관한 정보의 공개 여부를 판단하여야 한다.

69. (신문사 기자 갑(甲)은 A광역시가 보유·관리하고 있던 시의원 을(乙)과 관련이 있는 정보를 사본 교부의 방법으로 공개하여 줄 것을 청구하였다.)
    ① 정보공개청구권자가 선택한 공개방법에 따라 정보를 공개하여야 하므로, 원칙적으로 A광역시는 사본 교부가 아닌 열람의 방법으로는 공개할 수 없다.
    ② 을(乙)의 비공개 요청이 있는 경우에도 A광역시는 (해당 정보의) 공개를 할 수 있고, 만일 공개하였더라도 을(乙)에 대하여 손해배상책임을 지지 않는다.

70. 개인의 사생활보호의 헌법적 근거로 헌법 제10조와 제17조를 들면서, 이 헌법규정들은 개인의 사생활이 침해되는 것을 배제하는 소극적 권리를 보장하는 것과 자기정보를 자율적으로 통제할 수 있는 적극적 권리까지 보장하는 것을 모두 의미한다.

71. 헌법재판소는 개인정보자기결정권을 사생활의 비밀과 자유, 일반적 인격권 등을 이념적 기초로 하는 독자적 기본권으로서 헌법에 명시되지 않은 기본권으로 보고 있다.

72. 개인정보자기결정권의 보호대상이 되는 개인정보는 반드시 개인의 내밀한 영역에 속하는 정보에 국한되지 않고 공적 생활에서 형성되었거나 이미 공개된 개인 정보까지 포함한다.

73. 개인정보자기결정권은 자신에 관한 정보가 언제 누구에게 어느 범위까지 알려지고 또 이용되도록 할 것인지를 정보주체가 스스로 결정할 수 있는 권리이고 개인정보자기결정권의 보호대상이 되는 개인정보는 개인의 신체, 신념, 사회적 지위, 신분 등과 같이 개인의 인격주체성을 특징짓는 사항으로서 개인의 동일성을 식별할 수 있게 하는 일체의 정보이다.

74. 개인의 고유성, 동일성을 나타내는 지문은 그 정보주체를 타인으로부터 식별가능하게 하는 개인정보이다.

75. 이미 공개된 개인정보를 정보주체의 동의가 있었다고 객관적으로 인정되는 범위 내에서 처리를 할 때는 정보주체의 별도의 동의는 불필요하다고 보아야 하고, 별도의 동의를 받지 아니하였다고 하여 「개인정보 보호법」을 위반한 것으로 볼 수 없다.

76. 개인정보 처리위탁에 있어 수탁자는 (위탁자로부터 위탁사무 처리에 따른 대가를 지급받는 것 외에는 개인정보 처리에 관하여 독자적인 이익을 가지지 않고, 정보제공자의 관리·감독 아래 위탁받은 범위 내에서만 개인정보를 처리하게 되므로) 개인정보보호법 제17조와 정보통신망법 제24조의2에 정한 (정보주체의 개인정보를 별도로 제공받을 수 있는) '제3자'에 해당하지 않는다.

[중요지문 의무이행확보수단]

1. 행정상 즉시강제는 직접강제와는 달리 행정상 강제집행에 해당하지 않는다.

2. 행정강제는 행정상 강제집행을 원칙으로 하며, 법치국가적 요청인 예측가능성과 법적 안정성에 반하고, 기본권 침해의 소지가 큰 권력작용인 행정상 즉시강제는 어디까지나 예외적인 강제수단이라고 할 것이다.

3. 행정상 강제집행에서는 행정법상의 의무를 명하는 명령권의 근거규정과는 별도로 그 의무 불이행에 대한 강제집행의 근거규정도 필요하다.

4. **행정대집행법 제2조 (대집행과 그 비용징수)**
법률(법률의 위임에 의한 명령, 지방자치단체의 조례를 포함한다. 이하 같다)에 의하여 직접명령되었거나 또는 법률에 의거한 행정청의 명령에 의한 행위로서 타인이 대신하여 행할 수 있는 행위를 의무자가 이행하지 아니하는 경우 다른 수단으로써 그 이행을 확보하기 곤란하고 또한 그 불이행을 방치함이 심히 공익을 해할 것으로 인정될 때에는 당해 행정청은 스스로 의무자가 하여야 할 행위를 하거나 또는 제삼자로 하여금 이를 하게 하여 그 비용을 의무자로부터 징수할 수 있다.

5. **행정대집행법 제3조 (대집행의 절차)**
제3항 비상시 또는 위험이 절박한 경우에 있어서 당해 행위의 급속한 실시를 요하여 전2항에 규정한 수속을 취할 여유가 없을 때에는 그 수속을 거치지 아니하고 대집행을 할 수 있다. (계고·통지 등을 생략하고 대집행 가능)

6. 철거명령과 계고처분을 1장의 문서로 동시에 행할 수는 있다.

7. **행정대집행법 제4조 (대집행의 실행 등)**
제1항 행정청은 해가 뜨기 전이나 해가 진 후에는 대집행을 하여서는 아니 된다. 다만, 다음 각 호의 어느 하나에 해당하는 경우에는 그러하지 아니하다.
2. 해가 지기 전에 대집행을 착수한 경우

8. 대집행 비용은 원칙상 의무자가 부담하며 행정청은 그 비용액과 납기일을 정하여 의무자에게 문서로 납부를 명하여야 한다.

9. 대집행에 요한 비용을 징수하였을 때에는 그 징수금은 사무비의 소속에 따라 국고 또는 지방자치단체의 수입으로 한다.

10. 대집행에 대하여는 행정심판을 제기할 수 있다.

11. (관계 법령상 행정대집행의 절차가 인정되어) 행정청이 행정대집행의 방법으로 건물의 철거 등 대체적 작위의무의 이행을 실현할 수 있는 경우에는 따로 민사소송의 방법으로 그 의무의 이행을 구할 수 없다.

12. 공법인이 대집행권한을 위탁받아 공무인 대집행 실시에 지출한 비용을 「행정대집행법」에 따라 강제징수할 수 있음에도 민사소송절차에 의하여 상환을 청구하는 것은 허용되지 않는다.

13. 권원 없이 국유재산에 설치한 시설물에 대하여 관리청이 행정대집행을 통해 철거를 하지 않는 경우 그 국유재산에 대하여 사용청구권을 가진 자는 국가를 대위하여 민사소송으로 그 시설물의 철거를 구할 수 있다.

14. 「공익사업을 위한 토지 등의 취득 및 보상에 관한 법률」상의 협의취득시에 매매대상 건물에 대한 철거의무를 부담하겠다는 취지의 약정을 건물소유자가 하였다고 하더라도, 그 철거의무는 대집행의 대상이 되지 않는다.

15. 「공유재산 및 물품 관리법」에 따른 공유재산 원상복구명령의 강제적 이행은 대집행에 해당한다. (대부계약이 해지된 공유재산에 대한 지상물 철거에 대해서는 (지방재정법에 의하여) 대집행이 가능하다.)

16. 명도의무(퇴거의무, 점유인도의무)는 대체적 작위의무라고 볼 수 없으므로 특별한 사정이 없는 한 「행정대집행법」에 의한 대집행의 대상이 될 수 없다.

17. 도시공원시설 점유자의 퇴거 및 명도 의무는 「행정대집행법」에 의한 대집행의 대상이 아니다.

18. 구 「토지수용법」상 피수용자 등이 기업자에 대하여 부담하는 수용대상 토지의 인도의무는 특별한 사정이 없는 한 「행정대집행법」에 의한 대집행의 대상이 될 수 없다.

19. 대집행의 대상은 원칙적으로 대체적 작위의무에 한하며, 부작위의무위반의 경우 대체적 작위의무로 전환하는 규정을 두고 있지 아니하는 한 대집행의 대상이 되지 않는다.

20. 위반결과의 시정을 명하는 권한은 금지규정으로부터 당연히 추론되는 것은 아니다.

21. 장례식장 사용중지의무는 비대체적 부작위의무이므로 대집행의 대상이 아니다.

22. 무허가증축부분으로 인하여 건물의 미관이 나아지고 증축부분을 철거하는 데 비용이 많이 소요된다고 하더라도 건물철거대집행계고처분을 할 요건에 해당된다.

23. 공유수면에 설치한 건물을 철거하여 공유수면을 원상회복하여야 할 의무는 대체적 작위의무에 해당하므로 행정대집행의 대상이 된다.

24. 「건축법」에 위반하여 증·개축함으로써 철거의무가 있더라도 그 철거의무를 대집행하기 위한 계고처분을 하려면 다른 방법으로는 그 이행의 확보가 어렵고, 그 불이행을 방치함이 심히 공익을 해하는 것으로 인정되는 경우에 한한다. (주장·입증책임은 처분 행정청에 있다.)

25. 계고를 함에 있어서 구체적으로 (대상이) 특정되어야 할 것이지만, 반드시 철거명령서·대집행계고서에 의해서만 특정되어야 하는 것은 아니고, 그 처분 전·후에 송달된 문서나 기타 사정을 종합하여 특정할 수 있으면 족하다(실질적 판단).

26. 건물철거명령 및 철거대집행계고를 한 후에 이에 불응하자 다시 제2차, 제3차의 계고를 하였다면 철거의무는 처음에 한 건물철거명령 및 철거대집행계고로 이미 발생하였고 그 이후에 한 제2차, 제3차의 계고는 새로운 철거의무를 부과한 것이 아니라 대집행 기한을 연기하는 통지에 불과하다.

27. 계고서라는 명칭의 1장의 문서로서 일정기간 내에 위법건축물의 자진철거를 명함과 동시에 그 소정기한 내에 자진철거를 하지 아니할 때에는 대집행할 뜻을 미리 계고한 경우라도 「건축법」에 의한 철거명령과 「행정대집행법」에 의한 계고처분의 각 요건이 충족되었다고 볼 수 있다.

28. 대집행을 함에 있어 계고요건의 주장과 입증책임은 처분행정청에 있는 것이지, 의무불이행자에 있는 것이 아니다.

29. 철거명령에서 주어진 일정기간이 자진철거에 필요한 상당한 기간이라면 (그 기간 속에는) 계고시에 필요한 '상당한 이행기간'도 포함되어 있다고 보아야 한다.

30. 행정청이 행정대집행의 방법으로 건물철거의무의 이행을 실현할 수 있는 경우에는 건물철거 대집행 과정에서 부수적으로 건물의 점유자들에 대한 퇴거 조치를 할 수 있고, 점유자들이 적법한 행정대집행을 위력을 행사하여 방해하는 경우 「경찰관직무집행법」에 근거한 위험발생 방지조치 차원에서 경찰의 도움을 받을 수도 있다.

31. 건물의 점유자가 철거의무자일 때에는 건물철거의무에 퇴거의무도 포함되어 있는 것이어서, 해당 행정청에게 별도로 퇴거를 명하는 집행권원이 필요하지 않다. (별도의 법적 근거X / 행정청은 (건물을 점유하고 있는 철거의무자들에게) 건물퇴거를 구하는 소송 등 별도의 소를 제기할 필요X)

32. 대집행계고처분 취소소송의 변론이 종결되기 전에 대집행영장에 의한 통지절차를 거쳐 사실행위로서 대집행의 실행이 완료된 경우에는 계고처분의 취소를 구할 법률상의 이익이 없다.

33. 「건축법」에 따른 이행강제금의 부과는 집행벌에 해당한다.

34. (이행강제금과 행정벌 모두 간접강제이지만) 이행강제금은 장래의 의무이행을 확보하기 위한 것인 데 반해, 행정벌은 과거의 위반에 대한 제재를 주된 목적으로 한다.

35. 부작위의무나 비대체적 작위의무 뿐만 아니라 대체적 작위의무의 위반에 대하여도 이행강제금을 부과할 수 있다.

36. 「건축법」상 위법건축물에 대한 이행강제수단으로 대집행과 이행강제금이 인정되고 있는데, 행정청은 개별사건에 있어서 위반내용, 위반자의 시정의지 등을 감안하여 대집행과 이행강제금을 선택적으로 활용할 수 있다. (대집행과 이행강제금 중 어떠한 강제수단을 선택할 것인지에 대하여 행정청의 재량이 인정된다.)

37. 국토계획법 제54조가 준용되지 않는 용도변경 즉, 건축법상 임의로 용도변경을 할 수 있는 경우에는 국토계획법 제54조를 위반한 행위가 건축법을 위반한 행위가 된다고 볼 수는 없으므로 '국토계획법상 지구단위계획에 맞지 아니한 용도변경'이라는 이유만으로 건축법 제79조, 제80조에 근거한 시정명령과 그 불이행에 따른 이행강제금 부과처분을 할 수 없다.

38. 이행강제금은 침익적 강제수단이므로 법적 근거를 요한다.

39. 「건축법」상 이행강제금은 반복하여 부과·징수될 수 있다.

40. 「건축법」상 허가권자는 이행강제금을 부과하기 전에 이행강제금을 부과·징수한다는 뜻을 미리 문서로써 계고하여야 한다.

41. 이행강제금 납부의무는 상속인 기타의 사람에게 승계될 수 없는 일신전속적인 성질의 것이므로 이미 사망한 사람에게 이행강제금을 부과하는 내용의 처분이나 결정은 당연무효이다.

42. 이행강제금의 본질상 시정명령을 받은 의무자가 이행강제금이 부과되기 전에 그 의무를 이행한 경우에는 비록 시정명령에서 정한 기간을 지나서 이행한 경우라도 이행강제금을 부과할 수 없다.

43. 장기미등기자가 이행강제금 부과 전에 등기신청의무를 이행하였다면 이행강제금의 부과로써 이행을 확보하고자 하는 목적은 이미 실현된 것이므로, 부동산실명법 제6조 제2항에 규정된 기간이 지나서 등기신청의무를 이행한 경우라 하더라도 이행강제금을 부과할 수 없다.

44. 시정명령의 이행기회가 제공되지 아니한 과거의 기간에 대한 이행강제금까지 한꺼번에 부과할 수는 없고, 이를 위반하여 이루어진 이행강제금 부과처분은 중대하고도 명백한 하자가 있다.

45. 비록 건축주 등이 장기간 시정명령을 이행하지 아니하였더라도, 그 기간 중에는 시정명령의 이행기회가 제공되지 아니하였다가 뒤늦게 시정명령의 이행 기회가 제공된 경우라면, 시정명령의 이행 기회 제공을 전제로 한 1회분의 이행강제금만을 부과할 수 있고, 시정명령의 이행 기회가 제공되지 아니한 과거의 기간에 대한 이행강제금까지 한꺼번에 부과할 수는 없다.

46. 「건축법」상 시정명령을 받은 의무자가 그 시정명령의 취지에 부합하는 의무를 이행하기 위한 정당한 방법으로 행정청에 신청 또는 신고를 하였으나 행정청이 위법하게 이를 거부 또는 반려함으로써 결국 그 처분이 취소되기에 이르렀다면, 이행강제금 제도의 취지에 비추어 볼 때 그 시정명령의 불이행을 이유로 이행강제금을 부과할 수 없다.

47. 사용자가 이행하여야 할 행정법상 의무의 내용을 초과하는 것을 '불이행 내용'으로 기재한 이행강제금 부과 예고서에 의하여 이행강제금 부과 예고를 한 다음 이를 이행하지 않았다는 이유로 이행강제금을 부과 하였다면, 초과한 정도가 근소하다는 등의 특별한 사정이 없는 한 이행강제금 부과 예고는 이행강제금 제도의 취지에 반하는 것으로서 위법하고, 이에 터 잡은 이행강제금 부과처분 역시 위법하다.

48. 농지법이 이행강제금 부과처분에 대한 불복절차(비송사건절차법에 따른 재판절차)를 분명하게 규정하고 있으므로, 이와 다른 불복절차(행정소송)를 허용할 수는 없다. 따라서 관할청이 농지법상의 이행강제금 부과처분을 하면서 재결청에 행정심판을 청구하거나 관할 행정법원에 행정소송을 할 수 있다고 잘못 안내한 경우라도 (그러한 잘못된 안내로) 행정법원의 항고소송 재판관할이 생긴다고 볼 수 없다.

49. 「농지법」에 따른 이행강제금을 부과할 때에는 그때마다 이행강제금을 부과·징수한다는 뜻을 미리 문서로 알려야 하고, 이와 같은 절차를 거치지 아니한 채 이행강제금을 부과하는 것은 이행강제금 제도의 취지에 반하는 것으로써 위법하다.

50. 「건축법」상 이행강제금 납부의 최초 독촉은 징수처분으로서 항고소송의 대상이 되는 행정처분이 될 수 있다.

51. 「식품위생법」에 따른 영업소 폐쇄는 직접강제에 해당한다.

52. 행정상 강제징수는 행정상의 금전급부의무를 이행하지 않는 경우를 대상으로 한다.

53. 독촉은 체납처분의 전제요건이며 시효중단사유가 된다.

54. 세무공무원이 체납처분을 하기 위하여 질문·검사 또는 수색을 하거나 재산을 압류할 때에는 그 신분을 표시하는 증표를 지니고 이를 관계자에게 보여 주어야 한다.

55. 공매 : 처분성O / 매각대상자 결정 : 처분성O / 공매결정·공매통지·공매공고 : 처분성X

56. 공매처분을 하면서 체납자 등에게 공매통지를 하지 않았거나 공매통지를 하였더라도 그것이 적법하지 아니한 경우에는 절차상의 흠이 있어 해당 공매처분은 위법하다.

57. 행정상 즉시강제란 눈앞의 급박한 행정상 장해를 제거할 필요가 있으나 미리 의무를 부과할 시간적 여유가 없을 때 또는 그 성질상 의무를 명해서는 목적달성이 곤란할 경우에 직접 국민의 신체 또는 재산에 실력을 가하여 행정상 필요한 상태를 실현하는 행정작용으로서, 권력적 사실행위로서의 성질을 갖는다. (즉시강제는 의무의 부과가 전제X)

58. 행정상 즉시강제는 다른 수단으로는 행정목적을 달성할 수 없는 경우에만 허용되며, 이 경우에도 최소한으로만 실시하여야 한다.

59. 행정벌은 과거의 의무위반에 대하여 가해지는 제재인 반면에, 즉시강제는 장래를 향하여 행정상 필요한 상태를 실현하는 행정작용이다.

60. 즉시강제는 (국민의 기본권 침해가 가장 강하기 때문에) 법률에 명시적으로 규정된 경우에만 인정된다.

61. 행정상 즉시강제에서 강제 건강진단과 예방접종은 대인적 강제수단에 해당한다.

62. 구「음반·비디오물 및 게임물에 관한 법률」상 불법게임물에 대한 수거 및 폐기 조치는 행정상 즉시강제에 해당한다.

63. 「소방기본법」상 소방본부장, 소방서장 또는 소방대장이 소방활동을 위하여 긴급하게 출동할 때에는 소방자동차의 통행과 소방활동에 방해가 되는 주차 또는 정차된 차량 및 물건 등을 제거하거나 이동시킬 수 있는 것은 즉시강제에 해당한다.

64. 즉시강제로써 행정상 장해를 제거하여 보호하고자 하는 공익과 즉시강제에 따른 권익침해 사이에는 비례관계가 있어야 한다.

65. 행정상 즉시강제는 사람의 신체·재산에 대한 침해를 가져오기도 하기 때문에 헌법상의 영장주의가 적용되는지가 문제이다. 이에 관해서는 영장필요설과 영장불필요설도 있으나 절충설이 통설·판례이다.

66. 행정상 즉시강제는 항고소송의 대상이 되는 처분의 성질을 갖는다. ('입원 또는 격리'가 항고소송의 대상이 된다고 하더라도 입원 또는 격리가 이미 종료된 경우에는 권리보호의 필요성이 부정될 수 있다.)

67. 위법한 즉시강제작용으로 손해를 입은 자는 국가나 지방자치단체를 상대로 「국가배상법」이 정한 바에 따라 손해배상을 청구할 수 있다.

68. 헌법 제12조 제1항에서 규정하고 있는 적법절차의 원칙은 형사소송절차에 국한되지 않고 모든 국가작용 전반에 대하여 적용되는 원칙이므로 세무공무원의 세무조사권의 행사에서도 적법절차의 원칙은 준수되어야 한다.

69. 행정조사가 위법한 경우라도 (위법한 행정조사에 의한 정보에 기초한) 행정처분이 하자가 중대·명백하면 무효이지만 하자가 중대·명백에 이르지 못하면 취소사유(유효)에 해당한다. (∵ 행정처분의 효력은 행정조사의 위법 여부에 따라 결정X)

70. 음주운전 여부에 대한 조사 과정에서 운전자 본인의 동의를 받지 아니하고 법원의 영장도 없이 채혈조사가 행해졌다면, 그 조사 결과를 근거로 한 운전면허취소처분은 특별한 사정이 없는 한 위법하다.

71. 부가가치세부과처분이 종전의 부가가치세 경정조사와 같은 세목 및 같은 과세기간에 대하여 중복하여 실시한 위법한 세무조사에 기초하여 이루어진 경우 그 과세처분은 위법하다.

72. 세무조사가 과세자료의 수집 또는 신고내용의 정확성 검증이라는 본연의 목적이 아니라 부정한 목적을 위하여 행하여진 것이라면 이는 세무조사에 중대한 위법사유가 있는 경우에 해당하고, 이러한 세무조사에 의하여 수집된 과세자료를 기초로 한 과세처분 역시 위법하다. (위법한 세무조사에 의하여 수집된 과세자료를 기초로 한 과세처분은 위법하다.)

73. 죄형법정주의 원칙 등 형벌법규의 해석 원리는 행정형벌에 관한 규정을 해석할 때에도 적용되어야 한다.

74. 구「소방시설 설치·유지 및 안전관리에 관한 법률」 제9조에 의한 소방시설 등의 설치 또는 유지·관리에 대한 명령이 행정처분으로서 하자가 있어 무효인 경우에는 명령에 따른 의무위반이 생기지 아니하므로, 명령 위반을 이유로 행정형벌을 부과할 수 없다.

75. 「부동산등기 특별조치법」에 따른 과태료의 부과는 행정벌에 해당한다.

76. 형사처벌과 이행강제금은 병과될 수 있다.

77. 과실범을 처벌한다는 명문의 규정이 없더라도 행정형벌법규의 해석에 의하여 과실행위도 처벌한다는 뜻이 도출되는 경우에는 과실범도 처벌될 수 있다.

78. 지방자치단체 소속 공무원이 자치사무를 수행하던 중 법 위반행위를 한 경우 지방자치단체는 같은 법의 양벌규정에 따라 처벌되는 법인에 해당한다.

79. 법인 대표자의 법규위반행위에 대한 법인의 책임은 법인 자신의 법규위반행위로 평가될 수 있는 행위에 대한 법인의 직접책임이다.

80. 양벌규정에 의한 법인의 처벌은 형벌의 일종으로서 행정적 제재처분이나 민사상 불법행위책임과는 성격이 다르다.

81. 법인의 독자적인 책임에 관한 규정이 없이 단순히 종업원이 업무에 관한 범죄행위를 하였다는 이유만으로 법인에게 형사처벌을 과하는 것은 책임주의 원칙에 반한다.

82. 양벌규정에 의한 영업주의 처벌은 (금지위반행위자인 종업원의 처벌에 종속하는 것이 아니라 독립하여 영업주 자신의 종업원에 대한 선임감독상의 과실로 인하여 처벌되는 것이므로) 종업원의 범죄성립이나 처벌이 영업주 처벌의 전제조건이 될 필요는 없다.

83. 양벌규정은 행위자에 대한 처벌규정임과 동시에 그 위반행위의 이익귀속주체인 영업주에 대한 처벌규정이다.

84. 통고처분에 따른 범칙금을 납부한 후에 동일한 사건에 대하여 다시 형사처벌을 하는 것이 일사부재리의 원칙에 반하는 것이다.

85. 경찰서장이 범칙행위에 대하여 통고처분을 한 이상, 통고처분에서 정한 범칙금 납부 기간까지는 원칙적으로 경찰서장은 즉결심판을 청구할 수 없고, 검사도 동일한 범칙행위에 대하여 공소를 제기할 수 없다.

86. 행정형벌의 과벌절차로서의 통고처분은 행정소송의 대상이 되는 행정처분이 아니다.

87. 지방국세청장이 조세범칙행위에 대하여 고발을 한 후에 동일한 조세범칙행위에 대하여 통고처분을 하였더라도, 이는 법적 권한 소멸 후에 이루어진 것으로서 효력이 없고, 조세범칙행위자가 이러한 통고처분을 이행하였더라도 일사부재리의 원칙이 적용될 수 없다.

88. 과태료는 행정질서벌에 해당할 뿐 형벌이라고 할 수 없어 죄형법정주의의 규율대상에 해당하지 아니한다.

89. 과태료를 부과하는 근거 법령이 개정되어 행위 시의 법률에 의하면 과태료 부과대상이었지만 재판 시의 법률에 의하면 부과대상이 아니게 된 때에는 특별한 사정이 없는 한 과태료를 부과할 수 없다.

90. 사업자들이 폐수배수시설로부터 배출되는 수질오염물질의 공동처리를 위하여 공동방지시설을 설치하였고, 사업장별 폐수배출량 및 수질오염물질 농도를 측정할 수 없는 경우, 행정청이 사업자들이 제출한 '공동방지시설의 운영에 관한 규약'에서 정해진 '사업장별 배출부과금 부담비율'에 근거하여 각 사업자들에게 배출부과금을 부과하였다면, 그 규약에서 정한 분담기준이 현저히 불합리하다는 등 특별한 사정이 없는 이상, 이러한 배출부과금 부과처분이 위법하다고 볼 수는 없다.

91. 변형된 과징금이란 의무위반행위에 대한 인·허가의 철회·정지에 갈음하여 부과되는 과징금을 말한다. 과징금을 부과할 것인지 영업정지처분을 내릴 것인지는 통상 행정청의 재량에 속하는 것으로 본다.

92. 과징금 부과처분에는 원칙적으로 행정절차법이 적용된다.

93. 과징금은 행정목적의 달성을 위하여 행정법규 위반이라는 객관적 사실에 착안하여 가하는 제재이므로 반드시 현실적인 행위자가 아니라도 법령상 책임자로 규정된 자에게 부과된다.

94. 과징금은 위반자의 고의·과실을 요하지 아니하나, 위반자의 의무 해태를 탓할 수 없는 정당한 사유가 있는 등의 특별한 사정이 있는 경우에는 이를 부과할 수 없다.

95. 법률의 위임을 받아 법규명령으로 과징금부과기준을 정한 경우, 당해 과징금의 수액의 의미에 대해서 정액설(과징금부과처분을 기속행위로 보게 됨)과 최고한도액설(과징금 부과의 탄력적 운영이 가능한 재량행위로 보게 됨)이 대립하고 있다. 판례는 최고한도액설의 입장이다.

96. 구「청소년보호법 시행령」제40조 [별표 6]의 위반행위의 종별에 따른 과징금처분기준에서 정한 과징금 수액은 정액이 아니고 최고한도액이다.

97. 과징금부과처분의 기준을 규정하고 있는 구「청소년보호법 시행령」제40조 [별표 6]은 법규명령(대통령령)의 성질을 갖는다. (제재/기준)

98. 부과관청이 과징금을 부과하면서 추후에 부과금 산정 기준이 되는 새로운 자료가 나올 경우에는 과징금액이 변경될 수도 있다고 유보한다든지, 실제로 추후에 새로운 자료가 나왔다고 하여 새로운 부과처분을 할 수는 없다.

99. 관할 행정청이 여객자동차운송사업자가 범한 여러 가지 위반행위 중 일부만 인지하여 과징금 부과처분을 하였는데 그 후 과징금 부과처분 시점 이전에 이루어진 다른 위반행위를 인지하여 이에 대하여 별도의 과징금 부과처분을 하게 되는 경우, 종전 과징금 부과처분의 대상이 된 위반행위와 추가 과징금 부과처분의 대상이 된 위반행위에 대하여 일괄하여 하나의 과징금 부과처분을 하는 경우와의 형평을 고려하여 추가 과징금 부과처분의 처분양정이 이루어져야 한다.

100. 가산금은 행정법상의 금전급부의무의 불이행에 대한 제재로서 가해지는 금전부담으로, 금전채무의 이행에 대한 간접강제의 효과를 갖는다.

101. 구「국세징수법」상 가산금은 국세를 납부기한까지 납부하지 아니하면 과세청의 확정절차 없이도 법률에 의하여 당연히 발생하는 것이므로 가산금의 고지는 항고소송의 대상이 되는 처분이라고 볼 수 없다.

102. 세법상 가산세를 부과할 때 납세자에게 조세납부를 거부 또는 지연하는데 고의 또는 과실이 있었는지는 원칙적으로 고려하지 않지만, 납세의무자의 의무해태를 탓할 수 없는 정당한 사유가 있는 경우에는 가산세를 부과할 수 없다.

103. 현행법상 행정상 공표에 관하여 행정절차법 등에서 규정하고 있다.

104. 양도인이 위법행위를 한 후 제재를 피하기 위하여 영업을 양도한 경우 그 제재사유의 승계에 관하여 명문의 규정이 없는 경우, 위법행위로 인한 제재사유는 항상 인적 사유이고 경찰책임 중 행위책임의 문제라는 논거는 승계부정설의 논거이다.

105. 판례에 의하면 양도인의 위법행위로 양도인에게 이미 제재처분이 내려진 경우에 영업정지 등 그 제재처분의 효력은 양수인에게 당연히 이전된다.

106. 구「공중위생관리법」상 공중위생영업에 대하여 영업을 정지할 위법사유가 있다면, 관할 행정청은 그 영업이 양도·양수되었다 하더라도 양수인에 대하여 영업정지처분을 할 수 있다.

107. 제재적 처분기준이 부령의 형식으로 규정되어 있는 경우, 그 처분기준에 따른 제재적 행정처분이 현저히 부당하다고 인정할 만한 합리적인 이유가 없는 한 섣불리 그 처분이 재량권의 범위를 일탈하였거나 재량권을 남용한 것이라고 판단해서는 안 된다.

108. 제재적 행정처분의 기준이 부령의 형식으로 규정되어 있는 경우 그러한 처분기준에 적합하다 하여 곧바로 당해 처분이 적법한 것이라고 할 수는 없다.

109. 「식품위생법」이 청소년을 고용한 행위에 대하여 영업허가를 취소하거나 6개월 이내의 기간을 정하여 그 영업의 전부 또는 일부를 정지하거나 영업소 폐쇄를 명할 수 있다고 하면서 행정처분의 세부기준은 총리령으로 위임한다고 정하고 있는 경우에, 총리령에서 정하고 있는 행정처분의 기준은 재판규범이 되지 못한다.

110. 세무서장 등은 납세자가 허가·인가·면허 및 등록을 받은 사업과 관련된 소득세, 법인세 및 부가가치세를 대통령령으로 정하는 사유 없이 체납하였을 때에는 해당 사업의 주무관서에 그 납세자에 대하여 허가 등의 갱신과 그 허가 등의 근거 법률에 따른 신규 허가 등을 하지 아니할 것을 요구할 수 있다.

[중요지문 손해전보]

1. 손실보상과 손해배상은 근거규정 및 요건·효과를 달리하지만 손실보상청구권에 '손해 전보'라는 요소가 포함되어 있어 실질적으로 같은 내용의 손해에 관하여 양자의 청구권이 동시에 성립한다면 청구권자는 어느 하나만을 선택적으로 행사할 수 있을 뿐이다.

2. 국가 또는 지방자치단체가 공무원의 위법한 직무집행으로 발생한 손해에 대해 「국가배상법」에 따라 배상한 경우에 당해 공무원에게 구상권을 행사할 수 있는지에 대해 「국가배상법」은 규정을 두고 있고, 판례에 따르면 당해 공무원에게 고의 또는 중과실이 인정될 경우 국가 또는 지방자치단체는 그 공무원에게 구상권을 행사할 수 있다.

3. 국가나 지방자치단체는 공무원이 직무를 집행하면서 고의 또는 과실로 위법하게 타인에게 손해를 가한 때에 「국가배상법」상 배상책임을 지고, 공무원의 선임 및 감독에 상당한 주의를 한 경우에도 그 배상책임을 면할 수 없다. (국가나 지방자치단체의 고의·과실은 요건X / 가해 공무원의 고의·과실은 요건O)

4. 공무원이 자기 소유의 자동차로 공무수행 중 사고를 일으킨 경우에는 그 공무원은 「자동차손해배상보장법」에 의한 '자기를 위하여 자동차를 운행하는 자'에 해당하는 한 손해배상책임을 부담한다.

5. 국가나 지방자치단체가 손해를 배상할 책임이 있는 경우에 공무원의 선임·감독 또는 영조물의 설치·관리를 맡은 자와 공무원의 봉급·급여, 그 밖의 비용 또는 영조물의 설치·관리 비용을 부담하는 자가 동일하지 아니하면 그 비용을 부담하는 자도 손해를 배상하여야 한다.

6. 일본 「국가배상법」이 국가배상청구권의 발생요건 및 상호보증에 관하여 우리나라 「국가배상법」과 동일한 내용을 규정하고 있는 점 등에 비추어 우리나라와 일본 사이에 우리나라 「국가배상법」 제7조가 정하는 상호보증이 있다. (외국인이 피해자인 경우에는 해당 국가와 상호보증이 있을 때에만 「국가배상법」이 적용되며, 상호보증은 반드시 해당 국가와 조약이 체결되어 있을 필요는 없다.)

7. **국가배상법 제15조 (신청인의 동의와 배상금 지급)**
   제3항 배상결정을 받은 신청인이 배상금 지급을 청구하지 아니하거나 지방자치단체가 대통령령으로 정하는 기간 내에 배상금을 지급하지 아니하면 그 결정에 동의하지 아니한 것으로 본다.

8. 판례는 구 「국가배상법」(67.3.3. 법률 제1899호) 제3조의 배상액 기준은 배상심의회 배상액 결정의 기준이 될 뿐 배상 범위를 법적으로 제한하는 규정이 아니므로 법원을 기속하지 않는다고 보았다.

9. 공무원 개인이 고의 또는 중과실이 있는 경우에는 불법행위로 인한 손해배상책임을 진다고 할 것이지만, 공무원의 위법행위가 경과실에 기한 경우에는 공무원은 손해배상책임을 부담하지 않는다.

10. 공무원 개인이 지는 손해배상책임에서 중과실이란 공무원에게 통상 요구되는 정도의 상당한 주의를 하지 않더라도 약간의 주의를 한다면 손쉽게 위법·유해한 결과를 예견할 수 있는 경우임에도 만연히 이를 간과한 경우와 같이, 거의 고의에 가까운 현저한 주의를 결여한 상태를 의미한다.

11. 경과실이 있는 공무원이 피해자에게 직접 손해를 배상하였다면 그것은 채무자 아닌 사람이 타인의 채무를 변제한 경우에 해당한다.

12. 피해자에 손해를 직접 배상한 경과실이 있는 공무원은 특별한 사정이 없는 한 국가에 대하여 국가의 피해자에 대한 손해배상책임의 범위 내에서 공무원이 변제한 금액에 관하여 구상권을 취득한다. (피해자는 공무원에게 해당 배상금을 반환할 의무X)

13. 공무원의 불법행위에 고의 또는 중과실이 있는 경우 피해자는 국가·지방자치단체나 가해공무원 어느 쪽이든 선택적 청구가 가능하다.

14. 국가배상청구권의 소멸시효기간이 지났으나, 국가가 소멸시효완성을 주장하는 것이 신의성실의 원칙에 반하는 권리남용으로 허용될 수 없어 배상책임을 이행한 경우에는, 그 소멸시효 완성 주장이 권리남용에 해당하게 된 원인행위와 관련하여 해당 공무원이 그 원인이 되는 행위를 적극적으로 주도하였다는 등의 특별한 사정이 없는 한, 국가의 해당 공무원에 대한 구상권 행사는 신의칙상 허용되지 않는다.

15. (제반사정을 참작하여 손해의 공평한 분담이라는 견지에서) 신의칙상 상당하다고 인정되는 한도 내에서만 당해 공무원에 대하여 구상권을 행사할 수 있다. (배상액 일부만 구상권 행사 가능)

16. 공무원의 직무수행 중 불법행위로 인한 배상과 관련하여, 피해자가 공무원에 대해 직접적으로 손해배상을 청구할 수 있는지 여부에 대한 명시적 규정은 국가배상법상으로 존재하지 않는다.

17. 「국가배상법」 제2조에 따른 공무원은 「국가공무원법」 등에 의해 공무원의 신분을 가진 자에 국한하지 않고, 널리 공무를 위탁받아 실질적으로 공무에 종사하고 있는 일체의 자를 가리킨다.

18. (법령의 위탁에 의해 지방자치단체로부터 대집행을 수권받은) 한국토지공사 : 행정주체O / 행정기관X

19. 헌법재판소 재판관이 청구기간 내에 제기된 헌법소원심판청구 사건에서 청구기간을 오인하여 각하결정을 한 경우, 이에 대한 불복절차 내지 시정절차가 없는 때에는 국가배상책임을 인정할 수 있다.

20. 「국가배상법」이 정한 손해배상청구의 요건인 '공무원의 직무'에는 국가나 지방자치단체의 권력적 작용뿐만 아니라 비권력적 작용도 포함되지만 단순한 사경제의 주체로서 하는 작용은 포함되지 않는다.

21. 국가의 철도운행사업과 관련하여 발생한 사고로 인한 손해배상청구
   공무원의 불법행위를 원인 : 민법 적용 (∵ 사경제적 작용은 직무행위X)
   영조물의 설치·관리상의 하자를 원인 : 국가배상법 적용

22. 공무원이 준수하여야 할 직무상 의무가 오로지 공공 일반의 전체적인 이익을 도모하기 위한 것이
   라면 그 의무를 위반하여 국민에게 손해를 가하여도 국가배상책임은 성립하지 아니한다.

23. 산업기술혁신 촉진법령에 따른 중앙행정기관과 지방자치단체 등의 인증신제품 구매의무는 공공
   일반의 전체적인 이익을 도모하기 위한 것으로 봄이 타당하고, 신제품 인증을 받은 자의 재산상
   이익은 법령이 보호하고자하는 이익으로 보기는 어려우므로, 지방자치단체가 위 법령에서 정한
   인증신제품 구매의무를 위반하였다고 하더라도, 이를 이유로 신제품 인증을 받은 자에 대하여 국
   가배상책임을 지는 것은 아니다.

24. 국민이 법령에 정하여진 수질기준에 미달한 상수원수로 생산된 수돗물을 마심으로써 건강상의
   위해 발생에 대한 염려 등에 따른 정신적 고통을 받았다고 하더라도, 이러한 사정만으로는 국가
   또는 지방자치단체가 국민에게 손해배상책임을 부담하지 아니한다.

25. 「금융위원회의 설치 등에 관한 법률」의 입법 취지에 비추어 볼 때, 금융감독원에 금융기관에 대
   한 검사·감독의무를 부과한 법령의 목적이 금융상품에 투자한 투자자 개인의 이익을 직접 보호
   하기 위한 것이라고 할 수 없으므로, 피고 금융감독원 및 그 직원들의 위법한 직무집행과 해당 저
   축은행의 후순위사채에 투자한 원고들이 입은 손해 사이에 상당인과관계가 있다고 보기 어렵다.
   (∵공공 일반의 전체적인 이익)

26. 국가배상책임에 있어서 국가는 직무상의 의무 위반과 피해자가 입은 손해 사이에 상당인과관계
   가 인정되는 범위 내에서만 배상책임을 지는 것이고, 이 경우 상당인과관계가 인정되기 위해서는
   공무원에게 부과된 직무상 의무의 내용이 전적으로 또는 부수적으로 사회구성원 개인의 안전과
   이익을 보호하기 위하여 설정된 것이어야 한다.

27. 개별공시지가 산정업무 담당공무원 등이 그 직무상 의무에 위반하여 현저하게 불합리한 개별공
   시지가가 결정되도록 함으로써 갑의 재산권을 침해한 경우 상당인과관계가 인정되는 범위에서
   그 손해에 대하여 그 담당공무원 등이 속한 지방자치단체가 배상책임을 지게 된다.

28. 「공직선거법」이 후보자가 되고자 하는 자와 그 소속 정당에게 전과기록을 조회할 권리를 부여하
   고 수사기관에 회보의무를 부과한 것은 공공의 이익만을 위한 것이 아니라 후보자가 되고자 하는
   자나 그 소속 정당의 개별적 이익도 보호하기 위한 것이다.

29. 공무원에게 부과된 직무상 의무의 내용이 순전히 행정기관 내부의 질서를 유지하기 위한 것이거나 전체적으로 공공 일반의 이익을 도모하기 위한 것인 경우, 국가 또는 지방자치단체가 배상책임을 부담하지 아니한다.

30. 국가배상법 제2조 제1항의 '직무행위를 집행하면서'에서 직무행위는 (실제 직무행위) 그 자체는 물론 객관적으로 직무의 범위에 속한다고 판단되는 행위 및 직무와 밀접히 관련된 행위까지를 모두 포함한다. (∴ 주관적 공무집행의 의사는 필요X)

31. 인사업무 담당공무원의 공무원증 위조행위는 「국가배상법」상의 직무집행O ∵ 외견설

32. 가해공무원의 특정이 반드시 필요한 것이 아니며, 누구의 행위인지가 판명되지 않더라도 (주의의무 위반이) 공무원의 행위에 의한 것인 이상 국가는 배상책임을 지게 된다.

33. 담당공무원이 (보통 일반의 공무원을 표준으로 하여 볼 때) 객관적 주의의무를 결하여 그 행정처분이 객관적 정당성을 상실하였다고 인정될 정도에 이른 경우에 「국가배상법」 제2조의 요건을 충족하였다고 볼 수 있다.

34. 어떠한 행정처분이 항고소송에서 취소되었을지라도 그 기판력에 의하여 당해 행정처분이 곧바로 공무원의 고의 또는 과실로 인한 것으로서 국가배상책임이 성립한다고 단정할 수는 없다.

35. 취소판결의 기판력은 국가배상청구소송에도 미치지만, 행정처분이 후에 항고소송에서 취소되었다고 할지라도 그 기판력에 의하여 당해 행정처분이 곧바로 공무원의 고의 또는 과실로 인한 것으로서 불법행위를 구성한다고 단정할 수는 없다.

36. 부작위위법확인소송에서 A시장의 부작위가 위법하다고 확인한 인용판결이 확정되어도 A시장의 부작위를 원인으로 한 국가배상소송에서 A시장의 부작위가 고의 또는 과실에 의한 불법행위를 구성한다는 점이 곧바로 인정되는 것은 아니다.

37. 형벌에 관한 법령이 헌법재판소의 위헌결정으로 소급하여 효력을 상실한 경우, 위헌 선언 전 그 법령에 기초하여 수사가 개시되어 공소가 제기되고 유죄판결이 선고되었더라도, 그러한 사정만으로 국가의 손해배상책임이 발생한다고 볼 수 없다. (∵ 공무원의 고의·과실X)

38. 공무원에 대한 전보인사가 인사권을 다소 부적절하게 행사한 것으로 볼 여지가 있다 하더라도 그러한 사유만으로 그 전보인사가 당연히 불법행위를 구성한다고 볼 수는 없다.

39. 국가배상법 제2조 제1항에서 규정한 공무원의 과실의 입증책임은 국가에 대하여 공무원의 불법행위로 인한 손해배상을 청구하는 당사자(원고)에게 있다.

40. 일반적으로 공무원이 필요한 지식을 갖추지 못하고 법규의 해석을 그르쳐 행정처분을 하였다면 그가 법률전문가가 아닌 행정직공무원이라고 하여 과실이 없다고는 할 수 없다.

41. 공무원이 관계 법령의 해석이 확립되기 전에 어느 한 설을 취하여 업무를 처리한 것이 결과적으로 위법하더라도 처분 당시 그 이상의 업무처리를 성실한 평균적 공무원에게 기대하기 어려웠던 경우라면 원칙적으로 공무원의 과실을 인정할 수 없다.

42. 법률이 헌법에 위반되는지 여부를 심사할 권한이 없는 공무원으로서는 행위 당시의 법률에 따를 수밖에 없으므로, 행위의 근거가 된 법률조항에 대하여 위헌결정이 선고되더라도 위 법률조항에 따라 행위한 당해 공무원에게는 고의 또는 과실이 있다 할 수 없어 국가배상책임은 성립되지 아니한다.

43. 영업허가취소처분이 나중에 행정심판에 의하여 재량권을 일탈한 위법한 처분이 되었더라도 그 처분이 당시 시행되던 「공중위생법 시행규칙」에 정하여진 행정처분의 기준에 따른 것이라면 그 영업허가취소처분을 한 공무원에게 그와 같은 위법한 처분을 한 데 있어 어떤 직무집행상의 과실이 있다고 할 수 없다.

44. 직무수행에 재량이 인정되는 경우라도 그 권한을 부여한 취지와 목적에 비추어 볼 때 구체적 사정에 따라 그 권한을 행사하여 필요한 조치를 취하지 아니하는 것이 현저하게 불합리하다고 인정되는 때에는 그러한 권한의 불행사는 직무상의 의무를 위반한 것이 되어 위법하게 된다.

45. 「경찰관직무집행법」 등 관련법률이 경찰관에게 권한을 부여한 취지와 목적을 비추어 볼 때 구체적인 사정에 따라 경찰관이 권한을 행사하여 필요한 조치를 하지 아니하는 것이 현저하게 불합리하다고 인정되는 경우에는 권한의 불행사는 직무상 의무를 위반한 것이 되어 위법하게 된다.

46. 국가배상책임에 있어서 공무원의 행위는 법령에 위반한 것이어야 하고, 법령위반이라 함은 엄격한 의미의 법령 위반뿐만 아니라 인권존중, 권력남용금지, 신의성실 등의 위반도 포함하여 그 행위가 객관적인 정당성을 결여하고 있음을 의미한다.

47. 물품세 과세대상이 아닌 것을 세무공무원이 직무상 과실로 과세대상으로 오인하여 과세처분을 행함으로 인하여 손해가 발생된 경우에는, 동 과세처분이 취소되지 아니하였다 하더라도, 국가는 이로 인한 손해를 배상할 책임이 있다.

48. 행정처분이 위법임을 이유로 국가배상을 청구하기 위한 전제로서 그 처분이 취소되어야만 하는 것은 아니다.

49. 취소사유 있는 영업정지처분에 대한 취소소송의 제소기간이 도과한 경우 처분의 상대방은 국가배상청구소송을 제기하여 재산상 손해의 배상을 구할 수 있다.

50. 재판에 대하여 불복절차 내지 시정절차 자체가 없는 경우, 부당한 재판으로 인하여 불이익 내지 손해를 입은 사람에게는 배상책임의 요건이 충족되는 한 국가배상책임이 인정될 수 있다.

51. 공무원의 부작위로 인한 국가배상책임을 인정할 것인지 여부가 문제되는 때에 관련 공무원에 대하여 작위의무를 명하는 법령의 규정이 없다면 공무원의 부작위로 인하여 침해된 국민의 법익 또는 국민에게 발생한 손해가 어느 정도 심각하고 절박한 것인지, 관련 공무원이 그와 같은 결과를 예견하여 그 결과를 회피하기 위한 조치를 취할 수 있는 가능성이 있는지 등을 종합적으로 고려하여 판단하여야 한다.

52. 공무원의 부작위가 공무원으로서 마땅히 지켜야 할 준칙이나 규범을 위반한 경우를 포함하여 널리 객관적인 정당성이 없는 경우, 그 부작위는 '법령을 위반'하는 경우에 해당한다.

53. 상급행정기관이 소속 공무원이나 하급행정기관에 대하여 업무처리지침이나 법령의 해석·적용 기준을 정해 주는 행정규칙을 위반한 공무원의 조치가 있다고 해서 그러한 사정만으로 곧바로 그 조치의 위법성이 인정되는 것은 아니다.

54. 국가가 일정한 사항에 관하여 헌법에 의하여 부과되는 구체적인 입법의무를 부담하고 있음에도 불구하고 그 입법에 필요한 상당한 기간이 경과하도록 고의·과실로 입법의무를 이행하지 아니하는 경우, 국가배상책임이 인정될 수 있다.

55. 공무원이 고의 또는 과실로 그에게 부과된 직무상 의무를 위반하였을 경우라고 하더라도 국가는 그러한 직무상의 의무 위반과 피해자가 입은 손해 사이에 상당인과관계가 인정되는 범위 내에서만 배상책임을 진다.

56. 소방공무원들이 다중이용업소인 주점의 비상구와 피난시설 등에 대한 점검을 소홀히 함으로써 주점의 피난통로 등에 중대한 피난 장애요인이 있음을 발견하지 못하여 업주들에 대한 적절한 지도·감독을 하지 아니한 경우 직무상 의무 위반과 주점 손님들의 사망 사이에 상당인과관계가 인정된다.

57. 국가배상책임에 대한 자기책임설에서는 공무원의 피해자에 대한 책임을 인정하고 대위책임설에서는 공무원의 피해자에 대한 책임을 부인한다.

58. 시·도경찰청장 또는 경찰서장이 지방자치단체의 장으로부터 권한을 위탁받아 설치·관리하는 신호기의 하자로 인해 손해가 발생한 경우 국가배상법 제5조의 배상책임은 지방자치단체에게 있고, 국가배상법 제6조의 배상책임(비용부담자 책임)은 국가에게 있다.

59. 甲은 A지방자치단체가 관리하는 도로를 운행하던 중 도로에 방치된 낙하물로 인하여 손해를 입었고, 이를 이유로 「국가배상법」상 손해배상을 청구하려고 한다. (다툼이 있는 경우 판례에 의함)
   ① 공물(「국가배상법」상 공공의 영조물)에는 공공용물(일반공중이 사용)과 공용물(행정주체 자신이 사용) 모두 포함되며, 국가나 지방자치단체가 소유권·임차권 그 밖의 권한에 기하여 관리하고 있는 것만이 아니라 사실상 관리하고 있는 것도 포함된다.
   ② 위 도로의 설치·관리상의 하자가 있는지 여부는 위 도로가 그 용도에 따라 통상 갖추어야 할 안전성을 갖추었는지 여부에 따라 결정된다.
   ③ 위 도로가 국도이며 그 관리권이 A지방자치단체의 장에게 위임되었다면, A지방자치단체가 도로의 관리에 필요한 일체의 경비를 대외적으로 지출하는 자에 불과하더라도 甲은 A지방자치단체에 대해 국가배상을 청구할 수 있다.
   ④ 甲이 배상을 받기 위하여 소송을 제기하는 경우에는 민사소송을 제기하여야 한다.

60. 불법행위로 영업을 중단한 자가 영업 중단에 따른 손해배상을 구하는 경우 영업을 중단하지 않았으면 얻었을 순이익과 이와 별도로 영업 중단과 상관없이 불가피하게 지출해야 하는 비용도 특별한 사정이 없는 한 손해배상의 범위에 포함될 수 있다.

61. 군 복무 중 사망한 군인 등의 유족이 「국가배상법」에 따른 손해배상금을 지급받은 경우 그 손해배상금 상당 금액에 대해서는 「군인연금법」에서 정한 사망보상금을 지급받을 수 없다.

62. 직무집행과 관련하여 공상을 입은 군인 등이 먼저 「국가배상법」에 따라 손해배상금을 지급받은 다음, 구「국가유공자 등 예우 및 지원에 관한 법률」이 정한 보상금 등 보훈급여금의 지급을 청구하는 경우, 「국가배상법」에 따라 손해배상을 받았다는 이유로 그 지급을 거부할 수 없다.

63. 경찰공무원인 피해자가 「공무원연금법」에 따라 공무상 요양비를 지급받는 것은 「국가배상법」 제2조 제1항 단서에서 정한 '다른 법령의 규정'에 따라 보상을 지급받는 것에 해당하지 않는다.

64. 「국가배상법」 제2조 제1항 단서에서 정한 '다른 법령의 규정'에 따른 보상금청구권이 모두 시효로 소멸된 경우라고 하더라도 「국가배상법」 제2조 제1항 단서 규정이 적용된다.

65. 군인이 교육훈련으로 공상을 입은 경우라도 「군인연금법」 또는 「국가유공자 예우 등에 관한 법률」에 의하여 재해보상금·유족연금·상이연금 등 별도의 보상을 받을 수 없는 경우에는 「국가배상법」 제2조 제1항 단서의 적용 대상에서 제외하여야 한다.

66. 민간인과 직무집행중인 군인 등의 공동불법행위로 인하여 직무집행중인 다른 군인 등이 피해를 입은 경우, 민간인이 피해 군인 등에게 자신의 귀책부분을 넘어서 배상한 경우 민간인이 국가 등에게 구상권을 행사할 수 있는지 여부가 문제된다. (대법원은 민간인은 공동불법행위의 일반적인 경우와 달리 모든 손해에 대한 것이 아니라 귀책비율에 따른 부분만 손해배상을 하면 되고, 그 이상을 부담할 필요가 없으며 그 이상을 부담하더라도 그에 대하여는 국가에 구상을 청구할 수 없다고 한다. 이를 허용하면, 이러한 우회적인 경로를 통하여 군인 등의 국가에 대한 손해배상청구를 배제한 헌법의 취지가 몰각될 것이기 때문이다.)

67. 「국가배상법」 제5조 소정의 공공의 영조물이란 공유나 사유임을 불문하고 행정주체에 의하여 특정 공공의 목적에 공여된 유체물 또는 물적 설비를 의미한다.

68. 공물(「국가배상법」상 '공공의 영조물')에는 공공용물(일반공중이 사용)과 공용물(행정주체 자신이 사용) 모두 포함되며, 국가·지방자치단체가 소유권·임차권 그 밖의 권한에 기하여 관리하고 있는 것만이 아니라 사실상 관리하고 있는 것도 포함된다.

69. 「국가배상법」상 '공공의 영조물'에는 철도시설물인 대합실과 승강장 및 도로 상에 설치된 보행자 신호기와 차량 신호기도 포함된다.

70. 사실상 군민(郡民)의 통행에 제공되고 있던 도로라고 하여도 군(郡)에 의하여 노선인정 기타 공용개시가 없었던 이상 이 도로를 「국가배상법」상 '공공의 영조물'이라 할 수 없다.

71. 설치 공사 중인 옹벽은 아직 완성되지 아니하여 일반 공중의 이용에 제공되지 않고 있었던 이상 「국가배상법」상 공공의 영조물에 해당한다고 할 수 없다.

72. '영조물의 설치 또는 관리의 하자'란 공공의 목적에 제공된 영조물이 그 용도에 따라 통상 갖추어야 할 안정성을 갖추지 못한 상태에 있음을 말한다.

73. '공공의 영조물의 설치·관리의 하자'에는 영조물이 공공의 목적에 이용됨에 있어 그 이용 상태 및 정도가 일정한 한도를 초과하여 제3자에게 사회통념상 참을 수 없는 피해를 입히고 있는 경우가 포함된다.

74. 공군비행장을 구성하는 물적 시설 자체에 있는 물리적·외형적 흠결이나 불비로 인하여 그 이용자에게 위해를 끼칠 위험성이 없더라도 그 비행장에게 발생하는 소음이 일정한 한도를 초과하여 제3자에게 수인한도를 넘는 피해를 입히는 경우에는 '영조물의 설치나 관리의 하자'가 있다.

75. 영조물의 설치 및 관리에 있어서 항상 완전무결한 상태를 유지할 정도의 고도의 안정성을 갖추지 아니하였다고 하여 영조물의 설치 또는 관리에 하자가 있다고 단정할 수 없다.

76. 이미 존재하는 하천의 제방이 계획홍수위를 넘고 있다면 그 하천은 용도에 따라 통상 갖추어야 할 안전성을 갖추고 있다고 보아야 한다. 따라서 '하천시설기준'이 정한 여유고를 확보하지 못하고 있다는 사정만으로 바로 안전성이 결여된 하자가 있다고 볼 수는 없다.

77. 주관적 요소를 고려하는 최근의 판례에 따르면 영조물의 결함이 영조물의 설치관리자의 관리행위가 미칠 수 없는 상황 아래에 있는 것이 입증되는 경우 영조물의 설치·관리상의 하자가 인정되지 않는다.

78. 소음 등을 포함한 공해 등의 위험지역으로 이주하여 거주하는 것이 피해자가 위험의 존재를 인식하고 그로 인한 피해를 용인하면서 접근한 것이라고 볼 수 있는 경우 가해자의 면책이 인정될 수 있다.

79. 손실보상은 공공사업의 시행과 같이 적법한 공권력의 행사로 가하여진 재산상의 특별한 희생에 대하여 전체적인 공평부담의 견지에서 인정되는 것이므로, 공공사업의 시행으로 손해를 입었다고 주장하는 자가 보상을 받을 권리를 가졌는지는 해당 공공사업의 시행 당시를 기준으로 판단하여야 한다.

80. 대법원은 공용침해로 인한 특별한 손해에 대한 보상규정이 없는 경우, 관련 보상규정을 유추적용하여 보상하려는 경향이 있다(유추적용설).

81. 토지가 구「소하천정비법」에 의하여 소하천구역으로 적법하게 편입된 경우 그로 인하여 그 토지의 소유자가 사용·수익에 관한 권리행사에 제한을 받아 손해를 입고 있다고 하더라도 손실보상을 청구할 수 있음은 별론으로 하고, 관리청의 제방 부지에 대한 점유를 권원 없는 점유와 같이 보아 손해배상이나 부당이득의 반환을 청구할 수 없다.

82. 구「전염병예방법」에 의한 피해보상제도가 수익적 행정처분의 형식을 취하고는 있지만, 구「전염병예방법」의 취지와 입법 경위 등을 고려하면 그 실질은 피해자의 특별한 희생에 대한 보상에 가까우므로 그 인정 여부는 객관적으로 합리적인 재량권의 범위 내에서 타당하게 결정하여야 한다.

83. 제방부지 및 제외지가 유수지와 더불어 하천구역이 되어 국유로 되는 이상 그로 인하여 소유자가 입은 손실은 특별한 희생에 해당하고, 보상방법을 유수지에 대한 것과 달리할 아무런 합리적인 이유가 없으므로 소유자에게 손실을 보상하여야 한다.

84. 보상규정이 없다고 하여 당연히 보상이 이루어질 수 없는 것이 아니라 헌법해석론에 따라서는 특별한 희생에 해당하는 재산권 제약에 대해서는 손실보상이 이루어질 수도 있다.

85. 분리이론과 경계이론은 재산권의 내용·한계설정과 공용침해를 보다 합리적으로 구분하려는 이론이다.

86. 재산권의 사회적 제약에 해당하는 공용제한에 대해서는 보상규정을 두지 않아도 된다.

87. 정비기반시설과 그 부지의 소유·관리·유지관계를 정한 「도시 및 주거환경정비법」 제65조 제2항의 전단에 따른 정비기반시설의 소유권 귀속은 헌법 제23조 제3항의 수용에 해당하지 않는다.

88. 판례는 원칙적으로 손실보상청구권은 사법상의 권리이며 그에 관한 다툼은 민사소송을 제기해야 한다고 적시하고 있지만, 예외적으로 하천구역 편입토지에 대한 보상청구권과 사업폐지 등에 대한 보상청구권 등은 공법상 권리임이 분명하므로 그에 관한 쟁송은 민사소송이 아닌 행정소송절차에 의하여야 한다고 본다. (국가가 책임지고 보상해줘라!)

89. 구 「하천법」에 의한 하천수 사용권은 「공익사업을 위한 토지 등의 취득 및 보상에 관한 법률」이 손실보상의 대상으로 규정하고 있는 '물의 사용에 관한 권리'에 해당한다.

90. 재산권의 존속보장과의 조화를 위해서는, '공공필요'의 요건에 관하여, 공익성은 추상적인 공익 일반 또는 국가의 이익 이상의 중대한 공익을 요구하므로 기본권 일반의 제한사유인 '공공복리'보다 좁게 보는 것이 타당하다.

91. 「국토의 계획 및 이용에 관한 법률」에서 규정하는 도시계획시설사업은 도로·철도·항만·공항·주차장 등 교통시설, 수도·전기·가스공급설비 등 공급시설과 같은 도시계획시설을 설치·정비 또는 개량하여 공공복리를 증진시키고 국민의 삶의 질을 향상시키는 것을 목적으로 하고 있으므로, 그 자체로 공공필요성의 요건이 충족된다.

92. 사업시행자가 사인인 경우에는 공익의 우월성이 인정되는 것 외에 그 사업시행으로 획득할 수 있는 공익이 현저히 해태되지 아니하도록 보장하는 제도적 규율도 갖추어져 있어야 한다.

93. 공용수용이 허용될 수 있는 공익사업의 범위는 법률유보 원칙에 따라 법률에서 명확히 규정되어야 한다. 따라서 공공의 이익에 도움이 되는 사업이라도 '공익사업'으로 실정법에 열거되어 있지 아니한 사업은 공용수용이 허용될 수 없다.

94. 헌법적 요청에 의한 수용이라 하더라도 국민의 재산을 그 의사에 반하여 강제적으로라도 취득하여야 할 정도의 필요성이 인정되어야 하고, 그 필요성이 인정되기 위하여서는 사인의 재산권침해를 정당화할 정도의 공익의 우월성이 인정되어야 한다.

95. 환매의 목적물은 토지에 한정되며, 주된 대상은 그 소유권이다. 따라서 토지 이외의 물건(건물, 입목, 토석)이나 토지소유권 이외의 권리는 환매의 대상이 되지 아니한다.

96. (공유수면 매립면허의 고시가 있다고 하여 반드시 그 사업이 시행되고 그로 인하여 손실이 발생한다고 할 수 없으므로) 매립면허 고시 이후 매립공사가 실행되어 관행어업권자에게 실질적이고 현실적인 피해가 발생한 경우에만 공유수면매립법에서 정하는 손실보상청구권이 발생하였다고 보아야 한다.

97. 동일한 토지소유자에 속하는 일단의 토지의 일부가 취득됨으로써 잔여지의 가격이 감소한 때에는 잔여지를 종래의 목적으로 사용하는 것이 가능한 경우라도 그 잔여지는 손실보상의 대상이 된다.

98. 공익사업시행으로 인한 개발이익은 (완전보상의 범위에 포함되는) 피수용토지의 객관적 가치 내지 피수용자의 손실에 해당하지 않는다.

99. 농지개량사업 시행지역 내의 토지 등 소유자가 토지사용에 관한 승낙을 하였더라도 그에 대한 정당한 보상을 받은 바가 없다면 농지개량사업 시행자는 토지 소유자 및 승계인에 대하여 보상할 의무가 있다.

100. 「공익사업을 위한 토지 등의 취득 및 보상에 관한 법률」에 의한 보상합의는 공공기관이 사경제 주체로서 행하는 사법상 계약의 실질을 가진다.

101. 「공익사업을 위한 토지 등의 취득 및 보상에 관한 법률」 즉 「토지보상법」에 의한 보상합의는 공공기관이 사경제주체로서 행하는 사법상 계약의 실질을 가지는 것으로서, 당사자 간의 합의로 같은 법 소정의 손실보상의 기준에 의하지 아니한 손실보상금을 정할 수 있으며, 이와 같이 같은 법이 정하는 기준에 따르지 아니하고 손실보상액에 관한 합의를 하였다고 하더라도 그 합의가 착오 등을 이유로 적법하게 취소되지 않는 한 유효하다.

102. 공공사업시행지구 밖에서 발생한 간접손실에 관하여 그 피해자와 사업시행자 사이에 협의가 이루어지지 아니하고, 그 보상에 관한 명문의 근거 법령이 없는 경우라고 하더라도 공공사업의 시행으로 인하여 그러한 손실이 발생하리라는 것을 쉽게 예견할 수 있고, 그 손실의 범위도 구체적으로 특정할 수 있다면 그 손실보상에 관하여 관련 규정 등을 유추적용할 수 있다.

103. 주거이전비는 사회보장적인 차원에서 지급되는 금원의 성격을 가지므로 주거용 건축물 세입자의 주거이전비 보상청구권은 공법상의 권리이고, 주거이전비 보상청구소송은 당사자소송에 의해야 한다.

104. '생업의 근거를 상실하게 된 자에 대하여 일정 규모의 상업용지 또는 상가분양권 등을 공급하는' 생활대책은 헌법 제23조 제3항에 규정된 정당한 보상에 포함되는 것이라기보다는 생활보상의 일환으로서 국가의 정책적인 배려에 의하여 마련된 제도이다.

105. 시혜적으로 시행되는 이주대책 수립 등의 경우에 대상자의 범위나 그들에 대한 이주대책 수립 등의 내용을 어떻게 정할 것인지에 관하여는 사업시행자에게 폭넓은 재량이 있다.

106. 이주대책의 내용으로서 사업시행자가 이주정착지에 대한 도로·급수시설·배수시설 그 밖의 공공시설 등 통상적인 수준의 생활기본시설을 설치하고 비용을 부담하도록 강제한 공익사업법 제78조 제4항은 법이 정한 이주대책대상자를 대상으로 하여 특별히 규정된 것이므로, 이를 넘어서서 그 규정이 시혜적인 이주대책대상자에까지 적용된다고 볼 수 없다.

107. 이주대책대상자에 해당되는지를 판단하는 기준은 각 공익사업의 근거법령에 따라 개별적으로 특정되어야 하며 사업시행자는 법이 정한 이주대책대상자를 법령이 예정하고 있는 이주대책 수립 등의 대상에서 임의로 제외해서는 아니 된다.

108. 사업시행자의 이주대책 수립·실시의무 및 이주대책의 내용에 관한 규정은 당사자의 합의 또는 사업시행자의 재량에 의하여 적용을 배제할 수 없는 강행법규이다.

109. 사업시행자는 해당 공익사업의 성격, 구체적인 경위나 내용, 원만한 시행을 위한 필요 등 제반 사정을 고려하여 법이 정한 이주대책대상자를 포함하여 그 밖의 이해관계인에게까지 넓혀 시혜적으로 이주대책 수립 등을 시행할 수 있다.

110. 이주대책은 이른바 생활보상에 해당하는 것이지만 헌법 제23조 제3항이 규정하는 손실보상의 한 형태로 볼 수 없으므로, 법률이 사업시행자에게 이주대책의 수립·실시의무를 부과하고 있다고 하여 이로부터 사업시행자가 수립한 이주대책상의 택지분양권 등의 구체적 권리가 이주자에게 직접 발생하지는 않는다.

111. 공익사업의 시행자는 해당 공익사업을 위한 공사에 착수하기 이전에 토지소유자에게 보상액 전액을 지급하여야 한다. 사업시행자가 보상액을 지급하지 않고 승낙도 받지 않은 채 공사에 착수함으로써 토지소유자가 손해를 입은 경우, 토지소유자에 대하여 불법행위로 인한 손해배상 책임이 발생한다.

112. **공익사업을 위한 토지 등의 취득 및 보상에 관한 법률 제64조 (개인별 보상)**
손실보상은 토지소유자나 관계인에게 개인별로 하여야 한다. 다만, 개인별로 보상액을 산정할 수 없을 때에는 그러하지 아니하다.

113. **공익사업을 위한 토지 등의 취득 및 보상에 관한 법률 제65조 (일괄보상)**
사업시행자는 동일한 사업지역에 보상시기를 달리하는 동일인 소유의 토지 등이 여러 개 있는 경우 토지소유자나 관계인이 요구할 때에는 한꺼번에 보상금을 지급하도록 하여야 한다.

114. 사업인정기관은 어떠한 사업이 외형상 토지 등을 수용 또는 사용할 수 있는 사업에 해당한다 하더라도, 사업시행자에게 해당 공익사업을 수행할 의사와 능력이 없다면 사업인정을 거부할 수 있다.

115. 사업인정은 공익사업의 시행자에게 그 후 일정한 절차를 거칠 것을 조건으로 일정한 내용의 수용권을 설정하여 주는 형성행위이다.

116. 헌법재판소는 민간기업도 일정한 조건하에서는 공용수용권을 행사할 수 있다는 입장이다.

117. 국가 등의 공적 기관이 직접 수용의 주체가 되는 것이든 그러한 공적 기관의 최종적인 허부판단과 승인결정하에 민간기업이 수용의 주체가 되는 것이든, 양자 사이에 공공필요에 대한 판단과 수용의 범위에 있어서 본질적인 차이가 있는 것은 아니다.

118. 공익사업을 위한 토지 등의 취득 및 보상에 관한 법령에 의한 협의취득은 사법상의 법률행위이다.

119. 협의취득으로 인한 사업시행자의 토지에 대한 소유권 취득은 승계취득이지만 관할 토지수용위원회에 의한 협의 성립의 확인이 있었던 것으로 간주되면, (토지보상법 제29조 제4항에 따라 그에 관한 재결이 있었던 것으로 재차 의제되고,) 사업시행자는 수용재결의 경우와 동일하게 그 토지에 대한 원시취득의 효과를 누리게 된다.

120. 토지소유자 등이 손실보상대상에 해당한다고 주장하며 보상을 요구하는데도 사업시행자가 손실보상대상에 해당하지 아니한다며 보상대상에서 이를 제외한 채 협의를 하지 않아 결국 협의가 성립하지 않은 경우, 토지소유자 등에게는 재결신청청구권이 인정된다.

121. 토지소유자나 관계인의 재결신청 청구에도 사업시행자가 재결신청을 하지 않을 때 토지소유자나 관계인은 사업시행자를 상대로 거부처분 취소소송 또는 부작위위법확인소송의 방법으로 다투어야 한다.

122. 토지수용위원회의 수용재결이 있은 후라고 하더라도 토지소유자 등과 사업시행자가 다시 협의하여 토지 등의 취득이나 사용 및 그에 대한 보상에 관하여 임의로 계약을 체결할 수 있다.

123. **공익사업을 위한 토지 등의 취득 및 보상에 관한 법률 제85조 (행정소송의 제기)**
제1항 사업시행자, 토지소유자 또는 관계인은 제34조에 따른 재결에 불복할 때에는 재결서를 받은 날부터 90일 이내에, 이의신청을 거쳤을 때에는 이의신청에 대한 재결서를 받은 날부터 60일 이내에 각각 행정소송을 제기할 수 있다. 이 경우 사업시행자는 행정소송을 제기하기 전에 제84조에 따라 늘어난 보상금을 공탁하여야 하며, 보상금을 받을 자는 공탁된 보상금을 소송이 종결될 때까지 수령할 수 없다.

124. 토지수용위원회가 토지에 대하여 사용재결을 하는 경우 사용할 토지의 위치와 면적, 권리자, 손실보상액, 사용 개시일뿐만 아니라 사용방법, 사용기간도 구체적으로 재결서에 특정하여야 한다.

125. 헌법재판소는 「개발제한구역의 지정 및 관리에 관한 특별조치법」 제11조 제1항 등에 대한 위헌소원사건에서 토지의 효용이 감소한 토지소유자에게 토지매수청구권을 인정하는 등 보상규정을 두었으므로 적절한 손실보상에 해당한다고 합헌결정을 하였다.

126. **공익사업을 위한 토지 등의 취득 및 보상에 관한 법률 제85조 (행정소송의 제기)**
제2항 제1항에 따라 제기하려는 행정소송이 보상금의 증감에 관한 소송인 경우 그 소송을 제기하는 자가 토지소유자 또는 관계인일 때에는 사업시행자를, 사업시행자일 때에는 토지소유자 또는 관계인을 각각 피고로 한다.

127. 토지수용위원회의 재결에 대한 토지소유자의 행정소송 제기는 사업의 진행 및 토지의 수용 또는 사용을 정지시키지 아니한다.

128. 「공익사업을 위한 토지 등의 취득 및 보상에 관한 법률」에 따라 사업인정고시가 된 후 토지의 사용으로 인하여 토지의 형질이 변경되는 경우에 토지소유자는 사업시행자에게 해당 토지의 매수를 청구하거나 관할 토지수용위원회에 그 토지의 수용을 청구할 수 있다.

129. 「공익사업을 위한 토지 등의 취득 및 보상에 관한 법률」상 토지수용위원회의 수용재결에 이의가 있어 중앙토지수용위원회에 이의를 신청한 경우 해당 이의신청이 행정심판을 청구한 것에 해당하므로 다시 「행정심판법」에 따른 행정심판을 제기할 수 없다.

130. 현행 「토지보상법」은 임의적 전치주의를 취하고 있어 이의신청을 거쳐 행정소송을 제기할 수도 있고, 이의신청을 거치지 않고 바로 행정소송을 제기할 수도 있다. 원칙적으로 수용재결이 행정소송의 대상이 된다.

131. 수용재결에 불복하여 취소소송을 제기하는 때에는 이의신청을 거친 경우에도 이의신청에 대한 재결 자체에 고유한 위법이 없는 한 수용재결을 한 중앙토지수용위원회 또는 지방토지수용위원회를 피고로 하여 수용재결의 취소를 구하여야 한다.

132. 손실보상금 산정을 위한 감정평가 중 어느 한 가지 점이라도 위법사유가 있으면 그것으로써 감정평가결과는 위법하게 되나, 법원은 그 감정내용 중 위법하지 않은 부분을 추출하여 판결에서 참작할 수 있다.

133. 보상금 증감에 관한 소송에서 재결의 기초가 된 감정기관의 감정평가와 법원이 선정한 감정인의 감정평가가 개별요인 비교 등에 관하여 평가를 달리한 관계로 감정 결과에 차이가 생기는 경우 각 감정평가 중 어느 것을 택할 것인지는 원칙적으로 법원의 재량에 속하나, 어느 감정평가가 개별요인 비교에 오류가 있거나 내용이 논리와 경험의 법칙에 위반하는데도 그 감정평가를 택하는 것은 재량의 한계를 벗어난 것으로서 허용되지 않는다.

134. 보상금신청 후 처분 전에 보상 기준과 대상에 관한 관계 법령의 규정이 개정된 경우 처분 당시에 시행되는 개정 법령에 정한 기준에 의하여 보상금지급여부를 결정하는 것이 원칙이다.

135. 「공익사업을 위한 토지 등의 취득 및 보상에 관한 법률」상 잔여지 수용청구권은 형성권적 성질을 가지므로, 잔여지 수용청구를 받아들이지 않은 재결에 대하여 토지소유자가 불복하여 제기하는 소송은 보상금증감청구소송에 해당한다.

136. 잔여지 수용청구권은 그 요건을 구비한 때에는 잔여지를 수용하는 토지수용위원회의 재결이 없더라도 그 청구에 의하여 수용의 효과가 발생하는 형성권적 성질을 가진다.

137. 「공익사업을 위한 토지 등의 취득 및 보상에 관한 법률」상 잔여지 수용청구권은 손실보상의 일환으로 토지소유자에게 부여되는 권리로서 그 청구에 의하여 수용효과가 생기는 형성권의 성질을 지니므로, 토지소유자의 토지수용청구를 받아들이지 아니한 토지수용위원회의 재결에 대하여 토지소유자가 불복하여 제기하는 소송은 토지보상법 제85조 제2항에 규정되어 있는 '보상금의 증감에 관한 소송'에 해당하고, 피고는 토지수용위원회가 아니라 사업시행자로 하여야 한다.

138. 「공익사업을 위한 토지 등의 취득 및 보상에 관한 법률」상 토지소유자가 사업시행자로부터 잔여지 가격 감소로 인한 손실보상을 받고자 하는 경우 토지수용위원회의 재결절차를 거치지 않은 채 곧바로 사업시행자를 상대로 손실보상을 청구(민사소송)하는 것은 허용되지 아니한다. (토지소유자가 잔여지 수용청구에 대한 재결절차를 거친 다음 그 재결에 대하여 불복이 있는 때에는 보상금증감소송(당사자소송)을 제기할 수 있고, 곧바로 사업시행자를 상대로 잔여지 가격 감소 등으로 인한 손실보상을 청구(민사소송)할 수는 없다.)

139. 공익사업으로 인해 농업손실을 입은 자가 사업시행자에게서 「공익사업을 위한 토지 등의 취득 및 보상에 관한 법률」에 따른 보상을 받으려면 재결절차를 거쳐야 하고, 이를 거치지 않고 곧바로 민사소송으로 보상금을 청구하는 것은 허용되지 않는다.

140. 「공익사업을 위한 토지 등의 취득 및 보상에 관한 법률」상 환매권의 존부에 관한 확인을 구하는 소송은 민사소송이다.

141. 「공익사업을 위한 토지 등의 취득 및 보상에 관한 법률」에 의한 손실보상금증감청구소송은 공법상 당사자소송에 의하는 반면, 동 법에 따른 환매금액 증감을 구하는 소송은 민사소송에 의한다.

142. 어떤 보상항목이 손실보상대상에 해당함에도 관할 토지수용위원회가 사실이나 법리를 오해하여 손실보상대상에 해당하지 않는다고 잘못된 내용의 재결을 한 경우, 피보상자는 관할 토지수용위원회를 상대로 그 재결에 대한 취소소송을 제기할 것이 아니라, 사업시행자를 상대로 보상금증감소송을 제기하여야 한다.

143. 잔여지 수용청구는 당해 공익사업의 공사완료일(제척기간)까지 해야 하고, 토지소유자가 그 기간 내에 잔여지 수용청구권을 행사하지 아니하면 그 권리가 소멸한다.

144. 토지소유자가 사업시행자에게 잔여지 매수청구의 의사표시를 하였다면, 그 의사표시는 특별한 사정이 없는 한 관할 토지수용위원회에 한 잔여지 수용청구의 의사표시로 볼 수는 없다. (잔여지 수용청구의 의사표시는 관할 토지수용위원회에 하여야 한다.)

[중요지문 행정심판]

1. 영업허가취소처분이 행정심판에서 취소되었다면 그 영업허가취소처분은 처분시에 소급하여 효력을 잃게 되므로 그 영업허가취소처분 이후의 영업행위를 무허가영업이라고 볼 수는 없다. (취소재결은 형성재결)

2. 취소소송에서 처분청은 당초 처분의 근거로 삼은 사유와 기본적 사실관계가 동일성이 있다고 인정되는 한도 내에서만 다른 사유를 추가 또는 변경할 수 있는데, 이러한 법리는 행정심판 단계에서도 그대로 적용된다.

3. 기속력은 각하·기각재결에는 인정되지 않는다. 따라서 처분청은 기각재결이 있은 뒤에도 정당한 사유가 있으면 직권으로 원처분을 취소·변경할 수 있다.

4. (행정심판의 재결이 확정되면 피청구인인 행정청을 기속하는 효력이 있을 수 있지만) 행정심판의 재결에 판결에서와 같은 기판력이 인정되는 것은 아니어서 재결이 확정된 경우에도 처분의 기초가 된 사실관계나 법률적 판단이 확정되어 당사자들이나 법원이 이에 모순되는 주장이나 판단을 할 수 없게 되는 것은 아니다.

5. 당사자의 신청을 받아들이지 않은 거부처분이 재결에서 취소된 경우에 행정청은 재결 후에 발생한 새로운 사유를 내세워 다시 거부처분을 할 수 있다.

6. (재결의 기속력은) 재결의 주문 및 그 전제가 된 요건사실의 인정과 판단, 즉 처분 등의 구체적 위법사유에 관한 판단에만 미친다.

7. 심판청구기간의 기산점인 '처분이 있음을 안 날'이라 함은 당사자가 통지·공고 기타의 방법에 의하여 당해 처분이 있었다는 사실을 현실적으로 안 날을 의미한다.

8. 고지에 관한 규정은 행정처분의 상대방이 그 처분에 대한 행정심판의 절차를 밟는데 있어 편의를 제공하려는데 있으며 처분청이 (행정처분을 하면서 상대방에게 불복절차에 관한) 고지의무를 이행하지 아니하였더라도 (경우에 따라서는 행정심판의 제기기간이 연장될 수 있는 것에 그치고) 이로 인하여 심판의 대상이 되는 행정처분에 하자가 수반된다고 할 수 없다.

9. 처분시에 행정청으로부터 행정심판 제기기간에 관하여 법정 심판청구기간보다 긴 기간으로 잘못 통지받은 경우에 보호할 신뢰 이익은 그 통지받은 기간 내에 행정소송을 제기한 경우에까지 확대되지 않는다. (행정심판 청구기간 오고지의 효과는 행정심판 제기에만 적용O / 행정소송 제기에는 적용X)

10. 「난민법」상 난민불인정결정에 대해 법무부장관에게 이의신청을 한 경우 「행정심판법」에 따른 행정심판을 제기할 수 없다.

11. 「민원 처리에 관한 법률」상 민원에 관한 거부처분에 대하여는 이의신청과 관계없이 「행정심판법」에 따른 행정심판 또는 「행정소송법」에 따른 행정소송을 제기할 수 있다.

12. (갑은 재산세 부과의 근거가 되는 개별공시지가와 그 산정의 기초가 되는 표준지공시지가가 위법하게 산정되었다고 주장한다.) 갑은 개별공시지가결정에 대하여 곧바로 행정소송을 제기하거나 「부동산 가격공시에 관한 법률」에 따른 이의신청과 「행정심판법」에 따른 행정심판청구 중 어느 하나만을 거쳐 행정소송을 제기할 수 있을 뿐만 아니라, 이의신청을 하여 그 결과 통지를 받은 후 다시 행정심판을 거쳐 행정소송을 제기할 수도 있다.

[중요지문 행정소송1]

1. 공법관계는 원칙적으로 행정소송(항고소송 또는 당사자소송)의 대상이 되며, 사법관계는 민사소송의 대상이 된다.

2. 피고지정이 잘못된 경우, 법원이 석명권을 행사하여 원고로 하여금 피고를 경정하게 하여 소송을 진행하여야 하며, 그렇게 하지 않고 곧바로 소를 각하하면 안 된다.

3. 소의 종류의 변경에 따른 피고의 변경은 교환적 변경에 한 한다고 봄이 상당하므로 예비적 청구만이 있는 피고의 추가경정신청은 예외적 규정이 있는 경우를 제외하고는 원칙적으로 허용되지 않는다.

4. 대외적으로 의사를 표시할 수 있는 기관이 아닌 내부기관은 실질적인 의사가 그 기관에 의하여 결정되더라도 피고적격을 갖지 못한다.

5. 권한의 임의대리(수권대리)의 경우, 대리기관이 대리관계를 표시하고 피대리행정청을 대리하여 행정처분을 한 때에는 피대리행정청이 항고소송의 피고로 되어야 한다.

6. 상급행정청의 지시(통보)에 의해 하급행정청이 자신의 명의로 처분을 하였다면, 당해 처분에 대한 취소소송에서는 하급행정청이 피고가 된다.

7. 권한의 내부위임이 있는 경우 내부수임기관이 착오 등으로 원처분청의 명의가 아닌 자기명의로 처분을 하였다면, 내부수임기관이 그 처분에 대한 항고소송의 피고가 된다.

8. 처분 등이 있은 뒤에 그 처분 등에 관계되는 권한이 다른 행정청에 승계된 때에는 이를 승계한 행정청을 피고로 한다.

9. 「국가공무원법」에 따른 처분, 그 밖에 본인의 의사에 반한 불리한 처분이나 부작위에 관한 행정소송을 제기할 때에 대통령의 처분 또는 부작위의 경우에는 소속 장관을 피고로 한다.

10. 망인(亡人) 甲이 친일행적을 하였다는 이유로 국무회의 의결과 대통령 결재를 거쳐 甲의 독립유공자 서훈취소가 결정된 후, 국가보훈처장이 甲의 유족에게 행한 '독립유공자 서훈취소 결정통보'는 주체상의 하자가 있다고 보기 어렵다.

11. 국무회의에서 건국훈장 독립장이 수여된 망인에 대한 서훈취소를 의결하고 대통령이 결재함으로써 서훈취소가 결정된 후 국가보훈처장이 망인의 유족에게 독립유공자 서훈취소결정통보를 한 경우 항고소송의 피고는 국가보훈처장이 아니라 행정청(대통령)이다.

12. 망인에 대한 서훈취소는 유족에 대한 것이 아니므로 유족에 대한 통지에 의해서만 성립하여 효력이 발생한다고 볼 수 없고, 그 결정이 처분권자의 의사에 따라 상당한 방법으로 대외적으로 표시됨으로써 행정행위로서 성립하여 효력이 발생한다고 봄이 타당하다.

13. 서훈은 서훈대상자의 특별한 공적에 의하여 수여되는 고도의 일신전속적 성격을 가지는 것이므로 유족이라고 하더라도 처분의 상대방이 될 수 없다.

14. 국가보훈처장이 서훈추천 신청자에 대한 서훈추천을 거부한 것은 항고소송의 대상으로 볼 수는 없어 항고소송을 제기할 수 없고 행정권력의 부작위에 대한 헌법소원으로서 다툴 수도 없다.

15. 당사자소송으로 서울행정법원에 제기할 것을 민사소송으로 지방법원에 제기하여 판결이 내려진 경우, 그 판결은 관할위반에 해당한다.

16. 민사소송인 소가 서울행정법원에 제기되었는데도 피고가 제1심법원에서 관할위반이라고 항변하지 않고 본안에서 변론을 한 경우에는 제1심법원에 변론관할이 생긴다.

17. 원고가 고의 또는 중대한 과실 없이 당사자소송으로 제기하여야 할 것을 항고소송으로 잘못 제기한 경우에, 당사자소송으로서의 소송요건을 결하고 있음이 명백하여 당사자소송으로 제기되었더라도 어차피 부적법하게 되는 경우가 아닌 이상, 법원으로서는 원고로 하여금 당사자소송으로 소 변경을 하도록 하여 심리·판단하여야 한다.

18. 무효확인소송을 국가배상청구소송이 계속된 법원으로 이송·병합X
    국가배상청구소송을 무효확인소송이 계속된 법원으로 이송·병합O

19. 동일한 처분에 대하여 무효확인의 소를 제기하였다가 그 후 그 처분의 취소를 구하는 소를 추가적으로 병합한 경우, 주된 청구인 무효확인의 소가 적법한 제소기간 내에 제기되었다면 추가로 병합된 취소청구의 소도 적법하게 제기된 것으로 보아야 한다.

20. 어느 하나의 처분의 취소를 구하는 소에 당해 처분과 관련되는 처분의 취소를 구하는 청구를 추가적으로 병합한 경우, 추가적으로 병합된 소의 소제기 기간의 준수 여부는 그 청구취지의 추가 신청이 있은 때를 기준으로 한다.

21. **행정소송법 제20조 (제소기간)**
    제1항 취소소송은 처분 등이 있음을 안 날부터 90일 이내에 제기하여야 한다. 다만, 제18조 제1항 단서에 규정한 경우와 그 밖에 행정심판청구를 할 수 있는 경우 또는 행정청이 행정심판청구를 할 수 있다고 잘못 알린 경우에 행정심판청구가 있은 때의 기간은 재결서의 정본을 송달받은 날부터 기산한다.

22. 제소기간의 준수여부는 소송요건이므로 법원의 직권조사사항이다.

23. 행정심판청구가 있은 때의 취소소송의 제소기간은 재결서의 정본을 송달받은 날부터 기산하는 바, 여기서 말하는 '행정심판'은 행정심판법에 따른 일반행정심판과 이에 대한 특례로서 다른 법률에서 사안의 전문성과 특수성을 살리기 위하여 특히 필요하여 일반행정심판을 갈음하는 특별한 행정불복절차를 정한 경우의 특별행정심판을 뜻한다.

24. A구청장은 법령 위반을 이유로 甲에 대하여 3월의 영업정지처분을 하였고, 甲은 2015년 12월 26일 처분서를 송달받았다. 이에 대하여 甲이 행정심판을 청구하자, 2016년 3월 6일 "A구청장은 甲에 대하여 한 3월의 영업정치처분을 과징금부과처분으로 변경하라."라는 일부 기각(일부 인용)의 재결을 하였고, 그 재결서 정본은 2016년 3월 10일 甲에게 도달하였다. A구청장은 이 재결취지에 따라 2016년 3월 13일 甲에 대하여 과징금부과처분을 하였다. 甲은 A구청장을 상대로 과징금부과처분의 취소를 구하는 취소소송을 제기하려고 한다. 갑(甲)이 취소소송을 제기할 때, 그 취소소송의 제소기간은 2016년 3월 10일로부터 90일이다.

25. 행정처분이 있음을 안 날부터 90일을 넘겨 행정심판을 청구하였다가 각하재결을 받은 후 그 재결서를 송달받은 날부터 90일 내에 원래의 처분에 대하여 취소소송을 제기한 경우, 수소법원은 각하판결을 하여야 한다.

26. 상대방이 있는 행정처분에 대하여 행정심판을 거치지 아니하고 바로 취소소송을 제기하는 경우 처분이 있음을 안 날이란 통지, 공고 기타의 방법에 의해 당해 행정처분이 있었다는 사실을 현실적으로 안 날을 의미한다.

27. 불특정 다수인에게 고시 또는 공고하는 경우 상대방이 고시 또는 공고 사실을 현실적으로 알았는지와 무관하게 고시가 효력이 발생하는 날에 처분이 있음을 알았다고 보아야 한다.

28. '처분 등이 있음을 안 날'이라 함은 상대방이 있는 행정처분의 경우에는 특별한 규정이 없는 한 의사표시의 일반적 법리를 따라 행정처분이 상대방에게 고지되어야 효력이 발생하게 되므로, 행정처분이 상대방에게 고지되어 상대방이 이러한 사실을 인식함으로써 행정처분이 있다는 사실을 현실적으로 알았을 때 제소기간이 진행한다.

29. 처분서를 송달받기 전 정보공개 청구를 통하여 처분을 하는 내용의 일체의 서류를 교부 받았더라도 그 서류를 교부받은 날부터 제소기간이 기산되지는 않는다.

30. 제3자가 어떠한 방법에 의하든지 행정처분이 있었음을 안 경우에는 안 날로부터 90일 이내에 행정심판이나 행정소송을 제기하여야 한다.

31. 선행처분의 취소를 구하는 소가 그 후속처분의 취소를 구하는 소로 교환적으로 변경되었다가 다시 선행처분의 취소를 구하는 소로 변경된 경우 후속처분의 취소를 구하는 소에 선행처분의 취소를 구하는 취지가 그대로 남아 있었던 것으로 볼 수 있다면 선행처분의 취소를 구하는 소의 제소기간은 최초의 소가 제기된 때를 기준으로 정하여야 한다.

32. 사실심 변론종결시에는 원고적격이 있었으나, 상고심에서 원고적격이 흠결된 취소소송은 소송요건이 충족되지 않는다.

33. 무효확인소송의 제1심 판결시까지 원고적격을 구비하였는데 제2심 단계에서 원고적격을 흠결하게 된 경우, 제2심 수소법원은 각하판결을 하여야 한다.

34. 법령이 특정한 행정기관으로 하여금 다른 행정기관에 제재적 조치를 취할 수 있도록 하면서, 그에 따르지 않으면 그 행정기관에 과태료 등을 과할 수 있도록 정하는 경우, 권리구제나 권리보호의 필요성이 인정된다면 예외적으로 그 제재적 조치의 상대방인 행정기관에게 항고소송의 원고적격을 인정할 수 있다.

35. 시·도 선거관리위원회의 위원장은 국민권익위원회가 그에게 소속 직원에 대한 중징계 요구를 취소하라는 등의 조치요구를 한 것에 대하여 취소소송을 제기할 당사자능력 및 원고적격을 가진다.

36. 국민권익위원회가 소방청장에게 일정한 의무를 부과하는 내용의 조치요구를 한 경우 소방청장은 조치요구의 취소를 구할 당사자능력 및 원고적격을 가진다.

37. 구「주택법」상 입주자나 입주예정자는 주택의 사용검사처분의 무효확인 또는 취소를 구할 법률상 이익이 없다.

38. 조합원 지위를 상실한 토지 등 소유자는 주택재개발사업에 대한 사업시행계획에 당연무효의 하자가 있는 경우, 사업시행계획의 무효확인 또는 취소를 구할 법률상 이익이 있다.

39. 일반적으로 면허 등의 수익적 행정처분의 근거가 되는 법률이 해당 업자들 사이의 과당경쟁으로 인한 경영의 불합리를 방지하는 것도 목적으로 하는 경우 이미 같은 종류의 면허 등을 받아 영업을 하고 있는 기존의 업자는 경업자에 대하여 이루어진 면허 등 행정처분의 상대방이 아니라 하더라도 당해 행정처분의 취소를 구할 법률상 이익이 있다. 그러나 경업자에 대한 행정처분이 경업자에게 불리한 내용이라면 그와 경쟁관계에 있는 기존의 업자에게는 특별한 사정이 없는 한 유리할 것이므로 기존의 업자가 그 행정처분의 무효확인 또는 취소를 구할 이익은 없다.

40. 사증발급 거부처분을 다투는 외국인은 해당 처분의 취소를 구할 법률상 이익이 없다. 반면에, 귀화불허가처분, 체류자격변경 불허가처분, 강제퇴거명령 등을 다투는 외국인은 해당 처분의 취소를 구할 법률상 이익이 있다.

41. 대한민국에서 출생하여 오랜 기간 대한민국 국적을 보유하면서 거주한 재외동포는 사증발급 거부처분의 취소를 구할 법률상 이익이 있다.

42. 약제를 제조·공급하는 제약회사는 보건복지부 고시인 「약제 급여·비급여 목록 및 급여 상한금액표」 중 약제의 상한금액 인하 부분에 대하여 그 취소를 구할 원고적격이 있다.

43. 지방법무사회가 법무사의 사무원 채용승인 신청을 거부하여 사무원이 될 수 없게 된 자가 지방법무사회를 상대로 거부처분의 취소를 구하는 경우 원고적격이 인정된다.

44. 처분의 근거 법규 또는 관련 법규에 그 처분으로써 이루어지는 행위 등 사업으로 인하여 환경상 침해를 받으리라고 예상되는 영향권의 범위가 구체적으로 규정되어 있는 경우, 그 영향권 내의 주민들에 대하여는 특단의 사정이 없는 한 환경상 이익에 대한 침해 또는 침해 우려가 있는 것으로 사실상 추정된다.

45. 개발제한구역 안에서의 공장설립 승인처분이 쟁송취소되었다고 하더라도 그 승인처분에 기초한 공장건축허가처분이 잔존하는 이상 인근 주민들은 여전히 공장건축허가처분의 취소를 구할 법률상 이익이 있다.

46. 「행정소송법」 제12조 전단의 '법률상 이익'의 개념과 관련하여서는 권리구제설, 법률상 보호된 이익구제설, 보호가치 있는 이익구제설, 적법성보장설 등으로 나누어지며, 법률상 보호된 이익구제설이 통설·판례의 입장이다.

47. 환경영향평가 대상지역 밖의 주민이라 할지라도 공유수면매립면허처분 등으로 인하여 그 처분 전과 비교하여 수인한도를 넘는 환경피해를 받거나 받을 우려가 있는 경우에는, 이를 입증함으로써 그 처분 등의 무효확인을 구할 원고적격을 인정받을 수 있다.

48. 상수원보호구역 설정의 근거가 되는 규정은 상수원의 확보와 수질보전일 뿐이고, 그 상수원에서 급수를 받고 있는 지역 주민들이 가지는 이익은 상수원의 확보와 수질보호라는 공공의 이익이 달성됨에 따라 반사적으로 얻게 되는 이익에 불과하다.

49. 신규 담배 구내소매인 지정처분에 대한 담배 일반소매인인 기존업자는 행정소송의 원고적격이 없다.

50. 생태·자연도 1등급으로 지정되었던 지역을 2등급 또는 3등급으로 변경하는 내용의 환경부장관의 결정에 대해 해당 1등급 권역의 인근 주민은 취소소송을 제기할 원고적격이 없다.

51. 원천징수의무자에 대한 소득금액변동통지는 원천납세의무의 존부나 범위와 같은 원천납세의무자의 권리나 법률상 지위에 어떠한 영향을 준다고 할 수 없으므로 소득처분에 따른 소득의 귀속자는 법인에 대한 소득금액변동통지의 취소를 구할 법률상 이익이 없다.

52. 교육부장관이 사학분쟁조정위원회의 심의를 거쳐 학교법인의 이사와 임시이사를 선임한 데 대하여 그 대학교의 교수협의회와 총학생회는 이사선임처분을 다툴 법률상 이익을 가지지만, 직원으로 구성된 노동조합은 법률상 이익을 가지지 않는다.

53. 경원관계에서 신청한 처분을 받지 못한 사람은 신청에 대한 거부처분의 직접 상대방으로서 원칙적으로 자신에 대한 거부처분의 취소를 구할 원고적격이 있고, 거부처분 취소판결이 확정되는 경우 판결의 직접적인 효과로 경원자에 대한 허가처분이 취소되거나 효력이 소멸되지는 않더라도 특별한 사정이 없는 한 자신에 대한 거부처분의 취소를 구할 소의 이익이 있다.

54. 개발제한구역 중 일부 취락을 개발제한구역에서 해제하는 내용의 도시관리계획변경결정에 대하여, 개발제한구역 해제대상에서 누락된 토지의 소유자는 그 결정의 취소를 구할 법률상 이익이 없다.

55. 일반면허를 받은 시외버스운송사업자에 대한 사업계획변경 인가처분으로 인하여 노선 및 운행계통의 일부 중복으로 기존에 한정면허를 받은 시외버스운송사업자의 수익감소가 예상된다면, 기존의 한정면허를 받은 시외버스운송사업자는 일반면허 시외버스운송사업자에 대한 사업계획변경 인가처분의 취소를 구할 법률상의 이익이 있다.

56. 파면처분 취소소송의 사실심 변론종결 전에 금고 이상의 형을 선고받아 당연퇴직된 경우에도 해당 공무원은 파면처분의 취소를 구할 이익이 있다.

57. 공장등록이 취소된 후 그 공장시설물이 철거되었고 다시 복구를 통하여 공장을 운영할 수 없는 상태라 하더라도 대도시 안의 공장을 지방으로 이전할 경우 조세감면 및 우선입주 등의 혜택이 관계법률에 보장되어 있다면, 공장등록취소처분의 취소를 구할 법률상 이익이 인정된다.

58. 현역입영대상자로서는 현실적으로 입영을 하였다고 하더라도, 입영 이후의 법률관계에 영향을 미치고 있는 현역병입영통지처분 등을 한 관할지방병무청장을 상대로 위법을 주장하여 그 취소를 구할 소송상의 이익이 있다.

59. 행정청이 한 처분 등의 취소를 구하는 것보다 실효적이고 직접적인 구제수단이 있음에도 처분 등의 취소를 구하는 것은 특별한 사정이 없는 한 분쟁해결의 유효적절한 수단이라고 할 수 없어 법률상 이익이 없다.

60. 지방의회 의원에 대한 제명의결 취소소송 계속 중 의원의 임기가 만료된 경우에도 여전히 제명의결의 취소를 구할 법률상 이익이 인정된다.

61. 행정처분이 취소되면 그 처분은 취소로 인하여 그 효력이 상실되어 더 이상 존재하지 않는 것이고, 그 처분을 대상으로 한 취소소송의 경우 법률상 이익이 없다.

62. 관할 지방병무청장이 1차로 공개 대상자 결정을 하고, 그에 따라 병무청장이 같은 내용으로 최종적 공개결정을 하였다면, 공개 대상자는 병무청장의 최종적 공개결정만을 다투는 것으로 충분하고, 관할 지방병무청장의 공개 대상자 결정을 별도로 다툴 소의 이익이 없다.

63. 가중요건이 법령에 규정되어 있는 경우, 업무정지처분을 받은 후 새로운 제재처분을 받음이 없이 법률이 정한 기간이 경과하여 실제로 가중된 제재처분을 받을 우려가 없어졌다면 특별한 사정이 없는 한 업무정지처분의 취소를 구할 법률상 이익이 인정되지 않는다.

64. 공익근무요원의 복무기간이 만료된 경우, 공익근무요원 소집해제신청 거부처분의 취소를 구할 소의 이익이 없다.

65. 행정청이 한 처분 등의 취소를 구하는 소송은 그 처분에 의하여 발생한 위법상태를 배제하여 원래상태로 회복시키고 그 처분으로 침해된 권리나 이익을 구제하고자 하는 것이므로, 거부처분이 재결에서 취소된 경우 재결에 따른 후속처분이 아니라 그 재결의 취소를 구하는 것은 분쟁해결의 유효적절한 수단이라 할 수 없으므로 법률상 이익이 없다.

66. 국가가 국토이용계획과 관련한 지방자치단체의 장의 기관위임사무의 처리에 관하여 지방자치단체의 장을 상대로 취소소송을 제기하는 것은 허용되지 않는다.

67. 조합설립결의에 하자가 있다면 그 하자를 이유로 직접 항고소송의 방법으로 조합설립인가처분의 취소 또는 무효확인을 구하여야 하고, 이와는 별도로 조합설립결의 부분만을 따로 떼어내어 그 효력 유무를 다투는 확인의 소를 제기하는 것은 특별한 사정이 없는 한 허용되지 않는다. (조합설립인가처분 취소소송·무효등확인소송 제기O / 조합설립결의 무효등확인소송 제기X)

68. 총회결의의 하자를 이유로 하여 행정처분의 효력을 다투는 항고소송의 방법으로 관리처분계획의 취소 또는 무효확인을 구하여야 하고, 그와 별도로 행정처분에 이르는 절차적 요건 중 하나에 불과한 총회결의 부분만을 따로 떼어내어 효력 유무를 다투는 확인의 소를 제기하는 것은 특별한 사정이 없는 한 허용되지 않는다. (관리처분계획 취소소송·무효등확인소송 제기O / 조합 총회결의 무효등확인소송 제기X)

69. 「도시 및 주거환경정비법」상 주택재건축사업조합이 새로이 조합설립인가처분을 받은 것과 동일한 요건과 절차를 거쳐 조합설립변경인가처분을 받았더라도, 당초의 조합설립인가처분이 유효한 것을 전제로 당해 주택재건축사업조합이 시공사 선정 등의 후속행위를 한 이상, 특별한 사정이 없는 한 당초의 조합설립인가처분의 무효확인을 구할 소의 이익이 있다.

70. 구「원자력법」상 원자로 및 관계 시설의 부지사전승인처분은 그 자체로서 건설부지를 확정하고 사전공사를 허용하는 법률효과를 지닌 독립한 행정처분이다.

71. 구「원자력법」상 원자로 및 관계 시설의 부지사전승인처분 후 건설허가처분까지 내려진 경우, 선행처분은 후행처분에 흡수되어 건설허가처분만이 행정쟁송의 대상이 된다.

72. 가행정행위인 선행처분이 후행처분으로 흡수되어 소멸하는 경우에는 선행처분의 취소를 구하는 소는 불가능하다.

73. 행정청의 행위가 '처분'에 해당하는지가 불분명한 경우에는 그에 대한 불복방법 선택에 중대한 이해관계를 가지는 상대방의 인식가능성과 예측가능성을 중요하게 고려하여 규범적으로 판단하여야 한다.

74. 상대방의 권리를 제한하는 행위라 하더라도 행정청 또는 그 소속기관이나 권한을 위임받은 공공단체 등의 행위가 아닌 한 이를 행정처분이라고 할 수 없다.

75. 행위의 효과가 행정규칙에 규정되어 있는 경우에도, 그 행위가 (행정규칙의 내부적 구속력에 의하여) 상대방의 권리·의무에 직접 영향을 미치는 것이라면 항고소송의 대상이 되는 행정처분에 해당한다.

76. 신청인의 신청권은 행정청의 응답을 구하는 신청권이며 신청된 대로의 처분을 구하는 권리는 아니다. 예컨대, 인·허가의 신청권만 있으면 족하고, 인·허가를 받을 수 있었는데도 이를 거부하였는지는 (법원의) 본안심리사항인 것이다.

77. 거부행위가 신청인의 권리·의무(법률관계)에 직접적 영향(변동)을 미쳐야 거부처분이 된다. ('신청인의 법률관계에 어떤 변동을 일으키는 것'이라는 의미는 신청인의 실체상의 권리관계에 직접적인 변동을 일으키는 것은 물론, 그렇지 않다 하더라도 신청인이 실체상의 권리자로서 권리를 행사함에 중대한 지장을 초래하는 것도 포함한다.)

78. 증액(경정)처분이 있는 경우, 당초 신고나 결정은 증액경정처분에 흡수됨으로써 독립한 존재가치를 잃게 된다고 보아야 하므로, 원칙적으로는 증액경정처분만이 항고소송의 대상이 되고, 납세의무자는 그 항고소송에서 당초 신고나 결정에 대한 위법사유도 함께 주장할 수 있다.

79. 감액경정처분이 있는 경우, 항고소송의 대상은 당초의 부과처분 중 경정처분에 의하여 아직 취소되지 않고 남은 부분이고, 적법한 전심절차를 거쳤는지 여부도 당초 처분을 기준으로 판단하여야 한다.

80. 과징금의 자진납세·자진신고 등을 이유로 감액경정처분(감면처분)이 있는 경우, (감면처분 이후에 금액이 확정되므로) 예외적으로 항고소송의 대상은 감액경정처분(감면처분)이 된다.

81. 공정거래위원회가 부당한 공동행위를 한 사업자에게 과징금 부과처분을 한 뒤 다시 자진신고 등을 이유로 과징금 감면처분을 한 경우, 선행처분은 후행처분에 흡수되어 소멸하므로 선행처분의 취소를 구하는 소는 부적법하다.

82. 원천징수의무자에 대하여 납세의무의 단위를 달리하여 순차 이루어진 2개의 징수처분은 별개의 처분으로서 당초 처분과 증액경정처분에 관한 법리가 적용되지 아니하므로, 당초 처분이 후행 처분에 흡수되어 독립한 존재가치를 잃는다고 볼 수 없고, 후행 처분만이 항고소송의 대상이 되는 것도 아니다.

83. 기존의 행정처분을 변경하는 내용의 행정처분이 뒤따르는 경우, 후속처분이 종전처분을 완전히 대체하는 것이거나 주요부분을 실질적으로 변경하는 내용인 경우에는 특별한 사정이 없는 한 종전처분은 효력을 상실하고 후속처분만이 항고소송의 대상이 된다.

84. 기존의 행정처분을 변경하는 내용의 행정처분이 뒤따르는 경우, 후속처분의 내용이 종전처분의 유효를 전제로 내용 중 일부만을 추가·철회·변경하는 것이고 추가·철회·변경된 부분이 내용과 성질상 나머지 부분과 불가분적인 것이 아닌 경우에는, 종전처분이 항고소송의 대상이 된다.

85. 증액경정처분이 있는 경우, 당초처분은 증액경정처분에 흡수되어 소멸하고, 소멸한 당초처분의 절차적 하자는 존속하는 증액경정처분에 승계되지 아니한다.

86. 「국세기본법」에 정한 경정청구기간이 도과한 후 제기된 경정청구에 대하여는 과세관청이 과세표준 및 세액을 결정 또는 경정하거나 거부처분을 할 의무가 없으므로, 과세관청의 경정 거절에 대하여 항고소송을 제기할 수 없다.

87. 이유제시에 하자가 있어 당해 처분을 취소하는 판결이 확정된 경우에 처분청이 그 이유제시의 하자를 보완하여 종전의 처분과 동일한 내용의 처분을 하는 것은 종전의 처분과는 별개의 처분을 하는 것이다.

88. 어떠한 처분에 대하여 그 근거 법률에서 행정소송 이외의 다른 절차에 의하여 불복할 것을 예정하고 있는 경우, 그 처분이 「행정소송법」상 처분의 개념에 해당한다고 하더라도 그 처분의 부작위는 부작위위법확인소송의 대상이 될 수 없다.

89. 국유재산의 무단점유자에 대한 변상금의 부과는 행정소송의 대상이 된다.

90. 「수도법」에 의하여 지방자치단체인 수도사업자가 그 수돗물의 공급을 받는 자에게 하는 수도료 부과·징수와 이에 따른 수도료 납부관계는 공법상의 권리의무 관계이므로, 이에 관한 분쟁은 행정소송의 대상이다.

91. (승진후보자 명부에 있던) 후보자를 승진임용인사발령에서 제외하는 행위는 처분성O

92. 장래 일정한 기간 내에 관계 법령이 규정하는 시설 등을 갖추어 일정한 행정처분을 구하는 신청을 할 수 있는 법률상 지위에 있는 자의 국토이용계획변경신청을 거부하는 것이 실질적으로 당해 행정처분 자체를 거부하는 결과가 되는 경우에는 항고소송의 대상이 되는 처분에 해당한다.

93. 사업시행자인 한국도로공사가 구「지적법」에 따라 고속도로 건설공사에 편입되는 토지소유자들을 대위하여 토지면적등록정정신청을 하였으나 관할 행정청이 이를 반려하였다면, 이러한 반려행위는 항고소송 대상이 되는 행정처분에 해당한다.

94. 산업단지개발계획상 산업단지 안의 토지 소유자로서 산업단지개발계획에 적합한 시설을 설치하여 입주하려는 자는 산업단지지정권자 또는 그로부터 권한을 위임받은 기관에 대하여 산업단지개발계획의 변경을 요청할 수 있는 법규상 또는 조리상 신청권이 있다.

95. 행정재산의 사용·수익허가 신청의 거부는 행정소송의 대상이 된다.

96. 보건복지부 고시인 「구 약제급여·비급여목록 및 급여상한 금액표」는 그 자체로서 국민건강보험 가입자, 국민건강보험공단, 요양기관 등의 법률관계를 직접 규율하는 성격을 가지므로 항고소송의 대상이 되는 행정처분에 해당한다.

97. 환지처분이 고시되어 효력을 발생한 이상, 환지처분의 대상이 된 특정 토지에 대한 개별적인 환지가 지정되어 있어야만 환지처분에 따른 소유권 상실의 효과가 그 토지에 대하여 발생하는 것은 아니다.

98. 구「약관의 규제에 관한 법률」에 따른 공정거래위원회의 표준약관 사용권장행위는 항고소송의 대상이 되는 행정처분에 해당한다.

99. 폐기물처리업 허가 전의 사업계획에 대한 부적정통보는 행정처분에 해당한다.

100. 세무조사결정은 처분성O

101. 행정청이 내인가를 한 후 이를 취소하는 행위는 별다른 사정이 없는 한 인가신청을 거부하는 처분으로 보아야 한다.

102. 「공유재산 및 물품 관리법」상 (공모제안을 받아 이루어지는) 민간투자사업의 우선협상대상자 선정행위 또는 우선협상대상자 지위배제행위 모두 처분성O

103. 병무청장이 「병역법」에 따라 병역의무 기피자의 인적사항 등을 인터넷 홈페이지에 게시하는 등의 방법으로 공개한 경우 병무청장의 공개결정을 항고소송의 대상이 되는 행정처분으로 보아야 한다.

104. 한국마사회가 조교사 또는 기수의 면허를 취소하는 것은 국가 기타 행정기관으로부터 위탁받은 행정권한의 행사가 아니라 일반 사법상의 법률관계에서 이루어지는 단체 내부에서의 징계 내지 제재처분이다.

105. 국세기본법에 따른 세무서장의 국세환급금결정·환급금거부결정은 처분성X ⇐ 행정기관 내부행위

106. 교육부장관의 대학입시기본계획 내의 내신성적산정지침은 처분성X ⇐ 행정기관 내부행위

107. 혁신도시 최종입지선정은 처분성X

108. 구「민원사무 처리에 관한 법률」에서 정한 사전심사결과 통보는 항고소송의 대상이 되는 행정처분에 해당하지 않는다.

109. (지방자치단체가 당사자가 되어 체결하는 계약에 의한) 계약보증금의 귀속조치는 처분성X

110. 국민건강보험공단의 '직장가입자 자격상실 및 자격변동 안내'통보 및 '사업장 직권탈퇴에 따른 가입자 자격상실 안내'통보는 처분성X

111. (병무청장의 요청에 따른) 법무부장관의 입국금지결정은 법무부장관의 의사가 공식적인 방법으로 외부에 표시된 것이 아니라 단지 그 정보를 내부전산망인 '출입국관리정보시스템'에 입력하여 관리한 것에 지나지 않으므로, 법무부장관의 입국금지결정은 항고소송의 대상이 될 수 있는 처분에 해당하지 않는다. (법무부장관의 입국금지결정은 처분성X)

112. 검사의 불기소결정에 대해서는 검찰청법에 의한 항고와 재항고, 형사소송법에 의한 재정신청에 의해서만 불복할 수 있는 것이므로, 이에 대해서는 행정소송법상 항고소송을 제기할 수 없다.

113. 소관청이 토지대장상의 소유자명의변경신청을 거부한 행위는 항고소송의 대상이 되는 행정처분이라고 할 수 없다.

114. 구「소득세법 시행령」에 따른 소득 귀속자에 대한 소득금액변동통지는 원천납세의무자인 소득귀속자의 법률상 지위에 직접적인 법률적 변동을 가져오는 것이 아니므로 행정처분이 아니다.

115. 甲 시장이 감사원으로부터 소속 공무원 乙에 대하여 징계의 종류를 정직으로 정한 징계요구를 받게 되자 감사원에 징계요구에 대한 재심의를 청구하였고 감사원이 재심의청구를 기각한 경우, 감사원의 징계요구와 재심의결정은 항고소송의 대상이 되는 행정처분에 해당하지 않는다.

116. 국가인권위원회가 진정에 대하여 각하 및 기각결정을 할 경우 피해자인 진정인은 인권침해 등에 대한 구제조치를 받을 권리를 박탈당하게 되므로, 국가인권위원회의 진정에 대한 각하 및 기각결정은 처분에 해당한다.

117. 지방경찰청장의 횡단보도 설치행위는 국민의 구체적인 권리 의무에 직접적인 변동을 초래하므로 행정소송법상 처분에 해당한다.

118. 한국철도시설공단이 입찰참가자에 대하여 시설공사 입찰참가 당시 허위 실적증명서를 제출하였다는 이유로 향후 2년간 공사낙찰적격심사 시 종합취득점수의 10/100을 감점한다는 내용을 통보하는 행위는 처분에 해당하지 아니하고 사법상의 통지행위에 불과하다.

119. 도시계획구역 내 토지 등을 소유하고 있는 사람과 같이 당해 도시·군계획시설결정에 이해관계가 있는 주민으로서는 도시시설계획의 입안권자 내지 결정권자에게 도시시설계획의 입안 내지 변경을 요구할 수 있는 법규상 또는 조리상의 신청권이 있고, 이러한 신청에 대한 거부행위는 항고소송의 대상이 되는 행정처분에 해당한다.

120. 임용지원자가 특별채용 대상자로서 자격을 갖추고 있고 유사한 지위에 있는 자에 대하여 정규교사로 특별채용한 전례가 있다 하더라도, 교사로의 특별채용을 요구할 법규상 또는 조리상의 권리가 있다고 할 수 없다.

121. 구「중소기업 기술혁신 촉진법」상 중소기업 정보화지원사업의 일환으로 중소기업기술정보진흥원장이 甲주식회사와 중소기업 정보화지원사업에 관한 협약을 체결한 후 甲주식회사의 협약 불이행으로 인해 사업실패가 초래된 경우, 중소기업기술진흥원장이 협약에 따라 甲에 대해 행한 협약의 해지 및 지급받은 정부지원금의 환수통보는 행정처분에 해당하지 않는다.

122. 교육부장관이 대학에서 추천한 복수의 총장 후보자들 전부 또는 일부를 임용제청에서 제외하는 행위는 제외된 후보자들에 대한 불이익처분으로서 항고소송의 대상이 되는 처분에 해당한다.

123. 「총포·도검·화약류 등의 안전관리에 관한 법률」에 따른 총포·화약안전기술협회가 회비납부의무자에 대하여 한 회비납부통지는 항고소송의 대상이 되는 처분에 해당한다.

124. 재단법인 한국연구재단이 과학기술기본법령에 따라 연구개발비의 회수 및 관련자에 대한 국가연구개발사업 참여제한을 내용으로 하여 '2단계 두뇌한국(BK) 21 사업협약'을 해지하는 통보를 하였다면, 그 통보는 행정처분에 해당한다.

125. 재단법인 한국연구재단이 갑 대학교 총장에게 연구개발비의 부당집행을 이유로 두뇌한국(BK)21 사업협약을 해지하고 연구팀장 을에 대한 대학 자체징계를 요구한 것은 항고소송의 대상인 행정처분에 해당하지 않는다.

126. 한국환경산업기술원장이 환경기술개발사업 협약을 체결한 乙주식회사에게 연차평가 실시 결과 절대평가 60점미만으로 평가되었다는 이유로 연구개발 중단 조치 및 연구비 집행중지 조치를 한 경우, 각 조치는 항고소송의 대상이 되는 처분에 해당한다.

127. 도시환경정비사업을 직접 시행하려는 토지 등 소유자들이 사업시행인가를 받기 전에 작성한 사업시행계획은 항고소송의 대상이 되는 독립된 행정처분에 해당하지 않는다.

128. 상표권의 말소등록이 이루어져도 법령에 따라 회복등록이 가능하고 회복신청이 거부된 경우에는 그에 대한 항고소송이 가능하므로 상표권의 말소등록행위 자체는 항고소송의 대상이 될 수 없다.

129. 교도소장이 특정 수형자를 '접견내용 녹음·녹화 및 접견 시 교도관 참여대상자'로 지정한 행위는 수형자의 구체적 권리의무에 직접적 변동을 가져오는 행위로서 항고소송의 대상이 되는 행정처분에 해당한다.

130. 교도소장이 영치품인 티셔츠 사용을 재소자에게 불허한 행위는 항고소송의 대상이 되는 행정처분에 해당한다.

131. 도지사가 도에서 설치·운영하는 지방의료원을 폐업하겠다는 결정을 발표하고 그에 따라 폐업을 위한 일련의 조치를 한 경우, 폐업결정은 공권력의 행사로서 행정처분에 해당한다.

132. 지목은 토지소유권을 제대로 행사하기 위한 전제요건이므로 지적공부 소관청의 지목변경신청 반려행위는 항고소송의 대상이 되는 행정처분에 해당한다.

133. 진실화해를 위한 과거사정리위원회의 진실규명결정은 항고소송의 대상이 되는 행정처분이다.

134. 「표시·광고의 공정화에 관한 법률」 위반을 이유로 한 공정거래위원회의 경고의결은 항고소송의 대상인 행정처분에 해당한다.

135. 甲이 인터넷 포털사이트 등의 개인정보 유출사고로 자신들의 주민등록번호 등 개인정보가 불법 유출되자 이를 이유로 관할 구청장에게 주민등록번호를 변경해 줄 것을 신청하였으나 구청장이 '주민등록번호가 불법 유출된 경우 주민등록법상 변경이 허용되지 않는다'는 이유로 주민등록번호 변경을 거부하는 취지의 통지를 한 경우, 법령에 명시적 규정이 없더라도 피해자의 의사와 무관하게 주민등록번호가 유출된 경우에는 조리상 주민등록번호의 변경을 요구할 신청권을 인정할 수 있으므로, 구청장의 주민등록번호 변경신청 거부행위는 항고소송의 대상이 되는 행정처분에 해당한다.

136. ① A지방자치단체가 B지방자치단체 소재 토지 위에 휴양시설을 건축하고자 법령상 건축허가로 의제되는 협의를 하였으나 B지방자치단체의 장이 그 협의를 취소한 경우 A지방자치단체는 B지방자치단체의 장을 상대로 취소소송을 제기할 원고적격이 인정된다.
② 지방자치단체 등이 건축물을 건축하기 위해 건축물 소재지 관할 허가권자인 지방자치단체의 장과 건축협의를 하였는데 허가권자인 지방자치단체의 장이 그 협의를 취소한 경우, 건축협의 취소는 항고소송의 대상인 행정처분에 해당한다.

137. 한국전력공사가 정부투자기관회계규정에 의하여 행한 입찰참가자격을 제한하는 내용의 부정당 업자제재처분은 사법상의 효력을 가지는 통지행위이다.

138. 구「예산회계법」상 입찰보증금의 국고귀속조치는 국가가 사법상의 재산권의 주체로서 행위하는 것이라는 점에서, 이를 다투는 소송은 민사소송에 해당한다.

139. 공익사업을 위한 토지 등의 취득 및 보상에 관한 법령에 의한 협의취득은 사법상의 법률행위이 므로, 이에 관한 분쟁은 민사소송의 대상이다.

140. 건축주가 토지소유자로부터 토지사용승낙서를 받아 그 토지 위에 건축물을 건축하는 건축허가 를 받았다가 착공에 앞서 건축주의 귀책사유로 해당 토지를 사용할 권리를 상실한 경우, 토지소 유자의 건축허가 철회신청을 거부한 행위는 항고소송의 대상이 된다.

141. 행정소송에서 쟁송의 대상이 되는 행정처분의 존부에 관한 사항이 상고심에서 비로소 주장된 경 우에 행정처분의 존부에 관한 사항은 상고심의 심판범위에 해당한다. (사실심에서 변론종결시 까지 당사자가 주장하지 않던 직권조사사항에 해당하는 사항을 상고심에서 비로소 주장하는 경 우 그 직권조사사항에 해당하는 사항은 상고심의 심판범위에 해당한다.)

142. 「부가가치세법」상 사업자등록은 단순한 사업사실의 신고에 해당하므로, 과세관청이 직권으로 등록을 말소한 행위는 항고소송의 대상인 행정처분에 해당하지 않는다.

143. 심판청구 등에 대한 결정의 한 유형으로 실무상 행해지고 있는 재조사 결정은 재결청의 결정에 서 지적된 사항에 관하여 처분청의 재조사결과를 기다려 그에 따른 후속 처분의 내용을 심판청 구 등에 대한 결정의 일부분으로 삼겠다는 의사가 내포된 변형결정에 해당하므로, 처분청은 재 조사 결정의 취지에 따라 재조사를 한 후 그 내용을 보완하는 후속 처분만을 할 수 있다.

144. 장래 일정한 기간 내에 관계 법령이 규정하는 시설 등을 갖추어 일정한 행정처분을 구하는 신청 을 할 수 있는 법률상 지위에 있는 자의 국토이용계획변경신청을 거부하는 것이 실질적으로 당 해 행정처분 자체를 거부하는 결과가 되는 경우에는 예외적으로 그 신청인에게 국토이용계획변 경을 신청할 권리가 인정된다.

145. 산업단지개발계획상 산업단지 안의 토지 소유자로서 산업단지개발계획에 적합한 시설을 설치 하여 입주하려는 자는 산업단지지정권자 또는 그로부터 권한을 위임받은 기관에 대하여 산업단 지개발 계획의 변경을 요청할 수 있는 법규상 또는 조리상 신청권이 있다.

146. 파면처분을 당한 공무원은 그 처분에 취소사유인 하자가 존재하는 경우 파면처분취소소송을 제 기하여야 하고 곧바로 공무원지위확인소송을 제기할 수 없다.

147. 구「공무원연금법」상 공무원연금관리공단이 퇴직연금수급자에게 공무원연금법령이 개정되어 퇴직연금 중 일부 금액의 지급정지대상자가 되었다는 사실을 통보하는 행위는 항고소송의 대상이 되지 않는다.

148. 「행정소송법」 제19조에서 말하는 '재결 자체에 고유한 위법'이란 원처분에는 없고 재결에만 있는 재결청의 권한 또는 구성의 위법, 재결의 절차나 형식의 위법, 내용의 위법 등을 뜻한다.

149. 법원은 본안심리의 결과 재결에 고유한 위법이 없는 경우에는 원처분의 당부와는 상관없이 당해 재결취소소송은 기각하는 판결을 한다.

150. 행정심판청구가 부적법하지 않음에도 각하한 재결은 심판청구인의 실체심리를 받을 권리를 박탈한 것으로서 원처분에 없는 고유한 하자가 있는 경우에 해당하고, 따라서 위 재결은 취소소송의 대상이 된다.

151. 제3자효를 수반하는 행정행위에 대한 행정심판청구에 있어서 그 청구를 인용하는 내용의 재결로 인하여 비로소 권리이익을 침해받게 되는 자는 그 인용재결에 대하여 다툴 필요가 있고, 그 인용재결은 원처분과 내용을 달리하는 것이므로 그 인용재결의 취소를 구하는 것은 원처분에는 없는 재결에 고유한 하자를 주장하는 셈이어서 당연히 항고소송의 대상이 된다.

152. 감사원의 변상판정 처분에 대하여 위법 또는 부당하다고 인정하는 본인 등은 이 처분에 대하여 행정소송을 제기할 수 없고, 재결에 해당하는 재심의 판정에 대하여서만 감사원을 피고로 행정소송을 제기할 수 있다.

153. 중앙노동위원회의 처분·재심판정에 대해서 (처분·재심판정서 송달일로부터 15일 이내에) 중앙노동위원장(중앙노동위원회 위원장)을 피고로 하여 취소소송을 제기하여야 한다.

154. 행정소송에 있어서 처분청의 처분권한 유무는 직권조사 사항이 아니다.

155. 행정청이 처분절차를 준수하였는지는 취소소송의 본안에서 고려할 요소이지, 소송요건 심사단계에서 고려할 요소가 아니다.

156. 행정소송의 심리에 있어서, 당사자가 신청하지 아니한 사항에 대하여는 판결하지 못한다는 의미의 처분권주의가 적용된다.

157. 행정소송에서도 민사소송의 경우와 마찬가지로 불고불리의 원칙이 적용되어 법원은 소송제기가 없으면 재판할 수 없고, 또한 당사자(원고)의 청구범위를 넘어 심리·판단할 수 없다.

158. 법원은 필요하다고 인정할 때에는 직권으로 증거조사를 할 수 있고, 당사자가 주장하지 아니한 사실에 대하여도 판단할 수 있다.

159. 적법한 용도변경절차를 마치지 아니한 건축물은 원상회복되거나 적법한 용도변경절차를 마치기 전까지는 그 위법상태가 계속되는 것이고, 그 위법상태의 법적 성격은 특별한 사정이 없는 한 그 법적 성격 여하가 문제되는 시점 당시에 시행되는 건축법령에 의하여 판단되어야 한다.

160. 법원은 행정처분 당시 행정청이 알고 있었던 자료뿐만 아니라 사실심 변론종결 당시까지 제출된 모든 자료를 종합하여 처분 당시 존재하였던 객관적 사실을 확정하고 그 사실에 기초하여 처분의 위법 여부를 판단할 수 있다.

161. 「행정소송법」에 따르면 법원은 당사자의 신청이 있는 때에는 결정으로써 재결을 행한 행정청에 대하여 행정심판에 관한 기록의 제출을 명할 수 있고, 제출명령을 받은 행정청은 지체없이 당해 행정심판에 관한 기록을 법원에 제출하여야 한다.

162. 특정 소송사건에서 당사자 일방을 보조하기 위하여 보조참가를 하려면 당해 소송의 결과에 대하여 이해관계가 있어야 하고, 이해관계라 함은 사실상·경제상 또는 감정상의 이해관계가 아니라 법률상의 이해관계를 가리킨다.

163. 제3자의 소송참가의 경우, 참가인이 상소를 하였더라도 소송당사자 본인(피참가인)은 참가인의 의사에 반하여 상소취하나 상소포기를 할 수는 없다.

164. 법원이 어느 하나의 사유에 의한 과징금부과처분에 대하여 그 사유와 기본적 사실관계의 동일성이 인정되지 아니하는 다른 처분사유가 존재한다는 이유로 적법하다고 판단하는 것은 특별한 사정이 없는 한 직권심사주의의 한계를 넘는 것이다.

165. 처분사유의 변경으로 소송물(다투고자 하는 것)이 변경되는 경우, 반드시 청구가 변경되는 것이므로 처분사유의 추가·변경은 허용될 수 없다.

166. 위법판단의 기준시점을 처분시로 볼 경우, 처분 이후에 발생한 새로운 사실적·법적 사유를 추가·변경하고자 하는 것은 허용될 수 없고 이러한 경우에는 계쟁처분을 직권취소하고 이를 대체하는 새로운 처분을 할 수 있다.

167. 당초 행정처분의 근거로 제시한 이유(사유)가 실질적인 내용이 없는 경우에는 (기본적 사실관계가 동일한지 여부를 판단할 대상조차 없으므로) 행정소송의 단계에서 행정처분의 사유를 추가할 수 없다.

168. 외국인 갑(甲)이 법무부장관에게 귀화신청을 하였으나 법무부장관이 '품행 미단정'을 불허사유로 「국적법」상의 요건을 갖추지 못하였다며 신청을 받아들이지 않는 처분을 하였는데, 법무부장관이 갑을 '품행 미단정'이 라고 판단한 이유에 대하여 제1심 변론절차에서 「자동차관리법」 위반죄로 기소유예를 받은 전력 등을 고려하였다고 주장한 후, 제2심 변론절차에서 불법 체류전력 등의 제반사정을 추가로 주장할 수 있다.

169.

> A시 시장은 식품접객업주 甲에게 청소년고용금지업소에 청소년을 고용하였다는 사유로 식품위생법령에 근거하여 영업정지 2개월 처분에 갈음하는 과징금부과처분을 하였고, 甲은 부과된 과징금을 납부하였다. 그러나 甲은 이후 과징금부과처분에 하자가 있음을 알게 되었다.

과징금부과처분에 대해서 (청소년고용금지업소에) 청소년 고용 ≠ 유통기한이 경과한 식품 판매
∴ 기본적 사실관계의 동일성X ∴ 처분사유의 추가·변경X

170. 항고소송의 경우에는 처분의 적법성을 주장하는 피고(행정청)에게 그 적법사유에 대한 증명책임이 있다. 피고가 주장하는 일정한 처분의 적법성에 관하여 합리적으로 수긍할 만한 증명이 있는 경우에는 그 처분은 정당하다고 볼 수 있고, 이와 상반되는 예외적인 사정에 대한 주장과 증명은 그 상대방인 원고에게 그 책임이 있다.

171. 임시처분은 행정심판법 제31조에 규정되어 있고, 행정소송법의 취소소송에 규정되어 있지는 않다.

172. 처분의 효력정지는 처분의 집행 또는 절차의 속행을 정지함으로써 목적을 달성할 수 있는 경우에는 허용되지 아니한다.

173. 무효확인소송의 제기는 처분의 효력이나 그 집행 또는 절차의 속행에 영향을 주지 아니한다.

174. 처분의 효력정지결정을 하려면 그 효력정지를 구하는 당해 행정처분에 대한 본안소송이 법원에 제기되어 계속 중임을 요건으로 한다.

175. 본안문제인 행정처분 자체의 적법여부는 집행정지 신청의 요건이 되지 아니하는 것이 원칙이지만, 본안 소송의 제기 자체는 적법한 것이어야 한다.

176. 다수설과 판례는 거부처분(국립대학교입학불허가처분, 교도소장의 접견허가거부처분, 업소허가갱신불허가처분 등)에 대해서는 집행정지를 할 수 없다는 입장이다. 집행정지는 '행정처분이 없었던 것과 같은 상태로 유지하는 것'을 의미하며, 그 이상으로 행정청에게 처분(입학허가, 접견허가, 허가갱신 등)등을 명하는 적극적인 상태를 만드는 것은 아니기 때문이다.

177. 집행정지의 요건으로 규정하고 있는 '공공복리에 중대한 영향을 미칠 우려'가 없을 것이라고 할 때의 '공공복리'는 그 처분의 집행과 관련된 구체적이고도 개별적인 공익을 말하는 것으로서 이러한 집행정지의 소극적 요건에 대한 주장·소명책임은 행정청에게 있다.

178. 행정소송법이 집행정지의 요건 중 하나로 회복하기 어려운 손해가 생기는 것을 예방할 필요성에 관하여 규정하고 있는 반면 행정심판법은 집행정지의 요건 중 하나로 중대한 손해를 예방할 필요성에 관하여 규정하고 있다.

179. 신청인의 본안청구의 이유 없음이 명백할 때는 집행정지가 인정되지 않는다.

180. 보조금 교부결정 취소처분에 대한 효력정지결정에 따라 효력정지기간 중 계속하여 보조금이 지급되었으나 이후 본안소송에서 원고 패소 판결이 선고된 경우, 효력정지기간 중 교부된 보조금을 반환하여야 한다.

181. 일정한 납부기한을 정한 과징금부과처분에 대하여 집행정지결정이 내려졌다면 과징금부과처분에서 정한 과징금의 납부기간은 더 이상 진행되지 아니하고 집행정지결정의 주문에 표시된 종기의 도래로 인하여 집행정지가 실효된 때부터 다시 진행된다.

182. 집행정지결정 중 효력정지결정은 효력 그 자체를 잠정적으로 정지시키는 것이므로 행정처분이 없었던 원래상태와 같은 상태를 가져오지만 장래에 향하여 효력을 발생하는 것이 원칙이다.

183. 집행정지결정은 판결이 아님에도 기속력은 인정된다. 따라서 기속력에 반하는 처분은 무효의 처분이 된다. 다만 (집행정지결정에 의하여 효력이 정지되는 처분이 당사자의 신청을 거부하는 것을 내용으로 하는 경우) 확정판결과는 달리 재처분의무는 인정되지 않기 때문에 행정청은 집행정지결정의 취지에 따라 다시 이전의 신청에 대한 처분을 하여야 하는 것은 아니다.

[중요지문 행정소송2]

1. 공정거래위원회의 여러 개의 위반행위에 대한 외형상 하나의 과징금납부명령은 일부취소 인정 (여러 개의 위반행위 중 일부 위반행위에 대한 과징금 부과만이 위법하고 그 과징금액 산정이 가능하면 그 부분만 취소 가능)

2. 「독점규제 및 공정거래에 관한 법률」을 위반한 광고행위와 표시행위를 하였다는 이유로 공정거래위원회가 사업자에 대하여 법위반사실공표명령을 행한 경우, 표시행위에 대한 법위반사실이 인정되지 아니한다면 법원으로서는 그 부분에 대한 공표명령의 효력만을 취소할 수 있을 뿐, 공표명령전부를 취소할 수 있는 것은 아니다.

3. 「국가유공자 등 예우 및 지원에 관한 법률」에 따른 여러 개의 상이에 대한 국가유공자요건비해당처분에 대한 취소소송에서 그 중 일부 상이만이 국가유공자요건이 인정되는 상이에 해당하는 경우, 국가유공자요건비해당처분 중 그 요건이 인정되는 상이에 대한 부분만을 취소하여야 한다.

4. 개발부담금부과처분에 대한 취소소송에서 당사자가 제출한 자료에 의하여 정당한 부과금액을 산출할 수 없는 경우에도 법원은 증거조사를 통하여 정당한 부과금액을 산출할 의무까지 부담하는 것은 아니다.

5. 사립학교 교원이 어떠한 징계처분을 받아 교원소청심사위원회에 소청심사청구를 하였고, 이에 대하여 위원회가 그 징계사유 자체가 인정되지 않는다는 이유로 징계양정의 당부에 대해서는 나아가 판단하지 않은 채 징계처분을 취소하는 결정을 한 경우, 그에 대하여 학교법인 등이 제기한 행정소송절차에서 심리한 결과 징계사유 중 일부 사유는 인정된다고 판단이 되면 법원으로서는 교원소청심사위원회의 결정을 취소하여야 한다.

6. 재량이 인정되는 과징금 납부명령에 대하여 그 명령이 재량권을 일탈하였을 경우, 법원은 (재량권의 일탈 여부만 판단할 수 있을 뿐) 재량권의 범위 내에서 어느 정도가 적정한 것인지에 관하여 판단할 수 없어 그 일부(명령 일부)를 취소할 수는 없다. (전부취소O / 일부취소X)

7. 사정판결은 본안심리 결과 원고의 청구가 이유 있다고 인정됨에도 불구하고 처분을 취소하는 것이 현저히 공공복리에 적합하지 아니하다고 인정하는 때 원고의 청구를 기각하는 판결을 말한다.

8. **행정소송법 제28조 (사정판결)**
   제2항 법원이 사정판결을 함에 있어서는 미리 원고가 그로 인하여 입게 될 손해의 정도와 배상방법 그 밖의 사정을 조사하여야 한다.
   제3항 원고는 피고인 행정청이 속하는 국가 또는 공공단체를 상대로 손해배상, 제해시설의 설치 그 밖에 적당한 구제방법의 청구를 당해 취소소송 등이 계속된 법원에 병합하여 제기할 수 있다.

9. 처분의 위법성 판단은 처분시를 기준으로 하지만, 사정판결의 필요성은 (처분 이후에 변화된 사정을 고려하여야 하므로) 판결시를 기준으로 판단하여야 하며, (사정판결의 예외성에 비추어) 행정청이 주장·입증하여야 한다.

10. 사정판결을 함에 있어서는 그 판결의 주문에서 그 처분 등이 위법함을 명시하여야 한다.

11. 사정판결이 확정되면 사정판결의 대상이 된 행정처분이 위법하다는 점에 대하여 기판력이 발생한다.

12. 사정판결은 취소소송에만 인정되는 것이 원칙이고 무효등확인소송, 부작위위법확인소송, 당사자소송에는 인정되지 않는다는 것이 판례의 입장이다. (준용규정X)

13. 판결의 기속력은 인용판결에 한하여 인정되고 기각판결에는 인정되지 않는다.

14. 법규 위반을 이유로 내린 영업허가취소처분이 비례의 원칙 위반으로 취소된 경우에 동일한 법규 위반을 이유로 영업정지처분을 내리는 것은 기속력에 반하지 않는다.

15. 재처분이 취소판결의 기속력에 저촉되면 하자가 중대하고 명백하여 당연무효이다.

16. 파면처분에 대한 취소판결이 확정되면 파면되었던 원고를 복직시켜야 한다.

17. (거부처분에 대한 취소의 확정판결이 있는 경우) A행정청이 재처분을 하였더라도 취소판결의 기속력에 저촉되는 경우에는 甲은 간접강제를 신청할 수 있다.

18. 특별한 사정이 없는 한 간접강제결정에서 정한 의무이행기한이 경과한 후에라도 확정판결의 취지에 따른 재처분의 이행이 있으면 배상금을 추심함으로써 심리적 강제를 꾀할 목적이 상실되므로 처분상대방이 더 이상 배상금을 추심하는 것은 허용되지 않는다.

19. 취소판결의 기속력은 판결의 주문(主文) 및 해당 처분 등의 구체적 위법사유에 관한 판단에도 미친다.

20. 행정처분이 판결에 의해 취소된 경우, 취소된 처분의 사유와 (기본적 사실관계에서 동일성이 인정되지 않는) 다른 사유를 들어 새로이 처분을 하는 것은 기속력에 반하지 않는다.

21. 행정처분의 위법 여부는 행정처분이 행하여진 때의 법령과 사실을 기준으로 판단하므로, 확정판결의 당사자인 처분 행정청은 종전 처분 후에 발생한 새로운 사유를 내세워 다시 처분을 할 수 있다.

22. 여러 법규 위반을 이유로 한 영업허가취소처분이 처분의 이유로 된 법규 위반 중 일부가 인정되지 않고 나머지 법규 위반으로는 영업허가취소처분이 비례의 원칙에 위반된다고 취소된 경우에 판결에서 인정되지 않은 법규 위반사실을 포함하여 다시 영업정지처분을 내리는 것은 동일한 행위의 반복은 아니지만 판결의 취지에 반한다.

23. 취소판결의 효력은 원칙적으로 소급적이므로, 취소판결에 의해 취소된 영업허가취소처분 이후의 영업행위는 무허가영업에 해당하지 않는다. (∵ 영업허가가 (계속) 유지된 상태)

24. 영업허가취소처분 이후에 영업을 한 행위에 대하여 무허가영업으로 기소되었으나 형사법원이 판결을 내리기 전에 영업허가취소처분이 행정소송에서 취소되면 형사법원은 무허가영업행위에 대해서 무죄를 선고하여야 한다.

25. 운전면허취소처분에 대한 취소소송에서 취소판결이 확정되었다면 운전면허취소처분 이후의 운전행위를 무면허운전이라 할 수는 없다.

26. 조세부과처분을 취소하는 행정판결이 확정된 경우 부과처분의 효력은 처분 시에 소급하여 효력을 잃게 되므로 확정된 행정판결은 조세포탈에 대한 무죄를 인정할 명백한 증거에 해당한다.

27. 취소된 행정처분을 기초로 하여 새로 형성된 제3자의 권리가 취소판결 자체의 효력에 의해 당연히 그 행정처분 전의 상태로 환원되는 것은 아니다.

28. 기각판결의 경우, 당해 처분이 적법하다는 내용의 기판력이 발생하므로, 원고는 다른 위법사유를 들어 다시 처분의 효력을 다툴 수 없다.

29. 행정청이 관련 법령에 근거하여 행한 공사중지명령의 상대방이 명령의 취소를 구한 소송에서 패소함으로써 그 명령이 적법한 것으로 이미 확정되었다면, 이후 이러한 공사중지명령의 상대방은 그 명령의 해제신청을 거부한 처분의 취소를 구하는 소송에서 그 명령의 적법성을 다툴 수 없다. (∵ 기판력)

30. 세무서장을 피고로 하는 과세처분취소소송에서 패소하여 그 판결이 확정된 자가 국가를 피고로 하여 과세처분의 무효를 주장하여 과오납금반환청구소송을 제기한다면 취소소송의 기판력에 반하는 것이 된다.

31. 종전 확정판결의 행정소송 과정에서 한 주장 중 처분사유가 되지 아니하여 판결의 판단 대상에서 제외된 부분을 행정청이 그 후 새로이 행한 처분의 적법성과 관련하여 새로운 소송에서 다시 주장하는 것은 확정판결의 기판력에 저촉되지 않는다.

32. 기판력은 사실심 변론의 종결시를 기준으로 발생하므로, 처분청은 당해 사건의 사실심 변론종결 이전에 주장할 수 있었던 사유를 내세워 확정판결과 저촉되는 처분을 할 수 없다.

33. 절차상의 하자를 이유로 과세처분을 취소하는 판결이 확정된 후 그 위법사유를 보완하여 이루어진 새로운 부과처분은 확정판결의 기판력에 저촉되지 않는다. (∵ 새로운 사유)

34. 거부처분에 대하여 무효확인 판결이 확정된 경우, 행정청에 대해 판결의 취지에 따른 재처분의무가 인정될 뿐 그에 대하여 간접강제까지 허용되는 것은 아니다.

35. 도시 및 주거환경정비법에 의한 정비사업의 공익적·단체법적 성격과 이전고시에 따라 이미 형성된 법률관계를 유지하여 법적 안정성을 보호할 필요성이 현저한 점 등을 고려할 때, 이전고시의 효력이 발생한 이후에는 원칙적으로 조합원 등이 해당 정비사업을 위하여 이루어진 수용재결의 무효확인을 구할 법률상 이익이 없다.

36. 무효확인소송에서 '무효확인을 구할 법률상 이익'이 있는지를 판단할 때, 행정처분의 무효를 전제로 한 이행소송 등과 같은 직접적인 구제수단이 있는지를 먼저 따질 필요는 없다.

37. 무효인 과세처분에 근거하여 세금을 납부한 경우 부당이득반환청구의 소로써 직접 위법상태의 제거를 구할 수 있는지 여부와 관계없이 「행정소송법」 제35조에 규정된 '무효확인을 구할 법률상 이익'을 가진다.

38. 무효등확인소송의 판결의 효력은 취소판결의 규정이 준용된다. 따라서 무효등을 확인하는 확정판결은 제3자에 대하여도 효력이 있다.

39. 어떠한 행정처분에 대한 법규상 또는 조리상의 신청권이 인정되지 않는 경우, 그 처분의 신청에 대한 행정청의 무응답이 위법하다고 하여 제기된 부작위위법확인소송은 적법하지 않다. (부작위위법확인소송은 처분의 신청을 한 자로서 부작위의 위법의 확인을 구할 법률상의 이익이 있는 자만이 제기할 수 있다.)

40. 행정청의 부작위에 대하여 행정심판을 거치지 않고 부작위위법확인소송을 제기하는 경우에는 제소기간의 제한을 받지 않는다. 그러나 행정심판 등 전심절차를 거친 경우에는 (행정소송법 제20조가 정한) 제소기간 내에 부작위위법확인의 소를 제기하여야 한다. (부작위위법확인소송 : 행정심판X → 제소기간X / 행정심판O → 제소기간O)

41. 부작위위법확인소송에서 예외적으로 행정심판전치가 인정될 경우 그 전치되는 행정심판은 의무이행심판이다.

42. 부작위위법확인소송의 경우 사실심의 구두변론종결시점의 법적·사실적 상황을 근거로 행정청의 부작위의 위법성을 판단하여야 한다.

43. 처분의 신청 후에 원고에게 생긴 사정의 변화로 인하여, 그 처분에 대한 부작위가 위법하다는 확인을 받아도 종국적으로 침해되거나 방해받은 원고의 권리·이익을 보호·구제받는 것이 불가능하게 되었다면, 법원은 각하판결을 내려야 한다.

44. 허가처분 신청에 대한 부작위를 다투는 부작위위법확인소송을 제기하여 제1심에서 승소판결을 받았는데 제2심 단계에서 피고 행정청이 허가처분을 한 경우, 제2심 수소법원은 각하판결을 하여 야 한다.

45. 당사자소송이란 행정청의 처분 등을 원인으로 하는 법률관계에 관한 소송, 그 밖에 공법상의 법 률관계에 관한 소송으로서 그 법률관계의 한쪽 당사자를 피고로 하는 소송을 의미한다.

46. 시립무용단원의 해촉은 행정소송의 대상이 된다.

47. 납세의무부존재확인의 소는 공법상의 법률관계 그 자체를 다투는 소송으로서 당사자소송이다.

48. 「석탄산업법」과 관련하여 피재근로자는 석탄산업합리화사업단이 한 재해위로금 지급거부의 의 사표시에 불복이 있는 경우 공법상의 당사자소송을 제기하여야 한다.

49. 「국토의 계획 및 이용에 관한 법률」상 토지소유자 등이 도시·군계획시설 사업시행자의 토지의 일 시 사용에 대하여 정당한 사유 없이 동의를 거부한 경우, 사업시행자가 토지소유자를 상대로 동 의의 의사표시를 구하는 소송은 당사자소송으로 보아야 한다.

50. 부가가치세 환급세액 지급청구는 당사자소송

51. 법령상 이미 존재와 범위가 확정되어 있는 조세과오납부액은 납세자가 부당이득의 반환을 구하 는 민사소송으로 환급을 청구할 수 있다.

52. 「도시 및 주거환경정비법」상 주택재건축정비사업조합을 상대로 관리처분계획안에 대한 조합 총 회결의의 효력 등을 다투는 소송은 「행정소송법」상 당사자소송에 해당한다.

53. 사업주가 당연가입자가 되는 고용보험 및 산재보험에서 보험료 납부의무 부존재확인의 소는 공 법상의 법률관계 자체를 다투는 소송으로서 공법상 당사자소송이다.

54. 법관 甲이 이미 수령한 명예퇴직수당액이 구 법관 및 법원공무원 명예퇴직수당 등 지급규칙에서 정한 정당한 명예퇴직수당액에 미치지 못한다고 주장하며 차액의 지급을 신청하였으나 법원행정 처장이 이를 거부한 경우 甲은 미지급명예퇴직수당액지급을 구하는 당사자소송을 제기할 수 있다.

55. 지방소방공무원이 소속 지방자치단체를 상대로 초과근무수당의 지급을 구하는 소송은 당사자소 송절차에 따라야 한다.

56. 공무원연금법령상 급여를 받으려고 하는 자는 우선 급여지급을 신청하여 공무원연금공단이 이를 거부하거나 일부 금액만 인정하는 급여지급결정을 하는 경우 그 결정을 대상으로 항고소송을 제 기하는 등으로 구체적 권리를 인정받아야 한다.

57. 구 군인연금법령상 급여를 받으려고 하는 사람은 우선 관계 법령에 따라 국방부장관 등에게 급여 지급을 청구하여 국방부장관 등이 이를 거부하거나 일부 금액만 인정하는 급여지급결정을 하는 경우 그 결정을 대상으로 항고소송을 제기하는 등으로 구체적 권리를 인정받아야 하고, 구체적인 권리가 발생하지 않은 상태에서 곧바로 국가를 상대로 한 당사자소송으로 급여의 지급을 소구하는 것은 허용되지 않는다. (국방부장관 등의 급여에 관한 결정에 대한 분쟁은 항고소송O)

58. 지방자치단체가 보조금 지급결정을 하면서 일정 기한 내에 보조금을 반환하도록 하는 교부조건을 부가한 경우, 보조사업자에 대한 지방자치단체의 보조금반환청구의 소는 당사지소송에 해당한다.

59. 민간투자사업 실시협약을 체결한 당사자가 공법상 당사자소송에 의하여 그 실시협약에 따른 재정지원금의 지급을 구하는 경우에, 수소법원은 단순히 주무관청이 재정지원금액을 산정한 절차 등에 위법이 있는지 여부를 심사하는 데 그쳐서는 아니 되고, 실시협약에 따른 적정한 재정지원 금액이 얼마인지를 구체적으로 심리·판단하여야 한다.

60. 형식적 당사자소송이란 실질적으로 행정청의 처분 등을 다투는 것이나 형식적으로는 처분 등의 효력을 다투지도 않고, 또한 처분청을 피고로 하지도 않고, 그 대신 처분 등으로 인해 형성된 법률관계를 다투기 위해 관련 법률관계의 일방 당사자를 피고로 하여 제기하는 소송을 말한다.

61. 공법상 당사자소송으로서 납세의무부존재확인의 소는 과세처분을 한 과세관청이 아니라 「행정소송법」 제3조 제2호, 제39조에 의하여 그 법률관계의 한쪽 당사자인 국가·공공단체, 그 밖의 권리주체가 피고적격을 가진다.

62. 당사자소송을 본안으로 하는 가처분에 대하여는 「행정소송법」상 집행정지에 관한 규정이 준용되지 않고, 「민사집행법」상 가처분에 관한 규정이 준용되어야 한다.

63. 공법상 당사자소송에서 재산권의 청구를 인용하는 판결을 하는 경우 가집행선고를 할 수 있다.

64. 국회의원선거의 효력에 관하여 이의가 있는 선거인 등이 당해 선거구선거관리위원회위원장을 피고로 하여 대법원에 제기하는 선거소송은 「행정소송법」 제3조 제3호에서 규정한 민중소송에 해당한다.

65. 지방자치단체의 장의 재의요구에도 불구하고 지방의회가 조례안을 재의결한 경우 단체장이 지방의회를 상대로 제기하는 소송은 기관소송이다.

행정기본법 조문

제1장 총칙

제1절 목적 및 정의 등

제1조 (목적)

이 법은 행정의 원칙과 기본사항을 규정하여 행정의 민주성과 적법성을 확보하고 적정성과 효율성을 향상시킴으로써 국민의 권익 보호에 이바지함을 목적으로 한다.

제2조 (정의)

이 법에서 사용하는 용어의 뜻은 다음과 같다.

1. "법령 등"이란 다음 각 목의 것을 말한다.

가. **법령** : 다음의 어느 하나에 해당하는 것

1) 법률 및 대통령령·총리령·부령

2) 국회규칙·대법원규칙·헌법재판소규칙·중앙선거관리위원회규칙 및 감사원규칙

3) 1) 또는 2)의 위임을 받아 중앙행정기관(「정부조직법」 및 그 밖의 법률에 따라 설치된 중앙행정기관을 말한다. 이하 같다)의 장이 정한 훈령·예규 및 고시 등 행정규칙

나. 자치법규 : 지방자치단체의 조례 및 규칙

2. "행정청"이란 다음 각 목의 자를 말한다.

가. 행정에 관한 의사를 결정하여 표시하는 국가 또는 지방자치단체의 기관

나. 그 밖에 법령 등에 따라 행정에 관한 의사를 결정하여 표시하는 권한을 가지고 있거나 그 권한을 위임 또는 위탁받은 공공단체 또는 그 기관이나 사인(私人)

3. "당사자"란 처분의 상대방을 말한다.

4. "처분"이란 행정청이 구체적 사실에 관하여 행하는 법 집행으로서 공권력의 행사 또는 그 거부와 그 밖에 이에 준하는 행정작용을 말한다.

5. "제재처분"이란 법령 등에 따른 의무를 위반하거나 이행하지 아니하였음을 이유로 당사자에게 의무를 부과하거나 권익을 제한하는 처분을 말한다. 다만, 제30조 제1항 각 호에 따른 행정상 강제는 제외한다.

제3조 (국가와 지방자치단체의 책무)

① 국가와 지방자치단체는 국민의 삶의 질을 향상시키기 위하여 적법절차에 따라 공정하고 합리적인 행정을 수행할 책무를 진다.

② 국가와 지방자치단체는 행정의 능률과 실효성을 높이기 위하여 지속적으로 법령등과 제도를 정비·개선할 책무를 진다.

제4조 (행정의 적극적 추진)

① 행정은 공공의 이익을 위하여 적극적으로 추진되어야 한다.

② 국가와 지방자치단체는 소속 공무원이 공공의 이익을 위하여 적극적으로 직무를 수행할 수 있도록 제반 여건을 조성하고, 이와 관련된 시책 및 조치를 추진하여야 한다.

③ 제1항 및 제2항에 따른 행정의 적극적 추진 및 적극행정 활성화를 위한 시책의 구체적인 사항 등은 대통령령으로 정한다.

제5조 (다른 법률과의 관계)

① 행정에 관하여 다른 법률에 특별한 규정이 있는 경우를 제외하고는 이 법에서 정하는 바에 따른다.

② 행정에 관한 다른 법률을 제정하거나 개정하는 경우에는 이 법의 목적과 원칙, 기준 및 취지에 부합되도록 노력하여야 한다.

제2절 기간의 계산

제6조 (행정에 관한 기간의 계산)

① 행정에 관한 기간의 계산에 관하여는 이 법 또는 다른 법령 등에 특별한 규정이 있는 경우를 제외하고는 「민법」을 준용한다.

② 법령 등 또는 처분에서 국민의 권익을 제한하거나 의무를 부과하는 경우 권익이 제한되거나 의무가 지속되는 기간의 계산은 다음 각 호의 기준에 따른다. 다만, 다음 각 호의 기준에 따르는 것이 국민에게 불리한 경우에는 그러하지 아니하다.

1. 기간을 일, 주, 월 또는 연으로 정한 경우에는 기간의 첫날을 산입한다.
2. 기간의 말일이 토요일 또는 공휴일인 경우에도 기간은 그 날로 만료한다.

제7조 (법령 등 시행일의 기간 계산)

법령 등(훈령·예규·고시·지침 등을 포함한다. 이하 이 조에서 같다)의 **시행일**을 정하거나 계산할 때에는 다음 각 호의 기준에 따른다.

1. 법령 등을 공포한 날부터 시행하는 경우에는 공포한 날을 시행일로 한다.

2. 법령 등을 공포한 날부터 일정 기간이 경과한 날부터 시행하는 경우 법령 등을 공포한 날을 **첫날에 산입**하지 **아니**한다.

3. 법령 등을 공포한 날부터 일정 기간이 경과한 날부터 시행하는 경우 그 기간의 말일이 토요일 또는 공휴일인 때에는 그 말일로 기간이 만료한다.

제7조의2 (행정에 관한 나이의 계산 및 표시)

행정에 관한 나이는 다른 법령 등에 특별한 규정이 있는 경우를 제외하고는 출생일을 산입하여 만(滿) 나이로 계산하고, 연수(年數)로 표시한다. 다만, 1세에 이르지 아니한 경우에는 월수(月數)로 표시할 수 있다.

[시행일 2023.6.28]

제2장 행정의 법 원칙

제8조 (법치행정의 원칙)
행정작용은 **법률에 위반되**어서는 **아니** 되며, 국민의 권리를 제한하거나 의무를 부과하는 경우와 그 밖에 국민생활에 중요한 영향을 미치는 경우에는 **법률에 근거**하여야 한다.

제9조 (평등의 원칙)
행정청은 **합리적 이유 없이** 국민을 **차별**하여서는 **아니** 된다.

제10조 (비례의 원칙)
행정작용은 다음 각 호의 원칙에 따라야 한다.
1. 행정목적을 달성하는 데 **유효하고 적절**할 것
2. 행정목적을 달성하는 데 필요한 **최소한도**에 그칠 것
3. 행정작용으로 인한 **국민의 이익 침해**가 그 행정작용이 **의도하는 공익**보다 **크지 아니**할 것

제11조 (성실의무 및 권한남용금지의 원칙)
① 행정청은 법령 등에 따른 의무를 성실히 수행하여야 한다.
② 행정청은 행정권한을 남용하거나 그 권한의 범위를 넘어서는 아니 된다.

제12조 (신뢰보호의 원칙)
① 행정청은 공익 또는 제3자의 이익을 현저히 해칠 우려가 있는 경우를 **제외**하고는 행정에 대한 국민의 **정당하고 합리적인 신뢰를 보호**하여야 한다.
② 행정청은 권한 행사의 기회가 있음에도 불구하고 장기간 권한을 행사하지 아니하여 국민이 그 권한이 행사되지 아니할 것으로 믿을 만한 정당한 사유가 있는 경우에는 그 권한을 행사해서는 아니 된다. 다만, 공익 또는 제3자의 이익을 현저히 해칠 우려가 있는 경우는 예외로 한다.

제13조 (부당결부금지의 원칙)
행정청은 행정작용을 할 때 상대방에게 해당 행정작용과 **실질적인 관련이 없는** 의무를 부과해서는 **아니** 된다.

제3장 행정작용

제1절 처분

제14조 (법 적용의 기준)

① 새로운 법령 등은 법령 등에 특별한 규정이 있는 경우를 **제외**하고는 그 법령 등의 효력 발생 **전에 완성되거나 종결된 사실관계 또는 법률관계**에 대해서는 **적용**되지 **아니**한다.

② 당사자의 신청에 따른 **처분**은 법령 등에 특별한 규정이 있거나 처분 당시의 법령 등을 적용하기

→ 당사자의 종속적인 행위

곤란한 특별한 사정이 있는 경우를 제외하고는 **처분 당시의 법령** 등에 따른다.

③ 법령 등을 위반한 행위의 **성립**과 이에 대한 **제재처분**은 법령 등에 특별한 규정이 있는 경우를

→ 당사자의 독립적인 행위

제외하고는 법령 등을 위반한 **행위 당시의 법령** 등에 따른다. 다만, 법령 등을 위반한 행위 후 법령 등의 변경에 의하여 그 행위가 법령 등을 위반한 행위에 해당하지 **아니**하거나 제재처분 기준이 **가벼워진** 경우로서 해당 법령 등에 특별한 규정이 없는 경우에는 **변경된 법령** 등을 적용한다.

제15조 (처분의 효력)

처분은 권한이 있는 기관이 취소 또는 철회하거나 기간의 경과 등으로 소멸되기 **전**까지는 **유효**한 것으로 통용된다. 다만, 무효인 처분은 처음부터 그 효력이 발생하지 아니한다.

제16조 (결격사유)

① 자격이나 신분 등을 취득 또는 부여할 수 없거나 인가, 허가, 지정, 승인, 영업등록, 신고 수리 등 (이하 "인허가"라 한다)을 필요로 하는 영업 또는 사업 등을 할 수 없는 사유(이하 이 조에서 "**결격 사유**"라 한다)는 **법률**로 정한다.

② 결격사유를 규정할 때에는 다음 각 호의 기준에 따른다.

1. 규정의 필요성이 분명할 것
2. 필요한 항목만 최소한으로 규정할 것
3. 대상이 되는 자격, 신분, 영업 또는 사업 등과 실질적인 관련이 있을 것
4. 유사한 다른 제도와 균형을 이룰 것

제17조 (부관)

① 행정청은 처분에 **재량이 있는 경우**에는 부관(조건, 기한, 부담, 철회권의 유보 등을 말한다. 이하 이 조에서 같다)을 붙일 수 있다.

② 행정청은 처분에 **재량이 없는 경우**에는 **법률에 근거가 있는 경우**에 부관을 붙일 수 있다.

③ 행정청은 부관을 붙일 수 있는 처분이 다음 각 호의 어느 하나에 해당하는 경우에는 그 처분을 한 후에도 부관을 새로 붙이거나 종전의 부관을 변경할 수 있다.

1. 법률에 근거가 있는 경우
2. 당사자의 동의가 있는 경우
3. 사정이 변경되어 부관을 새로 붙이거나 종전의 부관을 변경하지 아니하면 해당 처분의 목적을 달성할 수 없다고 인정되는 경우

④ 부관은 다음 각 호의 요건에 적합하여야 한다.
1. 해당 처분의 목적에 위배되지 아니할 것
2. 해당 처분과 실질적인 관련이 있을 것
3. 해당 처분의 목적을 달성하기 위하여 필요한 최소한의 범위일 것

제18조 (위법 또는 부당한 처분의 취소)

① 행정청은 **위법 또는 부당한 처분**의 전부나 일부를 **소급**하여 **취소**할 수 있다. 다만, 당사자의 **신뢰**를 보호할 가치가 있는 등 **정당한 사유**가 있는 경우에는 **장래**를 향하여 **취소**할 수 있다.

② 행정청은 제1항에 따라 당사자에게 권리나 이익을 부여하는 처분을 취소하려는 경우에는 취소로 인하여 당사자가 입게 될 불이익을 취소로 달성되는 공익과 **비교·형량**(衡量)하여야 한다. 다만, 다음 각 호의 어느 하나에 해당하는 경우에는 그러하지 **아니**하다. ← *비교·형량X*

1. **거짓**이나 그 밖의 부정한 방법으로 처분을 받은 경우
2. 당사자가 처분의 위법성을 **알**고 있었거나 **중대한 과실**로 알지 못한 경우

제19조 (적법한 처분의 철회)

① 행정청은 적법한 처분이 다음 각 호의 어느 하나에 해당하는 경우에는 그 처분의 전부 또는 일부를 장래를 향하여 철회할 수 있다.

1. **법률**에서 정한 철회 사유에 해당하게 된 경우
2. **법령 등의 변경이나 사정변경**으로 처분을 더 이상 존속시킬 필요가 없게 된 경우
3. **중대한 공익**을 위하여 필요한 경우

→ *행정기본법은 당사자의 신청이 있는 경우를 철회사유로 규정X*

② 행정청은 제1항에 따라 처분을 철회하려는 경우에는 철회로 인하여 당사자가 입게 될 불이익을 철회로 달성되는 공익과 비교·형량하여야 한다.

제20조 (자동적 처분)

행정청은 법률로 정하는 바에 따라 완전히 **자동화된 시스템**(인공지능 기술을 적용한 시스템을 포함한다)으로 처분을 할 수 있다. 다만, 처분에 **재량**이 있는 경우는 그러하지 **아니**하다.

제21조 (재량행사의 기준)

행정청은 재량이 있는 처분을 할 때에는 관련 **이익**을 정당하게 **형량**하여야 하며, 그 **재량권의 범위를 넘어서는 아니 된다**.

제22조 (제재처분의 기준)

① 제재처분의 근거가 되는 법률에는 제재처분의 주체, 사유, 유형 및 상한을 명확하게 규정하여야 한다. 이 경우 제재처분의 유형 및 상한을 정할 때에는 해당 위반행위의 특수성 및 유사한 위반행위와의 형평성 등을 종합적으로 고려하여야 한다.

② 행정청은 재량이 있는 제재처분을 할 때에는 다음 각 호의 사항을 고려하여야 한다.

1. 위반행위의 동기, 목적 및 방법
2. 위반행위의 결과
3. 위반행위의 횟수
4. 그 밖에 제1호부터 제3호까지에 준하는 사항으로서 대통령령으로 정하는 사항

[시행일 2021.9.24]

제23조 (제재처분의 제척기간)

① 행정청은 법령 등의 위반행위가 종료된 날부터 **5년**이 지나면 해당 위반행위에 대하여 **제재처분**(인허가의 정지·취소·철회, 등록 말소, 영업소 폐쇄와 정지를 갈음하는 과징금 부과를 말한다. 이하 이 조에서 같다)을 할 수 **없다**.

② 다음 각 호의 어느 하나에 해당하는 경우에는 **제1항**을 적용하지 **아니**한다.

1. 거짓이나 그 밖의 부정한 방법으로 인허가를 받거나 신고를 한 경우
2. 당사자가 인허가나 신고의 위법성을 알고 있었거나 중대한 과실로 알지 못한 경우
3. 정당한 사유 없이 행정청의 조사·출입·검사를 기피·방해·거부하여 제척기간이 지난 경우
4. 제재처분을 하지 아니하면 국민의 안전·생명 또는 환경을 심각하게 해치거나 해칠 우려가 있는 경우

③ 행정청은 제1항에도 불구하고 행정심판의 재결이나 법원의 판결에 따라 제재처분이 취소·철회된 경우에는 재결이나 판결이 확정된 날부터 1년(합의제행정기관은 2년)이 지나기 전까지는 그 취지에 따른 새로운 제재처분을 할 수 있다.

④ 다른 법률에서 제1항 및 제3항의 기간보다 짧거나 긴 기간을 규정하고 있으면 그 법률에서 정하는 바에 따른다.

[시행일 2023.3.24]

제2절 인허가의제

제24조 (인허가의제의 기준)

① 이 절에서 "**인허가의제**"란 하나의 인허가(이하 "**주된 인허가**"라 한다)를 받으면 법률로 정하는 바에 따라 그와 관련된 여러 인허가(이하 "**관련 인허가**"라 한다)를 받은 것으로 보는 것을 말한다.

② 인허가의제를 받으려면 주된 인허가를 신청할 때 관련 인허가에 필요한 서류를 함께 제출하여야 한다. 다만, 불가피한 사유로 함께 제출할 수 없는 경우에는 주된 인허가 행정청이 별도로 정하는 기한까지 제출할 수 있다.

③ **주된 인허가 행정청**은 주된 인허가를 하기 전에 관련 인허가에 관하여 미리 관련 인허가 행정청과 협의하여야 한다.

④ 관련 인허가 행정청은 제3항에 따른 협의를 요청받으면 그 요청을 받은 날부터 **20일** 이내(제5항 단서에 따른 절차에 걸리는 기간은 제외한다)에 **의견을 제출**하여야 한다. 이 경우 전단에서 정한 기간(민원 처리 관련 법령에 따라 의견을 제출하여야 하는 기간을 연장한 경우에는 그 연장한 기간을 말한다) 내에 협의 여부에 관하여 의견을 제출하지 아니하면 협의가 된 것으로 본다.

⑤ 제3항에 따라 협의를 요청받은 관련 인허가 행정청은 해당 법령을 위반하여 협의에 응해서는 아니 된다. 다만, 관련 인허가에 필요한 심의, 의견 청취 등 절차에 관하여는 법률에 인허가의제 시에도 해당 절차를 거친다는 명시적인 규정이 있는 경우에만 이를 거친다.

[시행일 2023.3.24]

제25조 (인허가의제의 효과)

① 제24조 제3항·제4항에 따라 협의가 된 사항에 대해서는 주된 인허가를 받았을 때 관련 인허가를 받은 것으로 본다.

② 인허가의제의 효과는 주된 인허가의 해당 법률에 규정된 관련 인허가에 한정된다.

[시행일 2023.3.24]

제26조 (인허가의제의 사후관리 등)

① 인허가의제의 경우 관련 인허가 행정청은 관련 인허가를 직접 한 것으로 보아 관계 법령에 따른 관리·감독 등 필요한 조치를 하여야 한다.

② 주된 인허가가 있은 후 이를 변경하는 경우에는 제24조·제25조 및 이 조 제1항을 준용한다.

③ 이 절에서 규정한 사항 외에 인허가의제의 방법, 그 밖에 필요한 세부 사항은 대통령령으로 정한다.

[시행일 2023.3.24]

제3절 공법상 계약

제27조 (공법상 계약의 체결)

① 행정청은 **법령 등을 위반하지 아니하는 범위**에서 행정목적을 달성하기 위하여 필요한 경우에는 공법상 법률관계에 관한 계약(이하 "**공법상 계약**"이라 한다)을 **체결**할 수 있다. 이 경우 계약의 목적 및 내용을 명확하게 적은 **계약서를 작성**하여야 한다.

② 행정청은 공법상 계약의 상대방을 선정하고 계약 내용을 정할 때 공법상 계약의 공공성과 제3자의 이해관계를 고려하여야 한다.

제4절 과징금

제28조 (과징금의 기준)

① 행정청은 법령 등에 따른 의무를 위반한 자에 대하여 **법률로 정하는 바에 따라** 그 위반행위에 대한 제재로서 과징금을 부과할 수 있다.

② 과징금의 근거가 되는 법률에는 과징금에 관한 다음 각 호의 사항을 명확하게 규정하여야 한다.

1. 부과·징수 주체

2. 부과 사유

3. 상한액

4. 가산금을 징수하려는 경우 그 사항

5. 과징금 또는 가산금 체납 시 강제징수를 하려는 경우 그 사항

제29조 (과징금의 납부기한 연기 및 분할 납부)

과징금은 한꺼번에 납부하는 것을 원칙으로 한다. 다만, 행정청은 과징금을 부과받은 자가 다음 각 호의 어느 하나에 해당하는 사유로 과징금 전액을 한꺼번에 내기 어렵다고 인정될 때에는 그 납부기한을 연기하거나 분할 납부하게 할 수 있으며, 이 경우 필요하다고 인정하면 담보를 제공하게 할 수 있다.

1. 재해 등으로 재산에 현저한 손실을 입은 경우

2. 사업 여건의 악화로 사업이 중대한 위기에 처한 경우

3. 과징금을 한꺼번에 내면 자금 사정에 현저한 어려움이 예상되는 경우

4. 그 밖에 제1호부터 제3호까지에 준하는 경우로서 대통령령으로 정하는 사유가 있는 경우

[시행일 2021.9.24]

제5절 행정상 강제

제30조 (행정상 강제)

① 행정청은 행정목적을 달성하기 위하여 필요한 경우에는 법률로 정하는 바에 따라 필요한 최소한의 범위에서 다음 각 호의 어느 하나에 해당하는 조치를 할 수 있다.

1. **행정대집행** : 의무자가 행정상 의무(법령 등에서 직접 부과하거나 행정청이 법령 등에 따라 부과한 의무를 말한다. 이하 이 절에서 같다)로서 타인이 대신하여 행할 수 있는 의무를 이행하지 아니하는 경우 법률로 정하는 다른 수단으로는 그 이행을 확보하기 곤란하고 그 불이행을 방치하면 공익을 크게 해칠 것으로 인정될 때에 행정청이 의무자가 하여야 할 행위를 스스로 하거나 제3자에게 하게 하고 그 비용을 의무자로부터 징수하는 것

2. **이행강제금의 부과** : 의무자가 행정상 의무를 이행하지 아니하는 경우 행정청이 적절한 이행기간을 부여하고, 그 기한까지 행정상 의무를 이행하지 아니하면 금전급부의무를 부과하는 것

3. **직접강제** : 의무자가 행정상 의무를 이행하지 아니하는 경우 행정청이 의무자의 신체나 재산에 실력을 행사하여 그 행정상 의무의 이행이 있었던 것과 같은 상태를 실현하는 것

4. **강제징수** : 의무자가 행정상 의무 중 금전급부의무를 이행하지 아니하는 경우 행정청이 의무자의 재산에 실력을 행사하여 그 행정상 의무가 실현된 것과 같은 상태를 실현하는 것

5. **즉시강제** : 현재의 급박한 행정상의 장해를 제거하기 위한 경우로서 다음 각 목의 어느 하나에 해당하는 경우에 행정청이 곧바로 국민의 신체 또는 재산에 실력을 행사하여 행정목적을 달성하는 것

가. 행정청이 미리 행정상 의무 이행을 명할 시간적 여유가 없는 경우

나. 그 성질상 행정상 의무의 이행을 명하는 것만으로는 행정목적 달성이 곤란한 경우

② 행정상 강제 조치에 관하여 이 법에서 정한 사항 외에 필요한 사항은 따로 법률로 정한다.

③ 형사(刑事), 행형(行刑) 및 보안처분 관계 법령에 따라 행하는 사항이나 외국인의 출입국·난민인정·귀화·국적회복에 관한 사항에 관하여는 이 절을 적용하지 아니한다.

[시행일 2023.3.24.]

제31조 (이행강제금의 부과)

① 이행강제금 부과의 근거가 되는 법률에는 이행강제금에 관한 다음 각 호의 사항을 명확하게 규정하여야 한다. 다만, 제4호 또는 제5호를 규정할 경우 입법목적이나 입법취지를 훼손할 우려가 크다고 인정되는 경우로서 대통령령으로 정하는 경우는 제외한다.

1. 부과·징수 주체

2. 부과 요건

3. 부과 금액

4. 부과 금액 산정기준

5. 연간 부과 횟수나 횟수의 상한

② 행정청은 다음 각 호의 사항을 고려하여 이행강제금의 부과 금액을 가중하거나 감경할 수 있다.

1. 의무 불이행의 동기, 목적 및 결과

2. 의무 불이행의 정도 및 상습성

3. 그 밖에 행정목적을 달성하는 데 필요하다고 인정되는 사유

③ 행정청은 이행강제금을 부과하기 전에 미리 의무자에게 적절한 이행기간을 정하여 그 기한까지 행정상 의무를 이행하지 아니하면 이행강제금을 부과한다는 뜻을 문서로 계고(戒告)하여야 한다.

④ 행정청은 의무자가 제3항에 따른 계고에서 정한 기한까지 행정상 의무를 이행하지 아니한 경우 이행강제금의 부과 금액·사유·시기를 문서로 명확하게 적어 의무자에게 통지하여야 한다.

⑤ 행정청은 의무자가 행정상 의무를 이행할 때까지 이행강제금을 반복하여 부과할 수 있다. 다만, 의무자가 의무를 이행하면 새로운 이행강제금의 부과를 즉시 중지하되, 이미 부과한 이행강제금은 징수하여야 한다.

⑥ 행정청은 이행강제금을 부과받은 자가 납부기한까지 이행강제금을 내지 아니하면 국세강제징수의 예 또는 「지방행정제재·부과금의 징수 등에 관한 법률」에 따라 징수한다.

[시행일 2023.3.24]

제32조 (직접강제)

① 직접강제는 행정대집행이나 이행강제금 부과의 방법으로는 행정상 의무이행을 확보할 수 없거나 그 실현이 불가능한 경우에 실시하여야 한다.

② 직접강제를 실시하기 위하여 현장에 파견되는 집행책임자는 그가 집행책임자임을 표시하는 증표를 보여 주어야 한다.

③ 직접강제의 계고 및 통지에 관하여는 제31조 제3항 및 제4항을 준용한다.

[시행일 2023.3.24]

제33조 (즉시강제)

① 즉시강제는 다른 수단으로는 행정목적을 달성할 수 없는 경우에만 허용되며, 이 경우에도 최소한으로만 실시하여야 한다.

② 즉시강제를 실시하기 위하여 현장에 파견되는 집행책임자는 그가 집행책임자임을 표시하는 증표를 보여 주어야 하며, 즉시강제의 이유와 내용을 고지하여야 한다.

[시행일 2023.3.24]

제6절 그 밖의 행정작용

제34조 (수리 여부에 따른 신고의 효력)

법령 등으로 정하는 바에 따라 행정청에 일정한 사항을 통지하여야 하는 신고로서 **법률에 신고의 수리가 필요하다고 명시**되어 있는 경우(행정기관의 내부 업무 처리 절차로서 수리를 규정한 경우는 제외한다)에는 행정청이 **수리하여야 효력이 발생**한다.

[시행일 2023.3.24]

제35조 (수수료 및 사용료)

① 행정청은 특정인을 위한 행정서비스를 제공받는 자에게 법령으로 정하는 바에 따라 수수료를 받을 수 있다.

② 행정청은 공공시설 및 재산 등의 이용 또는 사용에 대하여 사전에 공개된 금액이나 기준에 따라 사용료를 받을 수 있다.

③ 제1항 및 제2항에도 불구하고 지방자치단체의 경우에는 「지방자치법」에 따른다.

제7절 처분에 대한 이의신청 및 재심사

제36조 (처분에 대한 이의신청)

① 행정청의 처분(「행정심판법」 제3조에 따라 같은 법에 따른 행정심판의 대상이 되는 처분을 말한다. 이하 이 조에서 같다)에 이의가 있는 당사자는 **처분을 받은 날**부터 **30일** 이내에 해당 행정청에 **이의신청**을 할 수 있다.

② 행정청은 제1항에 따른 이의신청을 받으면 그 신청을 받은 날부터 **14일** 이내에 그 이의신청에 대한 결과를 신청인에게 통지하여야 한다. 다만, 부득이한 사유로 14일 이내에 통지할 수 없는 경우에는 그 기간을 만료일 다음 날부터 기산하여 **10일**의 범위에서 한 차례 연장할 수 있으며, 연장 사유를 신청인에게 통지하여야 한다.

③ 제1항에 따라 이의신청을 한 경우에도 그 **이의신청과 관계없이** 「행정심판법」에 따른 **행정심판** 또는 「행정소송법」에 따른 **행정소송**을 제기할 수 있다.

④ 이의신청에 대한 결과를 통지받은 후 행정심판 또는 행정소송을 제기하려는 자는 그 결과를 통지받은 날(제2항에 따른 통지기간 내에 결과를 통지받지 못한 경우에는 같은 항에 따른 통지기간이 만료되는 날의 다음 날을 말한다)부터 90일 이내에 행정심판 또는 행정소송을 제기할 수 있다.

⑤ 다른 법률에서 이의신청과 이에 준하는 절차에 대하여 정하고 있는 경우에도 그 법률에서 규정하지 아니한 사항에 관하여는 이 조에서 정하는 바에 따른다.

⑥ 제1항부터 제5항까지에서 규정한 사항 외에 이의신청의 방법 및 절차 등에 관한 사항은 대통령령으로 정한다.

⑦ 다음 각 호의 어느 하나에 해당하는 사항에 관하여는 이 조를 적용하지 아니한다.

1. 공무원 인사 관계 법령에 따른 징계 등 처분에 관한 사항
2. 「국가인권위원회법」 제30조에 따른 진정에 대한 국가인권위원회의 결정
3. 「노동위원회법」 제2조의2에 따라 노동위원회의 의결을 거쳐 행하는 사항
4. 형사, 행형 및 보안처분 관계 법령에 따라 행하는 사항
5. 외국인의 출입국·난민인정·귀화·국적회복에 관한 사항
6. 과태료 부과 및 징수에 관한 사항

[시행일 2023.3.24]

제37조 (처분의 재심사)

① **당사자**는 **처분**(제재처분 및 행정상 강제는 제외한다. 이하 이 조에서 같다)이 행정심판, 행정소송 및 그 밖의 쟁송을 통하여 다툴 수 **없게** 된 경우(법원의 확정판결이 있는 경우는 제외한다)라도 다음 각 호의 어느 하나에 해당하는 경우에는 해당 처분을 한 **행정청**에 **처분을 취소·철회하거나 변경하여 줄 것을 신청**할 수 있다.

1. 처분의 근거가 된 사실관계 또는 법률관계가 **추후**에 당사자에게 **유리**하게 바뀐 경우
2. 당사자에게 유리한 결정을 가져다주었을 **새로운 증거**가 있는 경우
3. 「민사소송법」 제451조에 따른 **재심사유에 준하는 사유**가 발생한 경우 등 대통령령으로 정하는 경우

② 제1항에 따른 신청은 해당 처분의 절차, 행정심판, 행정소송 및 그 밖의 쟁송에서 당사자가 중대한 과실 없이 제1항 각 호의 사유를 주장하지 못한 경우에만 할 수 있다.

③ 제1항에 따른 신청은 당사자가 제1항 각 호의 **사유를 안 날부터 60일** 이내에 하여야 한다. 다만, **처분이 있은 날부터 5년**이 지나면 신청할 수 없다.

④ 제1항에 따른 신청을 받은 행정청은 특별한 사정이 없으면 신청을 받은 날부터 90일(합의제행정기관은 180일) 이내에 처분의 재심사 결과(재심사 여부와 처분의 유지·취소·철회·변경 등에 대한 결정을 포함한다)를 신청인에게 통지하여야 한다. 다만, 부득이한 사유로 90일(합의제행정기관은 180일) 이내에 통지할 수 없는 경우에는 그 기간을 만료일 다음 날부터 기산하여 90일(합의제행정기관은 180일)의 범위에서 한 차례 연장할 수 있으며, 연장 사유를 신청인에게 통지하여야 한다.

⑤ 제4항에 따른 처분의 재심사 결과 중 처분을 유지하는 결과에 대해서는 행정심판, 행정소송 및 그 밖의 쟁송수단을 통하여 불복할 수 없다.

⑥ 행정청의 제18조에 따른 취소와 제19조에 따른 철회는 처분의 재심사에 의하여 영향을 받지 아니한다.

⑦ 제1항부터 제6항까지에서 규정한 사항 외에 처분의 재심사의 방법 및 절차 등에 관한 사항은 대통령령으로 정한다.

⑧ 다음 각 호의 어느 하나에 해당하는 사항에 관하여는 이 조를 적용하지 아니한다.

1. 공무원 인사 관계 법령에 따른 징계 등 처분에 관한 사항

2. 「노동위원회법」 제2조의2에 따라 노동위원회의 의결을 거쳐 행하는 사항

3. 형사, 행형 및 보안처분 관계 법령에 따라 행하는 사항

4. 외국인의 출입국·난민인정·귀화·국적회복에 관한 사항

5. 과태료 부과 및 징수에 관한 사항

6. 개별 법률에서 그 적용을 배제하고 있는 경우

[시행일 2023.3.24]

제4장 행정의 입법활동 등

제38조 (행정의 입법활동)

① 국가나 지방자치단체가 법령 등을 제정·개정·폐지하고자 하거나 그와 관련된 활동(법률안의 국회 제출과 조례안의 지방의회 제출을 포함하며, 이하 이 장에서 "행정의 입법활동"이라 한다)을 할 때에는 헌법과 상위 법령을 위반해서는 아니 되며, 헌법과 법령 등에서 정한 절차를 준수하여야 한다.

② 행정의 입법활동은 다음 각 호의 기준에 따라야 한다.

1. 일반 국민 및 이해관계자로부터 의견을 수렴하고 관계 기관과 충분한 협의를 거쳐 책임 있게 추진되어야 한다.

2. 법령 등의 내용과 규정은 다른 법령등과 조화를 이루어야 하고, 법령등 상호 간에 중복되거나 상충되지 아니하여야 한다.

3. 법령 등은 일반 국민이 그 내용을 쉽고 명확하게 이해할 수 있도록 알기 쉽게 만들어져야 한다.

③ 정부는 매년 해당 연도에 추진할 법령안 입법계획(이하 "정부입법계획"이라 한다)을 수립하여야 한다.

④ 행정의 입법활동의 절차 및 정부입법계획의 수립에 관하여 필요한 사항은 정부의 법제업무에 관한 사항을 규율하는 대통령령으로 정한다.

[시행일 2021.9.24]

제39조 (행정법제의 개선)

① 정부는 권한 있는 기관에 의하여 위헌으로 결정되어 법령이 헌법에 위반되거나 법률에 위반되는 것이 명백한 경우 등 대통령령으로 정하는 경우에는 해당 법령을 개선하여야 한다.

② 정부는 행정 분야의 법제도 개선 및 일관된 법 적용 기준 마련 등을 위하여 필요한 경우 대통령령으로 정하는 바에 따라 관계 기관 협의 및 관계 전문가 의견 수렴을 거쳐 개선조치를 할 수 있으며, 이를 위하여 현행 법령에 관한 분석을 실시할 수 있다.

[시행일 2021.9.24]

제40조 (법령해석)

① 누구든지 법령 등의 내용에 의문이 있으면 법령을 소관하는 중앙행정기관의 장(이하 "법령소관기관"이라 한다)과 자치법규를 소관하는 지방자치단체의 장에게 법령해석을 요청할 수 있다.

② 법령소관기관과 자치법규를 소관하는 지방자치단체의 장은 각각 소관 법령 등을 헌법과 해당 법령 등의 취지에 부합되게 해석·집행할 책임을 진다.

③ 법령소관기관이나 법령소관기관의 해석에 이의가 있는 자는 대통령령으로 정하는 바에 따라 법령해석업무를 전문으로 하는 기관에 법령해석을 요청할 수 있다.

④ 법령해석의 절차에 관하여 필요한 사항은 대통령령으로 정한다.

[시행일 2021.9.24]